Bernd Oertwig

Berühmte Tote leben ewig

Inhalt

Für Dronningen Pascale

Vorwort

Berlin: Aus den Steinen der Stadt wachsen die Geschichten. Schicksale von Frauen und Männern, stürmisch, erfüllt und tragisch. Die Menschen in diesem Buch sind wie die Stadt. Jeder Einzelne von ihnen führte ein bemerkenswertes Leben, angetrieben von Liebe und Hass, Ehrgeiz und Ego. Es sind Berliner Geschichten und Geschichten aus Berlin.

Wann immer es geht, spaziere ich in meiner Stadt ziellos durch Straßen oder rolle mit dem Rad zu ausgesuchten Orten. Die Neugierde treibt mich durch die Stadt, und ich lasse mich von ihr überraschen. Nur sehr selten komme ich ohne Entdeckung nach Hause. Kaum denkbar, in Berlin nicht über Merkwürdigkeiten zu stolpern. Natürlich gehe ich auch die paar Schritte näher an das Haus heran und lese, was auf der Gedenktafel steht.

Irgendetwas ist immer.

Jemand erzählt etwas, ich bleibe an einem Halbsatz hängen und will mehr wissen. Ein kleiner Splitter, den ich aufhebe und zu den anderen lege. Vielleicht schnell, vielleicht erst nach einer Weile entsteht dann ein Bild. Ein Bild, das eine Geschichte ergibt.

Wie der Gedenkstein im Tiergarten für den Gefreiten Will, der von einem Blitz erschlagen wurde. Als ich vor langer Zeit beim Bezirksamt nachfragte, was es damit auf sich hat, war die Antwort: „Es ist ein Stein. Was soll damit sein?"

Irgendetwas ist immer.

Mich pikste der Stein wie ein Kiesel im Schuh. Jahre vergingen. Dann hielt ich es nicht mehr aus und wollte mehr wissen. Die Geschichte, die daraus entstand, erzählt vom Berlin zur Kaiserzeit und drei ganz besonderen Tagen. Für zwei Kaiser und für einen jungen Mann, der das Ende des dritten Tages nicht mehr erlebte.

Oft gehen die Geschichten lange mit mir spazieren. Sie verlassen mich nicht. Sie verharren in meinen Erinnerungen und warten, bis ihre Zeit gekommen ist. Jede der Geschichten in diesem Buch entspringt meiner Neugierde auf die Menschen und auf die Stadt. Jede hatte die Geduld zu warten, bis es soweit war, sie aufzuschreiben.

So erzählt dieses Buch auch von starken Frauen. Einer Tänzerin, die sich nackt auszog, um das Siechtum, den Wahnsinn und den Tod zu betanzen. Einer Ehefrau, die viel besser als ihr Mann dichtete und die sich doch für ihn entleibte. Einer Bildhauerin, die lernte, Flugzeuge zu konstruieren, und bis zum Ende nicht auf das Fliegen verzichten wollte. Einer Schauspielerin, die den Sog von Gipfel und Ruhm nicht aushielt. Es sind Geschichten von Frauen, die an ihren Träumen zerbrachen.

Nicht jedem wird jeder Name in diesem Buch sofort etwas sagen. Alle aber waren sie zu ihrer Zeit bekannte Leute in Berlin und nicht nur dort. Eines ist ihnen allen gemeinsam: Sie starben auf ungewöhnliche Art. Das war der Auslöser, an sie hier zu erinnern.

„Berühmte Tote leben ewig“ – für diesen Titel bin ich meinem Freund, dem Dichter und Schriftsteller Christoph Heubner, sehr dankbar.

Bernd Oertwig, im August 2019 in Berlin

Anita Berber

Blauer Vogel, rotes Kleid

Sie ist die wildeste Frau der Weimarer Republik. Provoziert als Nackttänzerin die Bourgeoisie und ist Stil-Ikone für eine ganze Ära. Martha Dix nennt sie die extremste und interessanteste Frau ihrer Zeit: Anita Berber. Sie tanzt auf Bühnen und in Filmen, kokst und säuft in der Öffentlichkeit und prügelt sich mit Gästen, wenn sie sich beleidigt fühlt. Das berühmteste Bild von ihr malt Marthas Mann Otto Dix. Eine Symphonie in Rottönen. Er zeigt Anita vor rotem Hintergrund in einem enganliegenden, hochgeschlossenen knallroten Kleid, die rechte Hand lasziv auf die Hüfte gelegt, knallrot auch die Haare, das Gesicht kalkweiß gepudert, der grellrote Mund zusammengekniffen, dunkel umtuschte Augen. Eine verlebte Frau mit gebrochenem Blick. Auf dem Bild wirkt sie so alt, wie sie nie wird.

Nach dem verlorenen Weltkrieg ist Berlin eine Metropole voller Verlockungen und Abgründe, rauschhafter Exzesse und bitterster Armut, gesprengter Moralfesseln und zügelloser Vergnügungssucht. Einerseits bestimmen das Nachkriegselend wie Hunger, Arbeitslosigkeit und Inflation den Alltag. Andererseits verjagt ein frischerer liberaler Geist preußische Prüderie und Kleinkariertheit. Mit ihren expressionistischen Tänzen interpretiert Anita Berber ihre völlig aus den Angeln geratene Zeit. Sie tanzt nackt auf dem Vulkan. Die Freizügigkeit der Stadt spaltet die Gemüter. Stefan Zweig hält Berlin für „das Babel der Welt“. Anitas Welt.

Sie wird am 10. Juni 1899 in Leipzig geboren. Mutter Lucie tingelt als Kabarettistin und Sängerin durch das Kaiserreich, Vater Felix ist Professor für Violine, unter anderem beim Leipziger Gewandhausorchester, und bringt es auf fünf Ehen. Anita ist nicht gewollt, Anita ist ein Unfall. Die Eltern lassen sich 1902 scheiden. Die Tochter wächst bei der Oma in Dresden auf. 1914 zieht der Frauenhaushalt nach Berlin, Großmutter, Mutter, Kind und zwei Tanten. Ab 1915 nimmt Anita Tanz- und Schauspielunterricht. Ein dünner Backfisch. Sie entwickelt sich zu einer Schönheit, ausdrucksstarkes Gesicht, breite Wangenknochen, langgliedriger, knabenhaft schlanker Körper. Eine ihrer Mitschülerinnen ist die spätere Schriftstellerin Dinah Nelken. Sie beschreibt sie als „spontan und hemmungslos", und dennoch hat sie „bei aller Vorliebe für Flirts einen unglaublichen Liebreiz, ohne ordinär zu wirken." 1917 taucht die Mutter erstmals im Berliner Adressbuch auf. „Berber, Lucie, Sängerin, Wilmersdf., Zähringerstraße 13, II., Telefon Uhland 2686". Für Anita die Adresse, unter der sie immer wieder für kurze Zeit Frieden finden wird.

Tanz wird Anitas Leben. 1917 steht sie im Apollo-Theater und im Wintergarten auf der Bühne, 1918 im Blüthner-Saal erstmals solo. Im selben Jahr dreht sie ihren ersten Film. Knapp zwei Dutzend werden es insgesamt. Sie wird für Zeitschriften wie *Elegante Welt* und *Die Dame* fotografiert, sogar für das amerikanische Magazin *Vanity Fair*. In der Tanztruppe um Celly de Rheidt tritt sie im Nelson-Theater, Kurfürstendamm, Ecke Fasanenstraße, auf. Erst mit Schleier, Busenschützer und Slip. Das ändert sich bald. Anita Berber tanzt nackt, avanciert zum gefeierten Bühnenstar, reist zu Gastspielen in die Schweiz und nach Österreich.

Im Januar 1919 werden Rosa Luxemburg und Karl Liebknecht ermordet. Die Stadtväter interessieren sich nicht dafür, wie vor allem die Kriegswitwen überleben, von denen sich viele prostituieren, um nicht zu verhungern. Die Politiker beschäftigen sich mit anderen moralischen Fragen. Zwei öffentliche Handlungen werden streng untersagt: das Fischen mit Handgranaten in den Flüssen und Seen um Berlin und der Gesellschaftstanz innerhalb der Stadtgrenzen. Berlin führt einen heiligen Krieg gegen öffentliches Tanzen. Die Berliner lachen über die Kampagne. Längst hat ein Tanz-

Anita Berber im Fotoatelier von Madame d'Ora (Dora Kallmus), Wien, April 1921

rausch die Stadt und einen Großteil des Landes erfasst. Klaus Mann erinnert sich: „Der Tanz wird zur Manie, zur idée fixe, zum Kult." Getanzt wird überall in Berlin. Geheime Tanzdielen, versteckt im Westen, in der Friedrichstadt und im Berliner Norden, sind gesuchte Orte. Die Gesundheitsbehörde warnt mit Tausenden von Plakaten: „Berlin, halt ein, besinne dich, dein Tänzer ist der Tod!" Gemeint ist ein angeblicher Zusammenhang zwischen durchtanzten Nächten, sexueller Freizügigkeit und Verbreitung von tödlich endenden Geschlechtskrankheiten wie Syphilis.

In diesem Strudel wird der Schriftsteller Karl Walter Anitas erster Liebhaber. Er ist sechsundvierzig und damit siebenundzwanzig Jahre älter als sie. Die Affäre hält nicht lange. Immerhin wird Anita klar, dass sie nicht mehr mit Mutter, Großmutter und Tanten leben will. Der Liebhaber wird abserviert. Ein anderer tritt an seine Stelle. Eberhard von Nathusius, ein Offizier. Er umwirbt sie hartnäckig, hat etwas Geld und macht eine ordentliche Figur. 1919 wird geheiratet. Zwei Jahre Ehe sind genug für Anita Berber. Sie tauscht ihren Mann gegen eine Frau und zieht zu ihrer lesbischen Freundin Susi Wanowski, geschiedene Frau eines Berliner Polizeibeamten. Susi ist die einzige Person, die Einfluss auf Anita hat, ihr Leben organisiert und gleichzeitig ihre Geliebte ist. Sie bremst Anitas Hang zu Exzessen, zu Alkohol und Drogen. Weil das nicht immer in Anitas Sinn ist, fliegen manchmal Ohrfeigen.

In der Tanztruppe Celly de Rheidt lernt Anita Sebastian Droste kennen, der eigentlich Willy Knobloch heißt und aus einer wohlhabenden Hamburger Kaufmannsfamilie stammt. Er wird ihr zweiter Ehemann. Wie Anita ein Tänzer und Draufgänger. Sie treten gemeinsam auf, faszinieren Publikum und Kritiker mit ihren erotisch-verstörenden Bühnen-Shows – und schnupfen Kokain, als gäbe es kein Morgen. Anita wird wie er abhängig vom glitzernden weißen Pulver. Sie lässt sich von Droste treiben und genießt es. Mit dem Programm *Tänze des Lasters, des Grauens und der Ekstase*, das Droste choreographiert, haben sie Erfolg. Ihre getanzten Gedichte heißen *Selbstmord*, *Morphium*, *Haus der Irren*, *Die Nacht der Borgia* und *Die Leichen am Seziertisch*. Er inszeniert ihre Tänze und ihr Leben. Ihre außergewöhnlichen Auftritte sind morbide Schauspiele mit Hang zum Obskuren und Obszönen. Ab 1920 sind die beiden ein Bühnen-Paar. Sie hat einen Namen beim Publikum und in der Künstlerszene. Noch ist sie nicht berühmt, aber schon berüchtigt. Man kennt sie in Berlin, diese dunkle Schönheit. Im Nachtclub „Alkazar“ auf St. Pauli in Hamburg tanzt sie das erste Mal nackt. Eine junge Frau in blauen Tüchern, wie ein aus dem Nest gefallener Vogel.

Ein Fotografenlehrling sitzt mit seinem Freund direkt an der Bühne und erinnert sich später: „Aus dem dunklen Hintergrund kam Anita Berber vollständig mit einem zarten, etwas durchsichtigen blauen Schleier bedeckt, mit schönen rhythmischen Schritten, dicht vor uns an die Rampe. Um die Stirn ... ein goldenes Schlangen-Diadem. ... Vor uns stehend nahm Anita mit beiden Händen den Schleier nach oben. ... Anita stand vollständig nackt vor uns. Außer dem Gold-Schlangen-Diadem trug sie große goldene Ohrringe und an jedem großen Zeh ihrer schönen Füße einen Goldring. Ich wartete bei ihren Tanzschritten immer darauf, dass mal ein Goldring abrutschen würde. Anitas Achselhöhlen waren sorgfältig enthaart, und ihre schönen Titten waren um die Warzen herum fleischfarbig geschminkt. ... Alles was Recht ist: Anita Berber – mit erhobenen Armen, den Schleier nach hinten, im weißen Scheinwerferlicht stehend – sah blendend schön aus, und tanzen konnte Anita auch."

Nachdem sie zuerst in Hamburg und Wien, dann auch in Berlin ohne Kleider auftritt, ist sie eine Frau, von der man spricht. Anita Berber hat es nach den Erschütterungen des Weltkrieges nicht nötig, ihre nackten Tänze mit Bezügen auf die Antike und die klassische Literatur zu rechtfertigen: „Wenn ich in einem Park zwischen Bäumen eine Goethe-Büste sehe, muss ich kotzen."

November 1922. Anita Berber und Sebastian Droste sind in Wien. Sie wird von der österreichischen Fotografin Dora Kallmus porträtiert, die sich Madame d'Ora nennt. Droste soll wegen Betrugs und Urkundenfälschung ausgewiesen werden. Ein Anwalt kann es verhindern. Sie tanzen ihre *Tänze des Lasters, des Grauens und der Ekstase* im Großen Konzerthaussaal in Wien. Am nächsten Tag wird Sebastian Droste festgenommen. Er soll zwei Gräfinnen bestohlen haben. Anita bürgt für ihren Mann. Er kommt frei. Sie schließen Verträge für Auftritte im Ronacher, im Apollo und im Tabarin. An allen drei Orten müssten sie gleichzeitig tanzen. Ein Bezirksgericht sieht darin Betrug und verurteilt

Anita Berber und Sebastian Droste in der Tanzszene *Märtyrer* von Hugo Heller, Fotoatelier von Madame d'Ora, Wien, Oktober 1922

das Paar zu zehn Tagen Arrest. Um nicht ins Gefängnis zu müssen, versprechen sie hoch und heilig, nur im Ronacher aufzutreten. Und halten sich wieder nicht an die Vereinbarung. Stattdessen tanzen sie in den Kammerspielen. Eine Chaos-Tournee. Am Ende werden sie mit hohen Schulden aus Wien vertrieben.

Danach gibt es das Tanzpaar Droste-Berber nicht mehr. Zurück in Berlin, verschwindet Sebastian Droste mit dem wertvollsten Schmuck seiner Frau nach New York. Anita zertrümmert vor Wut und Enttäuschung ihr Zimmer. Zwei Jahre später ist Droste schwer an TBC erkrankt, kommt nach

Europa zurück und stirbt mit fünfunddreißig Jahren im Haus seiner Eltern in Hamburg. Nach Drostes Flucht lässt sich Anita scheiden, zieht wieder in die Wilmersdorfer Wohnung zu Mutter, Großmutter und den Tanten – und tanzt ohne Partner.

Deutschland versinkt im Strudel der Inflation. Anfang Januar 1923 kostet ein Dollar siebentausend Mark, im Juli dreihundertfünfzigtausend und im August 4,5 Millionen Mark. Wer Arbeit hat, bekommt täglich seinen Lohn ausgezahlt und rennt mit dicken Geldbündeln los, um irgendetwas von Wert zu kaufen. Berlin wird von Touristen mit harten Devisen überschwemmt. Ihr bescheidenes Reisekapital in Form von Kronen, Gulden, Francs, Lira und Yen verwandelt die Fremden in Multimillionäre, sobald sie aus dem Zug steigen. Amerikaner leben in Berlin mit einhundert Dollar im Monat wie die Fürsten in riesigen Wohnungen mit Personal, essen in den teuersten Restaurants und sammeln Kunst. Die Mark sinkt immer weiter, ist am 1. November bei einhundertdreißig Milliarden und zwei Wochen später bei 1,3 Billionen für einen Dollar. Die Weimarer Republik besitzt kein Gold, die Währung ist nicht gedeckt. Erst mit der Einführung der Reichsmark 1924 beruhigt sich die Lage.

Wer über Bargeld verfügt, sucht in dieser Weltuntergangsstimmung das schnelle Vergnügen. Der Alkohol fließt in den überfüllten Kaschemmen und Tanzbars in Strömen. Dealer haben Hochkonjunktur. Ihre Kunden verlangen nach Koks, flüssigem Morphium in Ampullen und Opiumkugeln. Es ist schick, Rauschgifte zu nehmen. In jedem zweiten Nachtlokal verkauft die Toilettenfrau Kokain. Kaum noch eine Straße in Mitte oder im Westen um den Kurfürstendamm, in der nicht ein Nachtlokal auf Gäste wartet. Manchmal haben die Läden nur sechs oder acht kleine Tische. Viele bieten Platz und Shows. Besonders gefragt sind das „Himmel und Hölle" am Kurfürstendamm mit seinen Türstehern Petrus und Satan oder die beiden Travestielokale „Eldorado", eins in der Lutherstraße, das andere in der Motzstraße.

Anita Berber, die Femme fatale, ist Sinnbild des puren Exzesses, der neuen, begehrenden Frau und die Verkörperung des weiblichen Bohemiens. Ihre exzessive Lebensweise sorgt immer wieder für Anstoß und Aufsehen. Sie zieht Skandale förmlich an, sie nimmt neben Morphin und Kokain angeblich selbsterfundene Sedative – wie Chloroform plus Äther zum Frühstück. Dazu werden weiße Rosenblätter in die Mixtur getaucht und die dann gesättigten Blumenblätter in den Mund gesteckt. Die Designerdroge ihrer Zeit. Anita trinkt pro Tag eine Flasche Cognac, ohne die sie gar nicht auftreten kann. In ihrer Hemmungslosigkeit ist sie maßlos, und die Zukunft ist ihr völlig egal. Der Theaterkritiker Herbert Pfeiffer schreibt: „Anita Berber verkörpert das wilde Flackern und Brennen ihrer Generation, die ... sich in jedem Falle ausleben wollte. Jeder fühlte, dass die Zeit auch in ihm ein Stück Anita Berber auslöste."

Begierde, Klatsch, heißes, künstliches Licht der Nachtlokale, Anita ist auf dem Gipfel. Sie ist es gewohnt, von Männern provoziert zu werden. In der „Königin-Bar" am Kurfürstendamm wollen ihr junge Kerle durch lautes Gespräch imponieren. Anita wendet sich zu ihnen mit ihrer tiefen und rauen Stimme: „Seid ruhig, ich schlafe ja doch mit jedem von euch!"

Sie lebt von einem Tag zum anderen, kürzer noch, von einer halben Stunde zur anderen. Geld bedeutet ihr nichts, Besitz ist ihr egal. Kaum hat sie Geld in der Tasche, gibt sie es im nächsten Moment aus. Ihre Verschwendungssucht ist orgiastisch wie ihr Exzentrikleben, Anita Berber braucht nur einen Raum zu betreten, schon herrscht Bar-Atmosphäre. Sie rauscht im langen Zobel durch die Stadt, manchmal nichts darunter als Stiefel. Um den Hals ein Silberdöschen, randvoll mit Kokain. Um aufzufallen, denkt sie sich immer neue Extravaganzen aus. Goldene Kettchen am Fußgelenk oder den rotgeschminkten Nabel. Eine Weile ist es angesagt, kleine Affen im Mantelärmel bei sich zu haben. Anita macht auch diese Mode mit und trägt ein verängstigtes Äffchen im

Busenausschnitt mit sich herum. Sie will es im Winter vor der Kälte schützen und deckt es fest zu. Der Affe erstickt.

In der „Weißen Maus", einem Lokal für Intellektuelle, Unterweltgrößen und Geschäftsreisende mit üppigen Spesenkonten in der Jägerstraße 18 in Mitte, ziehen sich die Gäste Augenmasken über das Gesicht, damit sie nackte Tänzerinnen – Anita Berber ist hier einer der Stars – beobachten können, ohne selber erkannt zu werden.

Zurufe beantwortet Anita Berber mit unanständigen Ausdrücken und tanzt weiter in ihren durchlässigen Schleiern. Geschrei, Gezeter und Gelächter. An einem Abend springt Anita wütend ins Publikum, greift eine Sektflasche und schlägt sie dem nächstbesten Gast über den Kopf. Sie tobt, reißt Stühle und Tische um. Kräftige Kellner beruhigen sie. Der Tanz geht weiter. Fred Hildenbrandt, Feuilletonchef des *Berliner Tageblatts*, wird an diesem Abend vom Inhaber gebeten, mit ihr zu reden. Er stellt sie in ihre Garderobe zur Rede. „Mach dem Chef das Leben nicht sauer", fordert Hildenbrandt sie auf. „Du machst die Gäste scheu." Anita hat ihre Sicht der Dinge: „Wir tanzen den Tod, die Krankheit, die Schwangerschaft, die Syphilis, den Wahnsinn, das Sterben, das Siechtum, den Selbstmord, und kein Mensch nimmt uns ernst. Sie glotzen nur auf unsere Schleier, ob sie nicht darunter etwas sehen können, die Schweine." Verblüfft stellt Hildenbrandt fest: „Diese Nackttänzerin tanzt ein ernstes Programm über die fürchterlichtesten Themen … und verlangt, dass ein Publikum, das sich erotisch amüsieren will, das kapiert." Henny Walden, Sängerin und Stammgast in der „Weißen Maus", versteht, was in Anita Berber vorgeht: „Die Göttliche entblößt sich jede Nacht in einer anderen Kaschemme um ihrer Kunst willen, und niemand begreift es."

Anita Berber verletzt jede gesellschaftliche und künstlerische Konvention ihrer Zeit. Sie wirbelt durch die Berliner Friedrichstadt, taucht in Hotelfoyers, Nachtclubs und Kasinos auf. Schauspieler Hubert von Meyerinck trifft sie einmal mit zwei geschminkten Jünglingen im Speisesaal vom Hotel „Adlon". Champagner wird geordert, und Anita lässt ihren Pelzmantel von den Schultern gleiten. Darunter ist sie nackt. Der Oberkellner bedeckt diskret ihre Blöße und führt sie ohne Aufheben hinaus.

Im Oktober 1923 lernt sie ihren dritten Ehemann kennen. Wieder ein Tänzer, Henri Châtin-Hofmann aus Baltimore. Im Auto von Anitas erstem Ehemann Eberhard von Nathusius verloben sie sich. Sie genießt die Ehe. Übernächtigt und übermüdet, den teuren Mantel über das Nachthemd gestreift, die Einkaufstasche in der Hand, so hastet sie auf die Straße, um einzukaufen. Sie merkt nicht, wie grotesk sie wirkt. Ihre Haut ist blass, ihre Augenbrauen sind aufgemalt. Abends ist sie im Smoking unterwegs. Im Auge klemmt ein Monokel. Das braucht sie tatsächlich. Sie ist kurzsichtig. Als eine der ersten Frauen trägt sie Herrenanzüge. Es ist ihre Mode „à la Berber".

Auch mit Henri ist Anita täglich für Skandale gut. Fast jedes Engagement wird von Auseinandersetzungen begleitet. Nicht nur in Berlin, auch in Breslau, Leipzig, Hamburg, Dresden und Köln. Die Zeitungen berichten über ihre exzessive Drogensucht, wilde Orgien und lesbische Ausschweifungen. Wo immer sie auftritt, strömt das Publikum in Erwartung eines saftigen Krachs. In einer Prager Bar ruft ihr ein angezechter Gast zu, sie solle sich endlich „ganz nackt ausziehen". Anita unterbricht ihren Auftritt, kommt von der Bühne herunter, geht ruhig auf den Mann zu und schlägt ihm mit voller Wucht ins Gesicht. Bei der anschließenden Prügelei verliert Henri zwei Zähne und landet im Polizeigefängnis.

1924 lernt Klaus Mann die Tänzerin kennen. „Anita Berber war schon eine Legende", erinnert er sich in einem Aufsatz, der 1930 in der Zeitschrift *Die Bühne* erscheint. „Sie war erst seit zwei oder drei Jahren berühmt, aber schon ein Symbol geworden. Verderbte Bürgermädchen kopierten die Berber, jede bessere Kokotte wollte möglichst genau wie sie aussehen. Nachkriegserotik, Kokain, Salomé, letzte Perversität: solche Begriffe bildeten den Strahlenkranz ihrer Glorie. Nebenbei wussten die Kenner, daß sie eine ausgezeichnete Tänzerin war." Klaus Mann trifft sie in einer Diele im Westen Berlins. „Sie hatte einen Kavalier bei sich und es gab Sekt. Den Kavalier und mich nahm sie morgens um zwei in ihr Hotelzimmer mit. Ich war damals kaum achtzehn Jahre alt. Achtzehnjährige erschüttert ein solches geschminktes Gesicht. Ihr Gesicht war eine düstere und böse Maske. Der stark geschwungene Mund, den man sah, war keineswegs ihrer, vielmehr ein blutiges Machwerk aus dem Schminktöpfchen. Die kalkigen Wangen hatten violetten Schimmer. An den Augen musste sie täglich eine Stunde mindestens arbeiten. Sie sprach ununterbrochen und sie log furchtbar. Es war klar, daß sie sehr viel Kokain genommen hatte; sie bot auch mir welches an. ... Sie erzählte mit ihrer heiseren Stimme die unglaublichsten Abenteuer; von Tieren, die sie hypnotisiert, von Mördern, denen sie geschickt ausgewichen. Dabei blieb die bittere Maske, die ihr Gesicht war, im Halbdunkel unbewegt."

Anita Berber lernt in Düsseldorf den Maler Otto Dix kennen. Angeblich steht sie ihm nackt Modell, als er 1925 sein berühmtes rotes Porträt von ihr malt. Die Genialität von Dix besteht darin, die Maske der Berber zu durchschauen, die Aura zwischen Erotik und dem verzerrten Sinnbild einer Epoche einzufangen. Martha Dix fährt mit ihren Mann nach Wiesbaden, um Anita noch einmal tanzen zu sehen. „Wir gingen in Wiesbaden spazieren und sie nahm jede Gelegenheit wahr. Jemand sprach sie an, und sie sagte: ‚200 Mark'. Ich fand das gar nicht so furchtbar. Irgendwie musste sie ja Geld verdienen."

Anitas Ruhm beginnt zu verblassen. Wo sie früher auf jeder Party erscheinen konnte, selbst wenn sie nicht eingeladen war, holt sie sich jetzt Abfuhren. Der Journalist Paul Erich Marcus (PEM) schreibt in seinen Erinnerungen: „Das letzte Mal sah ich sie in einer Faschingsnacht vor dem Hause des Kunsthändlers Alfred Flechtheim. Er gab ein privates Maskenfest für seinen Kreis, der gewiss nicht philiströs war. Anita wurde nicht eingelassen. Sie rief vergeblich die halbe nächtliche Tiergartenstraße zusammen."

Ein anderes Mal ist Klaus Mann Zeuge einer hässlichen Szene. Anita und Henri kommen spät abends in den Kostümen ihrer letzten Kabarett-Nummer auf eine Berliner Gesellschaft. Henri ist eingeladen, sie nicht. Ein Diener fordert sie auf zu gehen. Klaus Mann: „Schon stand vor ihr der Hausherr. Sie sind nicht eingeladen, gnädige Frau. ... Außerdem ist hier kein Maskenfest. Sie schlug nach ihm, das Grauenhafteste war, daß er zurückschlug. Eine elegante Gesellschaft von über hundert Personen verschlang die Szene. Als Anita geschlagen worden war, heulte sie los. Ich sehe noch Henri, wie er ihr den Arm um die Schulter legte, wie er sie fortführte. ‚Die Menschen sind schlecht', rief er immer wieder in seinem mühsamen Deutsch, während er die Salons durchschritt, wo die Leute vor dem verfemten Paar zurückwichen."

In München entdeckt Anita ein Plakat mit der Ankündigung für ein Violinkonzert ihres Vaters. Sie besucht das Konzert und findet danach zu seiner Garderobe. Zum ersten Mal seit über zwanzig Jahren hat sie das Bedürfnis, ihren Vater zu sehen. Felix Berber lässt sie abblitzen. Als sie an der Tür ihren Namen nennt, dreht er ihr den Rücken zu. Er sei nicht zu sprechen, er bitte das Fräulein, das Zimmer zu verlassen. Wie versteinert bleibt sie mit aufgerissenen Augen stehen. Dann fällt ihr Kopf auf die Brust. Ihre Sicherheit, ihre freche Überlegenheit – alles ist weg. Sie bringt kein Wort heraus, keine schnoddrige Geste, nicht das leiseste Lächeln helfen ihr über diese Minuten hinweg. Lautlos verlässt sie den Raum. Sie weint die ganze Nacht. Ohne Trotz, ohne Wut, die wehen, bitteren Tränen eines fünfjährigen Mädchens.

Die Zeiten haben sich geändert. Exzesse, lesbische Liebe und Nackttanz verlieren ihren Reiz. Im Juni 1927 brechen Anita und Henri zu einer Tournee durch den Nahen Osten auf. Sie tanzen in Nachtlokalen Griechenlands und Ägyptens, in eleganten Hotels Alexandriens und in üblen Beiruter Bars mit Animierzwang.

In Damaskus beschließt Anita, keinen Tropfen Alkohol mehr zu trinken. Eine vollständige Abstinenz nach den Jahren, in denen sie jeden Abend eine Flasche Cognac brauchte, dazu unzählige Cocktails und Whiskys. Mental hält sie durch. Nur ihr Körper revoltiert. Geschwächt durch das heiße Klima, angegriffen durch einen Ausflug in die Berge und nächtliches Kampieren im Freien. Am Abend des 13. Juli 1928, genau ein Jahr nach der Abreise aus Europa, bricht Anita Berber während der Vorstellung zusammen. Ihr letzter Auftritt heißt *Tanz in Weiß*. Ein großer exotischer Vogel schwebt über die Bühne und sinkt nach ein paar matten Flügelschlägen müde zu Boden. Als der Vorhang hochgeht, liegt sie immer noch reglos. Sie kann sich nicht mehr erheben und wird ins Krankenhaus getragen.

Die Diagnose der Ärzte ist grausam. Galoppierende Lungenschwindsucht, Tbc. Keine Hoffnung auf Heilung. Wirksame Antibiotika gibt es noch nicht.

Vier schlimme Monate quält sich Anita zurück nach Berlin. Zunächst im Auto durch die Wüste, dann im Salonwagen. Hohes Fieber und der geschwächte Zustand der Kranken zwingen Henri und sie immer wieder zu Reiseunterbrechungen. Das Geld wird knapp. Transport und Arztrechnungen verschlingen die Einnahmen der Tournee. In Prag reicht das Geld nicht, um die Fahrkarten nach Berlin bezahlen zu können. Willy Karzin, ein alter Kabarettist, organisiert Hilfe, lässt Sammelbüchsen durch die Berliner Künstlergarderoben kreisen. So kann die todkranke Anita Berber nach Hause gebracht werden. Zunächst zur Mutter in die Zähringerstraße. Nachdem sich ihr Zustand weiter verschlimmert, kommt sie ins Hospital. Im Kreuzberger Bethanien-Krankenhaus sitzt Anita zum Skelett abgemagert mit hochgezogenen Beinen im Bett. Sie vermag sich nicht mehr auszustrecken. Unter grässlichen Schmerzen hustet sie ihre Lunge aus. Eine Woche dauert ihr Sterben. Freunde und Verwandte sind um sie. Darunter Otto Dix und seine Frau Martha. Anita will nicht wahrhaben, dass es zu Ende geht. Sie denkt an die Zukunft, plant eine Reise nach Italien. Als sie völlig entkräftet ist, verschenkt sie ihre Habe.

Am Samstag, dem 10. November 1928, abends neun Uhr, stirbt Anita Berber. Henri kann nicht bei ihr sein, er hat Premiere mit einer neuen Tanzpartnerin im Weidenhof Casino. Am 14. November wird sie auf dem Friedhof der St. Thomas-Gemeinde in der Hermannstraße in Neukölln beigesetzt. Wahlstelle 1, Reihe 6, Grab Nummer 20. Pfarrer Schmidt hält die Grabrede. Für die Künstler spricht Willy Karzin. Neben prominenten Filmregisseuren stehen die Huren der Friedrichstraße am Grab, Strichjungen und Hermaphroditen aus dem „Eldorado", berühmte Künstler neben Bar-Mixern, Herren mit Zylinder neben den bekanntesten Transvestiten der Stadt. Henri kommt zu spät am Ende der Predigt in Smoking und grauem Mantel, den Kragen hochgeschlagen, geschminkt, ohne Hut, betrunken, kokett eine Geranie im Mund. Er weint wild. Als er sich beruhigt hat, nimmt er die Blume aus dem Mund und wirft sie auf den Sarg in der Grube.

In seinen Erinnerungen an Anita Berber schreibt Klaus Mann: „Mir scheint dieses Leben zu großen Stils, als daß man es mitleidig anschauen dürfte. Freilich, sie endete jammervoll und uns alle, die wir sie gekannt haben, trifft bitter der Vorwurf, daß sie allein, daß sie ohne Hilfe starb. Doch hat ihr grausiges Ende eine innere Logik. Vor der Mitleid geringfügig wird. Sie war eine große und extreme Figur, sie musste so extrem enden, wie sie es getrieben hatte. So ruchlos-ästhetizistisch es klingt, ein behaglicherer Schlussakt hätte ihre Lebenslegende verdorben."

Das Grab existiert nicht mehr. Nicht einmal der Friedhof. 1978 fand die letzte Beerdigung statt. 2012 wurde der Friedhof geschlossen, nachdem alle Liegefristen abgelaufen waren. Ob jemals ein Grabstein auf Anitas Grab stand, ist

Gedenktafel für Anita Berber am Haus Zähringerstraße 13, Berlin-Wilmersdorf. In diesem Hause wohnte Anita Berber zwischen 1917 und 1928 immer wieder bei ihrer Mutter Lucie, Foto von 2018

zweifelhaft. Als ihre Mutter Lucie 1954 starb, wurde sie zur Tochter ins Grab gelegt. Achtzehn Mark kostete das Armenbegräbnis. Der ehemalige Friedhof ist heute ein Park. Er heißt Anita-Berber-Park.

Das Haus Zähringerstraße 13 in Wilmersdorf hat die Kriegsbomben überstanden. Rechts vom Eingang hängt ein Metallschild an der Hauswand. Darauf steht: „In diesem Haus lebte von 1919–1928 Anita Berber (1899–1928), Tänzerin und Schauspielerin."

Das berühmte rote Porträt von Otto Dix hat eine bewegte Geschichte. 1926 wird es von der Leitung der Berliner „Vierländerausstellung" als zu anstößig abgelehnt. Die Nationalsozialisten beschlagnahmen das Bild als „entartet" und lassen es in der Schweiz versteigern. Später taucht es in einer Pariser Kunstsammlung auf. Otto Dix kauft es für achtzehntausend

Mark von einem italienischen Kunsthändler zurück. Nach seinem Tod behält Martha Dix das Porträt und hängt es bis zu ihrem Lebensende über den Kamin. Im März 2006 verkauft es die Otto Dix Stiftung in Vaduz für zehn Millionen Euro der Landesbank Baden-Württemberg. Seitdem hängt es im Kunstmuseum Stuttgart.

Antoinette Weiß

Liebe über den Tod hinaus

Juden haben einen schönen Ausdruck für einen Friedhof. Sie nennen ihn einen „guten Ort". Jüdische Friedhöfe sind für die Ewigkeit bestimmt. Wenn sich Verhältnisse nicht gravierend ändern, bleiben diese „guten Orte" auch erhalten. Christenmenschen gehen mit ihren Friedhöfen manchmal entschieden undogmatischer um. Da reicht es oft schon, wenn die Stadt wächst und aus dem Gelände des Friedhofs gesuchtes Bauland wird.

1742 entscheidet Friedrich der Große, dass neue Friedhöfe in Berlin nur vor den Toren der Stadt angelegt werden dürfen. 1777 wird der erste katholische Friedhof in Berlin eingeweiht. An der Chausseestraße, gleich links, wenn man die Stadt durch das Oranienburger Tor verlässt. Mitte des 19. Jahrhunderts wächst Berlin über sich hinaus. Eisengießereien und Maschinenfabriken fressen das Ackerland in Richtung Norden, verwandeln die Gegend in Berlins Feuerland mit glühenden Öfen und qualmenden Schornsteinen. Auch an den Stadttoren wird es eng. Berlin hat kein Land zu verschenken. Erst wird das Oranienburger Tor abgerissen. Dann weckt der kleine katholische Friedhof Begehrlichkeiten. Seine Lage kostet ihn seine Existenz. Was bringt ein Friedhof, wenn die Grundstückspreise steigen? Nach ziemlich genau hundert Jahren wird der katholische Friedhof schließlich wieder aufgegeben. Der Platz wird parzelliert und damit fließt Geld in die Kasse der St. Hedwig-Gemeinde. Alles, was an diesen kleinen Friedhof erinnert, verschwindet.

Alles? Nein. Nicht wirklich alles.

1805 wird die erst siebenundzwanzig Jahre alte Antoinette Weiß auf dem katholischen Friedhof an der Chausseestraße beigesetzt. Ihr Mann Gaspare Weiß will nicht, dass seine große Liebe in Vergessenheit gerät. Er bezahlt die Grabstelle für hundert Jahre. Darüber schließt er einen Vertrag mit der

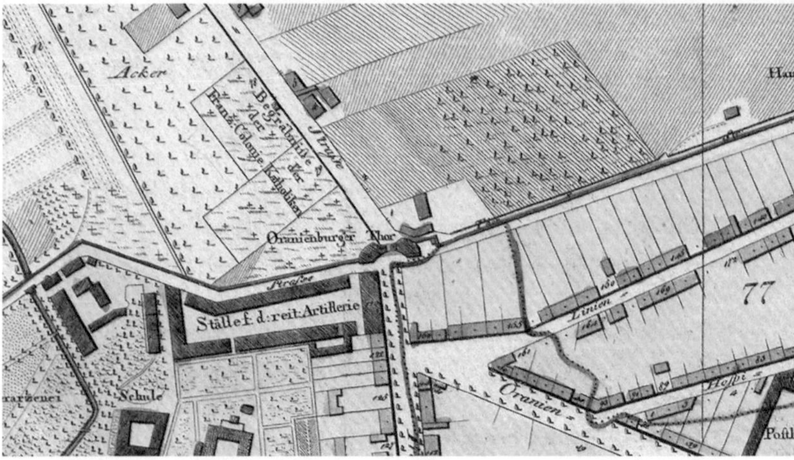

Lage des katholischen Friedhofs am Oranienburger Tor um 1800

Gemeinde. Ein Vertrag, auf den die Familie jahrzehntelang immer wieder pocht. Nicht einen Tag vor Ablauf der Liegefrist darf Hand an das Grabmal gelegt werden. Wie konnte Gaspare Weiß ahnen, dass der Friedhof verschwinden, der Grabstein für seine Frau aber alle Zeitenstürme überdauern würde?

Ein Mann, gebeugt von Trauer und Schmerz, kauft seiner Frau gleich für hundert Jahre eine Grabstelle. Eine kleine Ewigkeit. Da wüsste man gerne mehr über die Gründe. Die Liebe muss groß gewesen sein wie das Leid. Und der Geldbeutel. Eine Grabstelle für eine so lange Zeit zu kaufen, das können sich Menschen in Berlin zu Beginn des 19. Jahrhunderts nur selten leisten.

Der Grabstein, den Gaspare Weiß für seine viel zu früh verstorbene Antoinette aufstellen lässt, ist eine üppige klassizistische Steinstele mit Rosettenfries. Den Aufsatz nennt der Fachmann akroterienbekrönt, verzierte Giebelecken. In wenigen Worten erzählt der Grabstein von einem kurzen Leben. Antoinette Weiß wird 1778 geboren und stirbt am

22. Februar 1805. Zu vermuten ist, dass Antoinettes Eltern Italiener sind. Darauf lässt ihr Mädchenname schließen – Antoinette Biancone.

Wenn Fremde in eine fremde Stadt ziehen, suchen sie Landsleute. Um die eigene Sprache zu sprechen, um Gebräuche beizubehalten, um zu arbeiten, zu leben, zu essen und zu trinken, wie sie es gewohnt sind. Hat Antoinette ihren Landsmann Gaspare in Berlin kennengelernt? Hans Heinrich Füssli, Professor für vaterländische Geschichte in Zürich, schreibt 1820 in seinem *Allgemeinen Künstlerlexicon* über drei Brüder, die aus Italien nach Berlin gezogen sind: „Zu Ende des vorigen und in unserem Jahrhundert erscheint in Berlin eine Familie Weiß, die sich mit einem Kunst- und Kupferstichverlag beschäftigt." Baptist, Gaspare und Isidor stammen aus dem Südtiroler Tesinotal, damals berühmt für seine Bilderhändler. Seit 1799 produzieren und verkaufen die Brüder Bianchi in Berlin Druckerzeugnisse. Da haben sie ihren Namen bereits ins Deutsche übertragen. Aus Bianchi wird Weiß. Sie wollen gute Preußen sein, präsentieren sich patriotisch.

Die Brüder, schreibt Füssli, heiraten in Berliner Familien ein. Möglich durchaus, dass Antoinettes Familie schon länger in der Stadt lebt. Gaspare, der Kunsthändler, Verleger und Kupferstichhändler, und Antoinette, die Buchhändlerin. Da finden sich zwei Seelen. Sie heiraten 1799. So wird aus Antoinette Bianchi, gebürtige Biancone, Antoinette Weiß. Bianchi – Biancone. Klingt ähnlich und hat doch völlig andere Bedeutungen. Biancone ist ein Vogel, ein Schlangenadler.

Antoinette „beglückt" ihren Mann „mit treuer Liebe". Sechs Jahre und zwei Monate sind sie ein Paar, als Antoinette stirbt. Sie lässt ihren Mann mit vier Kindern zurück. Kinder, die sie bis zu ihrem Ende mit „mütterlicher Zärtlichkeit" aufzieht. Gaspare Weiß stürzt sich nach dem Tod seiner Frau in die Arbeit. Das Geschäft in der Leipziger Straße braucht ihn. Er reist 1810 nach Venedig und knüpft Kontakte zu Künstlerkreisen. Ein Jahr später gibt sein Verlag mit staatlicher Unterstützung Illustrationen von Armeeuniformen heraus. Wieder ein Jahr danach verzeichnen Belege eine „Kunsthandlung Weiß" Unter den Linden. Die Firma verlegt siegesstolze Triumphblätter der Freiheitskriege und Ansichten von Berliner Gebäuden. Baptist Weiß spendet 1817 dem Kriegsministerium Kupferstiche, deren Verkaufserlöse Kriegsinvaliden zugutekommen. Neben Druckwerken und Arbeitsmaterial handelt die Firma mit Gemälden alter Meister und zeitgenössischer Maler. In privaten Räumen richtet Gaspare Weiß 1816 ein „Museum" ein. Er hängt eine Kopie nach Correggios *Leda* der friderizianischen Bildergalerie ebenso auf wie ein Historiengemälde von Camuccini, zwei Waldlandschaften von Caspar David Friedrich oder Genreszenen von Christian Wilhelm Ernst Dietrich. Undurchsichtig bleibt die Herkunft eines Bildes von Leonardo da Vinci. Angeblich hat ein preußischer Offizier das Bild 1817 aus dem Louvre gestohlen und bei Weiß in Kommission gegeben.

Im *Morgenblatt für die gebildeten Stände* wird das private Kupferstich-Museum gelobt: „Das Museum, welches der Kunsthändler Gaspare Weiß hier begründete, verspricht gutes Fortleben und verdient es auch durch treffliche, nicht kostentragende Einrichtungen und durch den mäßigen Eintrittspreis."

Gaspare Weiß arbeitet eng mit einheimischen Künstlern zusammen. Wie mit dem Bildhauer, Zeichner und Grafiker Johann Gottfried Schadow. Er druckt dessen Zeichnungen als Kupferstiche. Sieben Radierungen mit dem Titel *Russische Kriegsvölker. Nach der Natur gezeichnet von Schadow und Kolbe* erscheinen 1813 im Verlag Gaspare Weiß. Unter den Radierungen hat jemand vermerkt: „Schadows Originalzeichnungen, die ihn nach dem Schreibkalender von März bis September 1813 beschäftigten … wurden von dem Verleger Weiß an den Herzog Albert von Sachsen-Teschen … verkauft." Nach diesem Schwenk durch Berliner Kunst-Historie ist jetzt auch klar, warum Gaspare Weiß seiner geliebten

Antoinette ein Grab für hundert Jahre kaufen kann. Er ist ein angesehener, erfolgreicher, vermögender Geschäftsmann.

Gaspare Weiß und Johann Gottfried Schadow – die Kunst ist nicht der einzige Berührungspunkt der beiden Männer. Sie können sich durchaus hin und wieder auf dem kleinen katholischen Friedhof an der Chausseestraße begegnet sein. Antoinette Weiß ruht schon in märkischer Erde, als Schadow dort seine erste Ehefrau begräbt, die Wiener Juwelierstochter Marianne Devidels. Die Mutter seiner beiden Söhne Rudolph und Wilhelm stirbt 1815. Auf ihrem Grab errichtet Schadow ein Grabmal aus Marmor, eine Urne auf einer Säule.

In der Nachbarschaft ruhen noch andere Berliner mit Namen. An den vielseitigen Pianisten, Komponisten, Dirigenten und Direktor der Oper Berlin Bernhard Anselm Weber erinnert ein eisernes Grabkreuz, bei dem jedes einzelne Wort der Inschrift von Ornamenten umrahmt ist. Unweit davon liegt Leonhard Posch, einer der bedeutendsten deutschen Medailleure des Klassizismus, der vor allem für die Königliche Eisengießerei Berlin und die Königliche Porzellan-Manufaktur arbeitete. Maria-Henriette Mendelssohn wird auf dem katholischen Friedhof zu Grabe getragen, die jüngste Tochter des jüdischen Philosophen und Menschenfreundes Moses Mendelssohn. Sie hat sich früh katholisch taufen lassen. Eine andere konvertierte Jüdin ist Marianne Saaling, die als Mirjam Salomon geboren wird. 1837 ist sie Mitbegründerin des „Frauenvereins von St. Hedwig zur Pflege und Erziehung katholischer Waisenkinder". Ihr einprägsamer Wahlspruch: „Bei Armen bin ich reich, bei Kranken gesund geworden, bei Sterbenden habe ich leben gelernt".

Die katholische Gemeinde in Berlin wächst und damit auch der Platzbedarf an Begräbnisflächen. In der ersten Zeit liegen die Gräber ziemlich verstreut. Ein breiter Mittelweg führt zu einem zentralen Platz mit einem Kreuz. Eine Kapelle fehlt auf dem Friedhof. Also werden die Särge vor der Beisetzung vor das Kreuz gestellt. Später wird der

Das Oranienburger Tor kurz vor seinem Abriss mit Blick nach Norden. Hinter dem linken Wachgebäude sind der katholische Friedhof und der dahinter liegende Dorotheenstädtische Friedhof zu erkennen, Foto von 1867

Platz maximal ausgenutzt. Nach dem Totenregister von St. Hedwig liegen auf dem nur siebentausend Quadratmeter großen Friedhof etwa zehntausend Gemeindemitglieder. Auf Dauer ein unhaltbarer Zustand. Der Polizeipräsident lässt den alten Hedwigsfriedhof 1853 wegen vollständiger Belegung schließen. Wie das so ist in Berlin, damals wie heute: Es dauert, bis solche Entscheidungen auch tatsächlich umgesetzt werden. Bis 1878 gestattet die katholische Kirche noch sogenannte Nachbeisetzungen. Dann ist aber endgültig Schluss. Trotzdem landen immer wieder Anträge auf Begräbniserlaubnisse für Einzelfälle auf dem Schreibtisch des Polizeipräsidenten Guido von Madai. Was Begräbnisse auf dem überfüllten Friedhof der St. Hedwig-Gemeinde anbelangt, bleibt der Verwaltungsjurist hart. Keine Ausnahmegenehmigungen mehr.

Der Friedhof um das Grab von Antoinette Weiß verfällt immer mehr. Ein trostloser Anblick. Einige prominente Gräber werden auf andere Friedhöfe umgebettet. Auf den Friedhof in der Liesenstraße und auf den St. Hedwig-Friedhof in Reinickendorf. Manche exhumierten Gebeine erhalten neue Ruhestätten. Andere werden in einem gemeinsamen Grab auf dem Reinickendorfer St. Hedwig-Friedhof beigesetzt. Auch das Grabmal von Schadows Ehefrau Marianne wird auf einen Wagen geladen und nach Reinickendorf gebracht. Später besinnt sich jemand. Seitdem steht die Säule mit der Urne im Märkischen Museum. Die meisten Grabstellen des alten St. Hedwig-Friedhofes aber werden abgetragen und eingeebnet. Das einzige Grab, das nicht angetastet werden darf, ist das der Antoinette Weiß. Es bleibt erhalten.

Noch immer ist die Kirchengemeinde Eigentümerin des Geländes, Grund und Boden von nicht unerheblichem Wert in erstklassiger Lage. Eine Zeit lang wird der Bereich als Lagerplatz verpachtet. Dann lässt die Kirche den ehemaligen Friedhof parzellieren und ab 1902 bebauen. Wohnhäuser und Geschäfte sind geplant. Um 1906 entsteht auf dem Gelände des ersten katholischen Friedhofs in Berlin eine ganze Ladenzeile mit acht Räumen für unterschiedliche kleine Unternehmen. Zeitungen, Nähmaschinen, Fahrräder, eine Gastwirtschaft. Eine der Firmen in direkter Nachbarschaft vom Grab für Antoinette Weiß ist die Berliner Elektromobil Droschken AG, abgekürzt BEDAG. Gründer ist der Ingenieur und Tüftler Ansberg Vorreiter. Seine Idee: Taxen mit Elektromotoren zu bauen. Er beschafft sich ein Anfangskapital von anderthalb Millionen Mark und legt los. Zu Anfang läuft es prächtig für Ingenieur Vorreiter. 1906 fahren in Berlin zweihundertfünfunddreißig Elektrofahrzeuge, davon einhundertsechsundachtzig Taxis. Es geht das Gerücht, dass Benzintaxis verboten werden sollen. Für Ansberg Vorreiter ein großer Fehler. Solange die Elektrizitätsgesellschaften nicht für ein Netz von Aufladestationen sorgen, ist das Benzintaxi für größere Fahrten unverzichtbar. Elektrotaxis in Berlin. Das war 1906!

Eines der Geschäfte in der neuen Ladenzeile auf dem Gelände des ehemaligen Friedhofes wird buchstäblich um das Grab von Antoinette Weiß herum gebaut. Noch immer darf niemand den Gedenkstein anfassen. Noch immer leben Nachfahren der Familie, die den Vertrag über das vor über hundert Jahren gekaufte Grab nicht verbummelt, sondern sorgsam aufgehoben haben. Sie bestehen auf Vertragserfüllung. Das Grab hat zu bleiben, wo es ist. Alle Versuche, sich mit den Nachkommen zu einigen, scheitern. Es hilft nichts. Ohne das Grab und den Stein anzurühren, wird das neue Haus um die Erinnerungsstätte herum gebaut. Ins Erdgeschoss zieht der W. Schroeder Musik-Verlag, Musikalien- und Musikinstrumentenhandlung. Zum Geschäft gehört eine Lesehalle. In dieser Lesehalle steht der Grabstein. Die Inschrift ist nach wie vor gut zu lesen:

Dieser Stein
soll erhalten das Andenken
an
Antoinette Weiss geb. Biancone
für
ihren trauernden Gatten
Gaspare Weiss
den sie
VI Jahre und II Monate
mit treuer Liebe beglückte
und
für ihre IIII Kinder
die sie mit
mütterlicher Zärtlichkeit
pflegte
Die Edle
starb XXVII Jahre alt
am XX Februar
MDCCCV

Grab und Gedenkstein bleiben bis 1910 erhalten. Sie sollen eine touristische Attraktion gewesen sein. Gegen Ende besucht eine greise Enkelin täglich den Grabstein, nimmt Platz in der Lesehalle und verharrt in Erinnerung an die Frau, die von ihrem Mann bis weit über den Tod hinaus geliebt wurde. Dann ist die Liegefrist endgültig abgelaufen. Der Grabstein für Antoinette Weiß wird umgesetzt – auf den St. Hedwig-Friedhof nach Reinickendorf. Für etliche Jahre steht er als Kuriosum direkt am Eingang.

In den 1920er-Jahren benutzt ein Taxi-Unternehmen mit Tiefgarage das alte Friedhofsgelände. Zu DDR-Zeiten hat die Kirche kein Recht auf das Stück Land im Herzen der Stadt. Auf dem Grundstück werden Autos repariert. Nach der Wende ändert sich alles. Der St. Hedwig-Gemeinde gehört unversehens wieder der alte Grund und Boden. Ziemlich schnell kommen Leute auf die Idee, mit dem Grundstück Geld machen zu wollen. Wie schon einmal. Stattdessen baut die Kirche ihre Katholische Akademie, das Katholische Büro und die Katholischen Höfe mit Hotel und Tagungszentrum.

Bei den Bauarbeiten werden auf dem Areal des ehemaligen Friedhofs über sechshundert Bestattungen aus der Zeit zwischen 1777 und 1878 freigelegt, manche in mehreren Schichten. Zum Teil sind die Holzsärge noch sehr gut erhalten, oft mit Eisengriffen und Beschlägen. Einige Särge sind mit Stoff ausgeschlagen. Reste von Blumengebinden liegen in einigen Särgen, gut erhaltene Haare und Frisuren der Bestatteten, sogar eine kunstvoll arrangierte Perücke aus der Biedermeierzeit. Etliche Fundstücke werden aus der Erde geholt. Schmuckstücke, Medaillen, Münzen, Glas- und Porzellanbehältnisse, Kleidungsstücke, Schuhe. Vierzig Prozent der geborgenen Skelette stammen von Kindern. Die weitaus meisten starben an Infektionskrankheiten und Mangelerscheinungen, so das Ergebnis von Untersuchungen.

Und der Grabstein für Antoinette Weiß? Er steht seit September 2007 fast wieder dort, wo er früher stand. Von der

Grabstein von Antoinette Weiß auf dem heutigen Gelände der Katholischen Akademie. Der 1908 zum Katholischen St. Hedwig-Dom-Friedhof in der Ollenhauerstraße versetzte Grabstein kam 2007 wieder in die Nähe seines ursprünglichen Aufstellungsortes zurück, Foto von 2018

Chausseestraße aus im ersten der fünf sogenannten Katholischen Höfe. Eine Gedenktafel erklärt in kurzen Zügen die Geschichte. Die Geschichte des seit der Reformation ersten katholischen Friedhofs in Berlin. Und auch die Geschichte einer Liebe nach mittlerweile zweihundert Jahren.

Bruno Schmitz

Um das Herz der Geliebten

Was hat der andere, was ich nicht habe? Wie hat er mir die Frau ausspannen und meine Familie zerstören können? Bruno Schmitz muss sich mit diesen Fragen das Gehirn zermartert haben. Wieder und immer wieder. Ausgerechnet einer seiner engsten Freunde hat sich in das Herz seiner Frau geschlichen. Und nicht nur in das Herz. Ein Lump. Ein Verräter. Wie konnte das passieren? Warum habe ich ewig nichts gemerkt?

Bruno Schmitz ist ein Mann mit einem Ruf wie Donnerhall in Deutschland. Er ist Star-Architekt des Kaisers, Erbauer der wichtigsten Denkmale des Kaiserreiches, Professor, Mitglied der Akademie der Künste. Geehrt und ausgezeichnet. Jemand, der mit beiden Beinen fest im Leben steht, der ausgesorgt hat und seiner Familie alles bieten kann. Bis ihm der Verrat des Freundes – voller Heimtücke und Niedertracht – die Luft zum Atmen nimmt.

Dieser andere, dieser angebliche Freund ist Otto Hammann. Sieben Jahre älter als Bruno Schmitz, promovierter Jurist, Wirklicher Geheimer Legationsrat und Pressechef im Auswärtigen Amt unter Reichskanzler Bernhard von Bülow. Politisch einer der einflussreichsten Männer im Reich. Einer, der im Hintergrund agiert und die Fäden zieht und an dem doch kaum jemand vorbeikommt.

Seit wann nimmt sich eine Frau einen älteren Mann als den eigenen, zumal im konservativen, bürgerlichen Preußen? Was also ist besonders an diesem Otto Hammann? In jedem Fall ist er ein guter Liebhaber. Das zumindest weiß Bruno Schmitz aus sicherer Quelle. Er lässt seine Frau und den Nebenbuhler bei erotischen Treffen beobachten. Sogar auf eine der verrücktesten Arten, die man sich vorzustellen vermag. Spione erzählen ihm mehr, als gut für ihn ist.

Bruno Schmitz, Sohn eines Tuchhändlers aus Düsseldorf und 1858 geboren, studiert an der Kunstakademie Düssel-

Bruno Schmitz, um 1900

dorf, gründet mit einem Partner ein Architekturbüro und kommt einige Jahre später nach Berlin. Er beteiligt sich an Architekturwettbewerben und entwirft Villen, Theater, Brücken im In- und Ausland, prägt maßgeblich den Berliner „Bürohaus-Stil" und baut vor allem gewaltige Denkmale. 1896 das Kyffhäuser-Denkmal, im selben Jahr das Kaiser-Wilhelm-Denkmal an der Porta Westfalica und ein Jahr später das Reiterstandbild von Kaiser Wilhelm I. am Deutschen Eck in Koblenz. 1913 entwirft und baut er schließlich das Völkerschlachtdenkmal in Leipzig. Da hat er die Schlacht um seine Ehe längst verloren.

Verloren an Otto Hammann, Sohn eines Gutsbesitzers aus Blankenhain in Thüringen und 1852 geboren. Er studiert

Jura und promoviert in Leipzig, geht zum Militär, versucht sich als Schriftsteller, zieht nach Berlin, verlegt sich auf politische Berichterstattung und wird vom damaligen Reichskanzler Leo von Caprivi, Nachfolger Bismarcks, als Pressechef ins Auswärtige Amt geholt. Später übernehmen ihn zwei weitere Reichskanzler. Der letzte ist Bernhard von Bülow. Mit ihm arbeitet Hammann besonders eng zusammen. Dazu gewinnt er Freunde am Hof. Entschieden weniger Freunde hat er unter Journalisten. Die meisten können ihn nicht ausstehen, weil er Nachrichten wie Brosamen verteilt. Er pflegt eine offiziöse Pressepolitik und lässt nur ausgewählten Zeitungen Informationen zukommen. Im gesamten Deutschen Reich, das gestehen auch seine schärfsten Kritiker ein, gibt es keinen Politiker oder politischen Beamten mit mehr Einfluss auf die Medien als Otto Hammann.

Hammann und Schmitz sind bekannte Männer in der Berliner Gesellschaft. Als der Ehebruch-Skandal mit Rosenkrieg und Rache schließlich hochkocht, nimmt tout Berlin zwischen der politischen Mitte in der Wilhelmstraße und dem künstlerischen Grunewald interessiert Anteil. Bis dahin aber sind Otto Hammann und Bruno Schmitz enge Freunde. Die Ehepaare besuchen sich gegenseitig. Otto Hammann mit seiner Frau Erna, einer geborenen von Bönninghausen, und Bruno Schmitz mit seiner Frau Lucia, einer Sängerin und geborenen Genelli. Ihr Großvater war ein Berliner Maler mit italienischen Vorfahren. Die Paare geben Gesellschaften, sie lernen Freunde der Freunde kennen. Alles im feineren Westen, in Charlottenburg. Otto Hammann wohnt mit seiner Frau in der Joachimsthaler Straße 41, dritter Stock, Bruno Schmitz mit seiner Frau Lucia und den Töchtern Gabi und Angelika in der Hardenbergstraße 24. Von Wohnung zu Wohnung brauchen die Freunde nur eine Viertelstunde zu Fuß. Bruno Schmitz hat sein Büro ganz in der Nähe, in der Fasanenstraße, Stadtbahnbogen 586, gegenüber vom Theater des Westens, das erst seit wenigen Jahren steht.

Freunde helfen sich auch mit Gefälligkeiten aus, zumal, wenn der Hof eine Rolle spielt. Otto Hammann hat den Auftrag, in delikater Mission nach Paris zu reisen. Er schafft es, von einer Dame „schwer kompromittierende Briefe" zurückzukaufen, die aus der Hand einer „hohen Persönlichkeit" stammen und im Staatsinteresse unbedingt wieder dem Absender übergeben werden sollen. Diese Briefe schickt Hammann einzeln und unter größter Geheimhaltung nach Berlin. Die Deckadresse ist sein Freund Bruno Schmitz.

Schmitz, der vielbeschäftigte Künstler, hat nichts dagegen, wenn Freund Hammann seine eigene kränkelnde Ehefrau zu Hause lässt und sich stattdessen mit Lucia Schmitz trifft. Die lebenslustige Sängerin und der einflussreiche Geheimrat unterhalten sich, besuchen Konzerte und spazieren durch den Tiergarten. Solche Begegnungen mit intensiven Gesprächen bringen die beiden einander sehr nahe. Näher, als schicklich ist. Erst knistert es, dann springt der Funke über. Otto und Lucia verlieben sich ineinander. Einmal treffen sie bei einem sonntäglichen Spaziergang im Tiergarten Hammanns Chef, Bernhard Fürst von Bülow. Der Reichskanzler begrüßt das Paar betont freundlich, obwohl er weiß, dass beide anderweitig verheiratet sind.

Professor Schmitz ist zunehmend irritiert. Er merkt, dass in seiner Ehe nicht mehr alles wie gewohnt läuft. Jetzt ist er es, der Rat und Beistand braucht. Vertrauensvoll wendet er sich an seinen Freund Otto. Erzählt, wie sich seine Frau immer mehr von ihm entfernt. Hammann hört zu und macht dem Freund einen Vorschlag. Das Ehepaar Schmitz, ist seine Idee, soll sich doch auf Zeit trennen. Ein „wirksames Mittel", um die Ehe zu retten, versichert Hammann. Ein eigennütziger Ratschlag.

Kurz bevor das Ehepaar Schmitz bei einem Sommerurlaub in Berchtesgaden den Kindern zuliebe Eintracht und Sonnenschein vorspielt, erzählt Hammann seiner Geliebten noch schnell, dass er ihren Mann in einem Balllokal gesehen hat. Vielleicht vergisst er wirklich zu erwähnen, dass er dem Professor den Besuch des Etablissements vorgeschlagen hat. Möglich auch, dass der Vorfall zur Strategie des heimlichen Liebespaares gehört. In jedem Fall verbessert die kleine Indiskretion die Stimmung zwischen den Eheleuten nicht.

Im friedlichen Bayern diskutieren Bruno und Lucia Schmitz heftig, wie es weitergehen soll. Die Ehefrau hätte gerne, dass ihr Mann zweihunderttausend Mark seines Vermögens für sie deponiert, um vor allen Dingen die Kinder und deren Ausbildung abzusichern, „auch wenn mal ein plötzlicher Vermögensverlust einträte". Der Architekt stimmt zu, „um Ruhe zu haben".

Kurz nach dem Urlaub der Familie Schmitz stirbt die kränkelnde Frau von Otto Hammann. Wenig später trennen sich Bruno und Lucia Schmitz tatsächlich auf Probe. Der Architekt ist mit dieser Trennung auf Zeit einverstanden. Er mietet seiner Frau eine Wohnung. Neue Bayreuther Straße 2, erster Stock, dicht am Viktoria-Luise-Platz. Heute ist das die Welserstraße.

Zu Hause fällt dem Professor oft die Decke auf den Kopf. Da hilft es, nicht alleine zu sein. Kommerzienrat Carl Bosch kümmert sich um den Verlassenen. Der weltgewandte und weitgereiste Lebensmittelfabrikant Bosch ist, welch ein Zufall, ein Freund von Otto Hammann. Bosch versteht es, „in ganz außerordentlich geschickter Weise für das Amüsement" des Architekten zu sorgen. Wenn Schmitz den Kommerzienrat in dessen Zuhause in der Habsburger Straße am Nollendorfplatz besucht, ist die Wohnung meist „geschmückt mit zwei gefälligen jungen Damen."

Trotz getrennter Wohnungen ist die Ehe von Bruno Schmitz und seiner Frau Lucia nicht mehr zu kitten. Das Paar reicht die Scheidung ein. Der misstrauische Ehemann setzt Detektive ein, um die Untreue seiner Frau belegen zu können. Dem Eigentümer des Hauses, in dem Lucia Schmitz wohnt, bleibt das nicht verborgen: „Um sich Beweismittel für den Scheidungsprozess zu beschaffen, ließ Schmitz mein Haus Tag und Nacht durch Detektive beschatten, was in so

Bruno Schmitz mit seinen Töchtern Gabi und Angelika, um 1900

auffälliger Weise geschah, dass es in der Nachbarschaft allgemeines Aufsehen erregte." Zunächst hat Bruno Schmitz nur die Vermutung, betrogen zu werden. Dann endlich die Gewissheit. Jetzt weiß er, dass sich ein anderer Mann in das Leben und in die Gefühle seiner Frau eingeschmeichelt hat. Doch dass dieser Mann ausgerechnet Otto Hammann ist, einer seiner engsten Freunde, damit hat der Professor nie im Leben gerechnet. Bruno Schmitz fasst den Freundesverrat nicht. Die Beweise aber sind eindeutig. Seine Detektive überraschen Hammann und Lucia beim Verlassen eines „obskuren Absteigequartiers" in der Universitätsstraße in Mitte. Sie finden auch heraus, dass beide schon lange ein Paar sind. Das schreit nach Rache.

Einen Tag vor dem Scheidungstermin am 19. Juni 1902 lässt Bruno Schmitz seine Noch-Ehefrau eine Vereinbarung unterschreiben, die es in sich hat. Lucia erhält das Sorgerecht für die Töchter, neun und zehn Jahre alt. Schmitz verpflichtet sich, zur Absicherung der Kinder zweihunderttausend Mark zu hinterlegen. Dafür allerdings stellt er eine herbe

Bedingung. Lucia muss bis zu einer möglichen neuen Ehe sexuell völlig enthaltsam leben.

Vergeblich wartet sie wochenlang nach dem Scheidungstermin auf das zugesagte Geld. Doch ihr geschiedener Mann zahlt nicht wie vereinbart. Er glaubt ihr einfach nicht. Er ist sicher, sie schläft nach wie vor mit Otto Hammann, und er sucht nach Beweisen für ihren Vertragsbruch. Lucia verklagt ihren Ex-Mann. Bis zum nächsten Gerichtstermin muss Schmitz ihr nachweisen, dass sie gegen die Abmachung verstößt. Er will das Paar in der Wohnung überführen und dann den Liebhaber zu einer eidesstattlichen Erklärung über den Akt zwingen. Wie verschafft er sich aber Zutritt zur Wohnung seiner geschiedenen Frau? Schmitz hat eine Idee, wie sie nur einem Architekten einfallen kann.

Neue Bayreuther Straße 2 in Schöneberg, Sonntagabend, der 8. März 1903. Auf Strümpfen schleichen zwei Leute durch die stockdunkle Parterrewohnung. Der Mieter ist angeblich Kunstmaler und hat die Wohnung für noch nicht einmal drei Wochen bezahlt. Er braucht die Räume nur vom 16. Februar bis 5. März 1903. Er und die Haushälterin seines Auftraggebers tasten sich zu einem Brettergerüst, das in der Wohnung steht. Lautlos klettern beide nach oben. Jetzt sind sie unter der Decke. Sie atmen flach und reden kein Wort miteinander. In der Wohnung über ihnen ist Lucia Schmitz nicht alleine. Die geschiedene Frau des Professors empfängt gerade ihren Liebhaber.

Bruno Schmitz hat von der Parterrewohnung eine große Öffnung in die Decke zum ersten Stock brechen lassen. Wenn jemand weiß, wie es geht, dann er. Vorsichtig schieben die beiden Spione erst vorbereitete Stuckelemente zur Seite, dann ihre Köpfe durch die Öffnung. Das Loch ist groß genug. Die Stelle dafür ist schlau gewählt. Neben dem Fenster, von langen Gardinen verdeckt, die nicht bis auf den Boden reichen. Ein Spalt reicht aus, um das Zimmer zu überblicken. Die Haushälterin notiert sorgfältig, was sie beide beobachten. Schmitz will alles wissen. Alles, auch wenn es ihn zerreißt.

„Um ¾ 10 kamen Hammann und Frau Schmitz, die sich bis dahin im Esszimmer aufgehalten hatten, in den Salon. Es fiel uns sofort Hammanns größere Zärtlichkeit auf. Sie setzten sich beide, indem er sie auf den Schoß nahm, zuerst auf einen Stuhl direkt über unseren Kopf. Nach ganz kurzer Zeit begaben sich beide auf die vier bis fünf Schritte davon entfernt stehende Chaiselongue, woselbst sie 10 ¼ Uhr einen regelrechten Geschlechtsakt vollführten, wobei Hammann sich zunächst durch weniges lautes, dann bis zum Schluss sich immer mehr steigerndes Stöhnen, mit dem er seine regelmäßigen Stöße begleitete, bemerkbar machte." Na bitte. Das ist es, was Bruno Schmitz wissen will. Seine Ex-Frau hat soeben gegen den Scheidungsvertrag verstoßen und kein Anrecht auf das Geld. Geräuschlos, wie sie ihre Köpfe in die fremde Wohnung gesteckt haben, ziehen sich der Maler und die junge Frau wieder zurück und schieben das Stuckteil an der Decke vor die Öffnung. Es ist nichts zu sehen. Als wäre nichts gewesen. Gegen 23 Uhr verlässt Otto Hammann das Haus. In der Portiersloge beobachtet ihn das Ehepaar Zernitzki. Seit einigen Wochen bespitzeln die beiden die Mieterin aus dem ersten Stock. Mehr als einmal lauschen sie, wenn sich Lucia Schmitz und ihr Liebhaber in der Wohnung vergnügen. Dafür gibt es Geld. Bruno Schmitz zahlt seinen Spionen 1,50 Mark für jeden Abend, an dem sie auf der Lauer liegen.

Vor Gericht legt er die Beweise vor: „Zu meinem Entsetzen wurde mir bald wieder zugetragen, dass meine geschiedene Frau und Hammann entgegen dem Vertrage in gleicher Weise wie früher geschlechtlich miteinander verkehrten." Jetzt geht Schmitz einen Schritt weiter. Er weigert sich nicht nur zu zahlen, er verlangt das Sorgerecht für seine Töchter. Die geschiedene Frau, begründet er vor Gericht, kommt wegen ihres „verdächtigen Umgangs mit anderen Männern" dafür „in Gemäßheit des Bürgerlichen Gesetzbuches" nicht mehr in Betracht. Schließlich muss auch Otto Hammann aussagen. Unter Eid erklärt er am 17. Oktober 1903 vor dem Königlich Preußischen Amtsgericht, es habe zwischen ihm und Lucia seit dem Tage ihrer Scheidung zwar „Exzesse der Leidenschaft" gegeben. Zu einem „normalen Geschlechtsakt" und einer „immissio penis" sei es allerdings nicht gekommen.

Die Drohung um den Verlust des Sorgerechts für ihre Kinder hinterlässt Eindruck bei Lucia. Sie will nicht riskieren, dass ihr die Mädchen weggenommen werden, und zieht ihre Klage zurück. Immerhin ein Teilerfolg für Schmitz. Die nächste Schmach verhindert er damit nicht. Otto Hammann heiratet Lucia Schmitz, die Ex-Ehefrau seines ehemaligen Freundes, im April 1904, nur ein paar Monate nach dem Prozess.

Der Scheidungs- und Unterhaltsprozess löst 1903 weder einen Skandal noch eine Berichterstattung in den Zeitungen aus. Entscheidend ist, dass die Öffentlichkeit bei deutschen Scheidungsprozessen ausgeschlossen bleibt. Politiker können diskret aussagen. Es dauert Jahre, bis der Ehebruch Stadtthema wird.

1905 wird das erste Mal bekannt, wie raffiniert und aufwendig sich Bruno Schmitz Informationen über das Liebesleben seiner geschiedenen Frau besorgt hat. Am 2. Juli veröffentlicht die Zeitschrift *Das Grundeigentum* einen Artikel unter der Überschrift „Was einem Hausbesitzer passieren kann." Darin schildert der Eigentümer des Hauses, wie Lucia Schmitz im Oktober 1903 zu ihm kommt, nachdem sie im Prozess gegen ihren Ex-Mann vom Loch im Fußboden ihrer Wohnung erfährt. Dem Vermieter scheint „die Sache unglaublich". Zusammen mit seiner ausspionierten Mieterin stellt der Hausbesitzer den Maler zur Rede. Der gibt sofort alles zu und erzählt, dass er die Räumlichkeiten im Auftrag des Professors mieten sollte. In Lucias Wohnung lässt der verblüffte Vermieter an verschiedenen Stellen den Fußboden aufreißen, bis das verdeckte Loch am Fenster gefunden wird.

Zeitungen wie *Berliner Tageblatt* und *Welt am Montag* drucken kurze Notizen. Obwohl Abkürzungen „Professor Sch." und „Geheimrat H." in der Gesellschaft offene

Geheimnisse und die handelnden Personen bei Journalisten und Politikern bekannt sind, bleibt die Angelegenheit weiter unter der Decke.

Wieder ist zwei Jahre Ruhe. Im Oktober 1907 veröffentlicht die Wochenschrift *Die Deutsche Reichsglocke* einen umfangreichen Bericht unter der Überschrift „Geheimrat Hammann, der Preßdezernent des Auswärtigen Amtes". Aber es dauert noch ein weiteres Jahr, bis die Ehebruchaffäre zum großen Aufreger wird. Dass sie schließlich 1908 überall im Land publik wird, liegt weniger an einer politischen Kampagne gegen Pressechef Otto Hammann als an der Rachsucht von Bruno Schmitz. Nachdem die Staatsanwaltschaft Ermittlungen gegen Hammann wegen Meineids ablehnt, greift Schmitz zur Selbsthilfe. Er veröffentlicht eine sechzehn Seiten starke Broschüre unter dem Titel *Der Fall Hammann*, um nachzuweisen, dass Hammann entgegen seinem Eid bereits vor der Scheidung ein sexuelles Verhältnis mit Lucia hatte. Schmitz schickt die Broschüre mit amourösen Einzelheiten des Ehebruchs und Freundesverrats an Redaktionen und Politiker. Außerdem bombardiert er die Staatsanwaltschaft immer wieder mit den bekannten Anschuldigungen gegen Hammann und verlangt weiter eine Ermittlung wegen Meineids. Das lässt sich die Justiz nur ungern gefallen. Die Staatsanwaltschaft verbietet die Broschüre schon nach ein paar Tagen und lässt sie einziehen. Damit ist die Lawine aber nicht mehr aufzuhalten.

Zunächst greifen die liberalen Zeitungen von Mosse und Ullstein die Vorwürfe auf und drucken Auszüge aus der Schmitz-Broschüre. Dann ziehen die Zeitungen des regierungstreuen Scherl-Verlages nach. Trotz des Skandals, über den jetzt breit berichtet wird, hat Hammann nach wie vor starke Rückendeckung durch den Reichskanzler. Bülows Unterstaatssekretär Friedrich Wilhelm von Loebell bemüht sich bei Journalisten und Verlegern, Berichterstattungen über den Fall zu verhindern. Vergebens. Die Zeitungen drucken Leserzuschriften über Hammanns Vorleben, mit

Otto Hammann, um 1915

Andeutungen über seine wilde Studienzeit, als die Frauen vom „schönen Otto" gesprochen hätten. Neuer Stoff für Spötteleien. Jetzt rächen sich die liberalen Journalisten für fast zwanzig Jahre Zurückweisungen und Arbeitsbehinderungen durch Pressechef Hammann.

Auf der anderen Seite ist Bruno Schmitz eine äußerst prominente patriotische Persönlichkeit. Die Redaktionen können ihn nicht einfach als „Verrückten" abkanzeln. Im Gegenteil. Sein sozialer Status, sein groteskes Nachspionieren und die Vorwürfe gegen Hammann bilden den Rahmen für einen gepfefferten Gesellschaftsskandal.

Im Juli 1909 erreicht Schmitz durch seine Provokationen tatsächlich einen Beleidigungsprozess vor dem Schwurgericht des Landgerichts I. Er will den Mann, der seine Ehe zerstört hat, mit allen Mitteln zur Strecke bringen. Hammanns Stellung ist weniger durch die sexuelle Freizügigkeit als durch den Vorwurf des Meineids bedroht, der die Ehre und das Vertrauen in den Politiker gefährdet. Schließlich ist Meineid strafbar.

Zu den größten Kritikern des Pressechefs zählen die Journalisten des *Berliner Tageblatts*. Und doch verteidigt ihn Chefredakteur Theodor Wolff in einem bemerkenswerten Kommentar. Er erinnert daran, dass Hammann sechs Jahre zuvor, beim ersten Prozess, über seine Beziehung zu Lucia Schmitz befragt wurde. „Darf ein Mann gezwungen werden, die Frau, die er liebt, im öffentlichen Gerichtssaal zu kompromittieren, sie vor ihren Kindern bloßzustellen, vielleicht ihr Leben zu zerstören? Kann man behaupten, daß der Mann, der eine geliebte Frau nicht der Rache, der Schande oder der Klatschsucht überliefern will, ins Zuchthaus gehört? Und ist ein Verfahren, das nur die Wahl zwischen hässlichem Verrat und Meineid lässt, nicht eine arge Barbarei? Niemand sollte unnötig vor die Wahl gestellt werden dürfen, entweder seine bürgerlichen Ehrenrechte zu verspielen oder die Ehre einer Frau."

Bruno Schmitz lässt im Prozess nicht locker. Er besteht unter anderem auf einem Lokaltermin. An manchen Tagen dauern die Verhandlungen bis gegen Mitternacht. Es nutzt nichts. Am Ende des Prozesses hat Geheimrat Hammann das Gericht ein weiteres Mal komplett auf seiner Seite. Die Richter halten die Möglichkeit eines Meineides für unlogisch. Hammann wird großzügig freigesprochen. Schmitz muss alle Anschuldigungen zurücknehmen und die Kosten des Verfahrens tragen.

Eine krachende Niederlage, von der sich Schmitz nicht wieder erholt. Auch nicht beruflich. Seine Monumentalbauten sind nicht mehr gefragt. Im Frühjahr 1916 stirbt er mit erst achtundfünfzig Jahren an einem Herzschlag. Otto Hammann steigt im Auswärtigen Amt zum Direktor auf. Er bleibt bis 1916. Im Herbst des darauffolgenden Jahres beerdigt er Lucia. Hammann tröstet sich mit Jagdausflügen. In seiner Wohnung in der Charlottenburger Wielandstraße 23 schmücken Geweihe die Wände. Er stirbt 1928 mit sechsundsiebzig Jahren.

Bruno Schmitz verfügt, seine Asche möge dem Rhein übergeben werden. Das geht natürlich nicht. Stattdessen lässt ihn Kaiser Wilhelm im Kyffhäuser-Denkmal beisetzen. Im Berg darunter, geht die bekannte Sage, schläft Stauferkaiser Friedrich I., genannt Barbarossa, seit Jahrhunderten in einer Höhle und wird eines Tages wieder erwachen und sein Volk retten. Am 11. September 1917 wird die Urne mit der Asche von Bruno Schmitz in der großen Halle seines Denkmals in einer Steinvase auf eine hohe Granitsäule gestellt. 1924 bekommt der Architekt einen Nachbarn: Professor Alfred Westphal, der als Schriftführer des Deutschen Kriegerbundes dem Kaiser die Errichtung eines Denkmals am Kyffhäuser vorgeschlagen hatte.

Gleich nach dem Zweiten Weltkrieg will die KPD-Führung das Bauwerk als „Mahnmal reaktionärer Gesinnung" wegsprengen. Die Sowjetische Militäradministration verhindert es. Später soll wenigstens die elf Meter hohe kupferne Reiterfigur von Kaiser Wilhelm I. verschrottet werden. Diesmal ist Ministerpräsident Otto Grotewohl dagegen.

In den 1960er-Jahren will die DDR den Krieger-Geist der Stätte durch die Idee von Frieden und Sozialismus entschärfen. Um ein fünfteiliges Bronzerelief anbringen zu können, muss der Innenraum umgestaltet werden. Die Urnen von Schmitz und Westphal landen im Keller. In die Steinvasen werden Blumen gepflanzt. Jahrelang liegen die Säulen mit den Namen von Schmitz und Westphal irgendwo unter freiem Himmel. Eines Tages vermissen die Nachfahren von Schmitz die Urne im Kyffhäuser-Denkmal. Ein paar Drähte zwischen Bonn und Ost-Berlin geraten in Schwingung. Mitte der Achtzigerjahre wird die Urne mit der Asche von Bruno Schmitz zusammen mit der Sandsteinvase aus dem Keller heimlich in einen Kombi geladen und in die Bundes-

Die Urne von Bruno Schmitz auf dem Düsseldorfer Nordfriedhof, Foto von 2019

republik geschafft. Treffpunkt für die Übergabe ist der Fernsehturm auf dem Kulpenberg, knapp drei Kilometer vom Denkmal entfernt. Da warten Vertraute des Devisenbeschaffers Alexander Schalck-Golodkowski. Natürlich kassiert die KoKo (der von der Stasi gesteuerte Bereich Kommerzielle Koordinierung im Ministerium für Außenhandel der DDR) Geld für die Urne des Architekten.

SPIEGEL-Reporter Klaus Taubert findet 2014 heraus, was mit der Urne passiert ist. Sie steht heute „in schmuckloser Umgebung“ auf dem Nordfriedhof in Düsseldorf, der Geburtsstadt von Bruno Schmitz. Im Feld 73, auf einer Steinstele. Fast wie damals im Kyffhäuser.

Bubi Scholz
Schutzlos ohne seine Frau

Er träumt schon als Junge von einem anderen Leben. Er will raus aus der bedrängenden Eintönigkeit des Prenzlauer Berges, raus aus dem Proletariat rund um die Choriner Straße. Es muss etwas anderes geben als die graue Welt, die er kennt. Er schafft es und er zahlt einen hohen Preis. Aus der Düsternis des Arbeiterviertels im Berliner Osten in den feinen Grunewald des Berliner Westens. Ein langer harter Weg, an dessen Ende er die Enge der Arbeiterwohnung mit der gewollten Enge seines Hobbykellers in der eigenen Villa vertauscht, in der er es inmitten seiner Erinnerungsfotos nur mit Alkohol erträgt und in der es zur Katastrophe kommt.

Gustav Wilhelm Hermann Scholz steht auf der Geburtsurkunde mit dem Datum 12. April 1930, ein Sonnabend. Vater Willi ist Schmied, Mutter Grethe nennt den dürren Knaben Bubi. Der Name bleibt an ihm kleben wie Mehlpampe. Bubi. Von der Mutter zärtlich gemeint, von den Kumpels auf der Straße erst abfällig, dann respektvoll benutzt. Jahre später ist es ein Markenname. Bubi Scholz, einer der besten Boxer, der je in Deutschland zwischen die Ringseile geklettert ist. Einer, den im Wirtschaftswunderland jedes Kind kennt. Bubi Scholz, der seinen Wohlstand mit gepolsterten Lederhandschuhen schaufelt, der eine fürchterliche Krankheit überwindet, der ein ganz Großer wird in seinem Sport. Der in die West-Berliner Gesellschaft eintaucht, als habe er immer goldene Löffel zwischen den Zähnen gehabt und keinen Mundschutz aus Kautschuk. Bubi Scholz, der nach dem Ende seiner Karriere den Kampf um seine Reputation an den Alkohol verliert, der im Vollrausch seine Frau erschießt und der schließlich dement, einsam und als Millionär in einem Pflegeheim erstickt. Er stirbt als Bubi. Der Name klebt für alle Zeiten an ihm.

Der 21. August 2000 ist ein Montag. Der Mann, der einmal der bejubelte Bubi Scholz war, sitzt teilnahmslos in einer der Zweizimmerwohnungen im Pflegeheim Neuenhagen in Hoppegarten knapp hinter der Berliner Stadtgrenze. In den vergangenen Jahren haben sie ihm einen Blasentumor entfernt, er hat einen Defekt am Herzen, zwölf Schlaganfälle hinter sich, eine Augenoperation wegen Grauen Stars. Er hat Lähmungserscheinungen und vergisst immer mehr sein Leben. Eine Pflegerin bringt ihm wie jeden Morgen ein Tablett. Danach verlässt sie das Zimmer. Langsam beginnt der Mann, der vor vier Monaten siebzig geworden ist, mit dem Frühstück. Als nach einer Weile wieder jemand ins Zimmer kommt, ist Bubi Scholz tot.

Ein Brötchenkrümel ist im Hals stecken geblieben, ergibt die Obduktion. Er hustet und würgt, versucht alles, aber er bekommt seine Luftröhre nicht mehr frei. Ihm fehlt die Kraft. Ausgerechnet ihm. Er röchelt ein paar Mal verzweifelt, dann bleibt sein Herz stehen. Niemand bemerkt seinen Todeskampf.

Die Kämpfe seines Lebens bejubeln Tausende. Bubi hat Charme, ist der Liebling der Sportbegeisterten und der Sonnyboy in den Cliquen der Berühmten und Reichen. Zwischen 1948 und 1964 steht er sechsundneunzigmal im Ring, gewinnt achtundachtzig Kämpfe, schlägt seine Gegner sechsundvierzigmal k.o. und verliert nur zweimal nach Punkten. Sie hängen ihm die spitzblättrigen Siegerkränze für Deutsche Meisterschaften und für Europameisterschaften um die Schulter. Und beinahe bringt er auch den Siegerkranz des Weltmeisters mit nach Hause. Aber eben nur beinahe.

Er träumt früh von Erfolgen, der schmale Junge, der hinter Lederbällen hinterherhechelt, auf dem Platz geschickt dribbelt und im Tor schnell reagiert. Fußballer will er werden. 1944 geht er von der Schule ab. Wenn die Steine Tränen gehabt hätten, sagt er, hätten die Mauern über das Elend geweint. „Ich musste groß werden, ob ich wollte oder nicht. Die Umstände haben es einfach erfordert." Er ist eine der rotznasigen Gören, die abends zu den Eltern nach Hause rennen durch Treppenhäuser, die ewig nach verbrannten Braunkohlebriketts und den Wäschepötten mit Windeln stinken.

So schildert Scholz das später in seinen Erinnerungen. Es klingt nach einer harten Kindheit in Armut und voller Verzicht. Er strickt an dieser Legende. Doch es gibt Fotos, die zeigen, dass es nicht gewesen sein kann, wie Bubi Scholz behauptet. Auf einem Bild vom Anfang der 1930er-Jahre hält die Mutter Baby Bubi auf dem Arm. Grethe Scholz trägt einen Mantel mit Pelzkragen und Handschuhe aus Leder. Davor steht Bubis ältere Schwester Hildegard in einem Mantel mit weißem Pelzbesatz an der Kapuze, an den Ärmeln und am Saum. Weiße Gamaschen schützen kleine Lackschuhe. Ein Sonntagsausflug im Grunewald. Auf einem anderen Bild rollert der kleine Gustav in einem hellen Matrosenanzug adrett und sauber durch die sonntägliche Schrebergartenkolonie des Opas in Treptow. Zu Weihnachten schenkt ihm Vater Willi einen Lederball, zum Geburtstag ein Fahrrad. Ein Bild zeigt den stolzen Bubi mit seinem Rad. Andere Fotos aus sommerlich blühender Schrebergarten-Umgebung zeigen Willi Scholz in weißem Hemd und mit Krawatte, Grethe Scholz mit schneeweißer Rüschenbluse und dunklem Rock. Auf diesen Fotos bleibt die Ärmlichkeit, von der Bubi Scholz später immer erzählt, im Hintergrund. Sie ist nicht zu entdecken. Die bittere Kindheit liest sich gut, aber sie ist Legende.

Nach Kriegsende treibt er sich pfiffig und gewitzt auf dem Schwarzmarkt herum, versucht sich bei Aschinger als Kochlehrling und wird nebenbei Kleinunternehmer. Bubi sammelt von den amerikanischen Besatzungssoldaten Uniformen und Wäsche, lässt sie von Frauen in der Choriner Straße waschen und bringt sie gereinigt zurück. Die Seife spendieren ihm die Amis. Er kassiert von den Soldaten und teilt mit den Frauen.

Ein Freund schuldet ihm Geld und deponiert als Pfand ein Paar verschlissene Boxhandschuhe. Bubi erlernt das Boxen auf der Straße. Bis die Jungs aus der Nachbarschaft die Nase voll haben und sich nicht länger verhauen lassen. Er will es jetzt wissen, trainiert in einer heruntergekommenen Turnhalle. Ein paar Holzbänke, ein uralter Sandsack, eine Art Maisbirne, ein paar Sprungseile – fertig ist die Boxschule. In der müht sich auch Werner Papke. Der lässt sich Sohni nennen und gehört, was niemand der jungen Boxer weiß, zur berüchtigten Gladow-Bande, nimmt an Überfällen teil, bei denen es Tote gibt, und wird später zu fünfzehn Jahren Haft verurteilt.

Am 8. Oktober 1948 bekommt Scholz seine Lizenz von der Prüfungskommission der Berufsboxer und steigt am selben Abend für Geld in den Ring, ohne je einen Amateurkampf bestritten zu haben, in einem Zirkuszelt für zweitausend Leute, das auf einer freien Fläche zwischen Leibnizstraße und Wielandstraße steht. Heute trägt der Platz den Namen von Walter Benjamin. Für eine Gage von zweihundert Mark kämpft er vier Runden gegen den Jung-Profi Horst Eichler. Bubi hat „keinen Mundschutz, keinen Tiefschutz, kein Garnichts". Schwester Hildegard, eine Schneiderin, näht am Nachmittag eilig aus einem Kissenbezug eine Hose, sogar mit Biese aus einem Stück Mantelfutter. Immerhin etwas. „Wie komme ich ohne größere Blechschäden raus?", ist die Frage, die er sich auf dem Weg zum Ring stellt. An diesem Abend steht zum ersten Mal Trainer Lado Taubeneck in Bubis Ringecke. Sie werden sechzehn Jahre zusammenarbeiten, bis zum letzten Kampf von Bubi Scholz.

Der gutaussehende Bengel mit den gletscherblauen Augen und dem stechenden Blick schickt seinen Gegner viermal zu Boden, wird selber angezählt und gewinnt am Ende den ersten Boxkampf seines Lebens nach Punkten. Bei der Urteilsverkündung reißt der Ringrichter den noch dünnen Boxerarm hoch und Sieger Bubi hat „ein wunderbares Gefühl". Sein Gegner weniger. Horst Eichler will am nächsten Tag heiraten und hat sich das nicht mit einem verbeulten Gesicht vorgestellt.

Der Platz mit dem Zirkuszelt in der Nähe des Kurfürstendamms ist für Bubi Scholz einige Zeit später ein weiteres Mal Schicksalsort. Da trifft er das Mädchen, das die Frau seines Lebens wird. Seine große und einzige Liebe. Vorher fällt er als starkes Talent auf, gewinnt zwölf Kämpfe nacheinander, gehört bereits zum Boxstall des ausgebufften Managers und Veranstalters Fritz Gretzschel und wohnt bei ihm im Grunewald in einer Dachkammer. Weit weg vom Prenzlauer Berg. Als sich Bubi und das Mädchen das erste Mal auf dem Platz begegnen, ist das Zirkuszelt verschwunden. Dafür lockt der Martini-Markt mit Würstchenbuden, Karussells und Verkaufsständen.

Es ist 1949 und die Berliner haben gerade die Blockade überstanden. Schräg gegenüber, in der Sybelstraße, heißt das Gymnasium von 1945 bis 1957 Ricarda-Huch-Schule. Seitdem, und heute immer noch, Sophie-Charlotte-Gymnasium. In den Pausen und nach Schulschluss schlendern Gymnasiastinnen über den Rummel. Bubi Scholz trainiert bei Lado Taubeneck in der Bleibtreustraße und treibt sich oft zwischen den Buden umher. Ein Mädchen fällt ihm auf. Sie heißt Helga Druck, ist schlagfertig, schnippisch, und wenn sie in Bedrängnis kommt, wehrt sie sich mit einem kräftigen Schuss Arroganz. Ihre große Klappe imponiert ihm und er findet, dass sie „richtig toll" aussieht. Ihre „mädchenhafte Sprödigkeit" reizt ihn „bis zum Rotglühen". Fünfundzwanzig Jahre später wird er sie erschießen.

Wie zufällig treffen sich die beiden, wenn Helga aus dem Friseurgeschäft ihrer Mutter kommt und Bubi zum Training unterwegs ist. Einmal verkündet sie: „Das ist übrigens mein Laden!" Er ist beeindruckt. Helga hat den Betrieb von ihrem kürzlich verstorbenen Vater geerbt, die Geschäfte aber führt die Mutter.

Eines Tages ist Bubi mit der Mutter alleine. „Herr Scholz, für wie alt halten Sie Helga eigentlich?", fragt sie. „So, wie sie aussieht, wird sie siebzehn sein", antwortet er. „Wie sie redet, schätze ich sie auf zwanzig." Die Mutter lacht und klärt ihn auf: „Meine Tochter wird fünfzehn." Das reicht. Bubi zuckt zurück. Erst einmal. Den Kontakt hält er aufrecht.

Als das Jahr 1949 zu Ende geht, ist Scholz schon mehr als ein Jahr Profiboxer, hat eine eigene Wohnung, verdient Geld in seinem Beruf, ist zufrieden und gleichzeitig hungrig genug, das Jahr 1950 und das ganze neue Jahrzehnt mit großen Erwartungen anzugehen.

Seine Erfolge verschaffen ihm eine schmale Popularität. Er gewinnt neue Freunde, die ihm „einen Türspalt zu neuen geistigen Räumen" öffnen. Er geht ins Theater, sieht Käthe Haack und O.E. Hasse auf der Bühne. Ihn lockt die „Badewanne", eine Jazz-Kneipe in der Nürnberger Straße, im Keller des „Femina-Palastes". Heute ist hier das Hotel „Ellington". Er hört Duke Ellington, Stan Kenton, Lionel Hampton und Louis Armstrong.

In der Badewanne werden die Stachelschweine gegründet, und Bubi lernt sie kennen: Wolfgang Gruner, Jo Herbst, Günter Pfitzmann, Christiane Maybach, Inge Wolffberg. Sie sind die ersten literarischen Freunde für den Jungen aus dem Arbeiterbezirk. Er steht mit angehaltenem Atem neben ihnen, wenn sie diskutieren und die Welt reparieren. Sie laden ihn zu privaten Parties und Empfängen ein. Künstler und Boxer. Zur Mischung der langen Nächte gehören Hans Rosenthal, Nachbarsjunge vom Prenzlauer Berg, und Harald Juhnke, aufgewachsen im „roten Wedding".

1950 boxt Bubi Scholz zwölf Mal. Einmal pro Monat. Seinen ersten Meistertitel als Weltergewichtler holt er sich im Mai 1951. Anderthalb Jahre später gibt er ihn ungeschlagen zurück. Er ist zu schwer geworden. Jetzt kann er sich eine Wohnung in der Pommerschen Straße in Wilmersdorf leisten und schließt mit Fritz Gretzschel einen Vertrag. Von allen Kampfbörsen bis zu zehntausend Mark kassiert der Manager fünfundzwanzig Prozent. Ab zehntausend noch zwanzig Prozent. Bislang hat der Manager die Gagen seines Boxers verwaltet. Jetzt will Bubi sein erstes eigenes Konto eröffnen. Er hat sparsam gelebt, stopft seine fünfundzwanzigtausend Mark in eine PanAm-Tasche, marschiert zur nächsten Bank und schüttet sein Bargeld auf den Tresen. „Du wirst nie wieder arm sein“, schwört er sich.

An seiner Liebe zu Helga hat Bubi Scholz keinen Zweifel. „Selbst den Gleichschritt beherrschten wir seit einiger Zeit perfekt.“ Das Paar fährt nach Travemünde, wo Bubi Verlobungsringe kauft und mit seiner Helga im „La Belle Epoque“ feiert. Die künftige Schwiegermutter bekommt ein Telegramm. „Dein Einverständnis vorausgesetzt, haben wir uns verlobt. Helga und Bubi.“

Zum Jahreswechsel 1953/54 wird sein junger Sportruhm gleich dreimal deutlich. Die Leser des Berliner *Sport-Kuriers* wählen ihn zu Berlins Sportsmann Nr. 1, der Ringexperte Joe Biewer, Chefredakteur des deutschen Fachblattes *Box-Sport*, ernennt ihn zum „Fighter des Jahres 1953“ und Amerikas Boxpapst Nat Fleischer setzt den Deutschen in der Weltrangliste seiner Zeitschrift *The Ring* auf den zehnten Platz.

Amerika. Nirgendwo auf der Welt kann ein Boxer schneller Geld verdienen – wenn er Klasse hat. Der Mittelgewichtler Bubi Scholz hat Klasse, und sein Manager Fritz Gretzschel will testen, wie viel sie in Amerika wert ist. Bisher frisst sich Scholz wie ein Pressluftbohrer durch das Aufgebot seiner deutschen und europäischen Gegner, ohne auch nur ein einziges Mal geschlagen zu werden.

Seinen Kampfstil hat Bubi Scholz zwei „schwarzen Diamanten“ abgeluchst, die ein anderer Manager zur Belebung des Boxgeschäftes nach Deutschland holt. Von ihnen lernt der Berliner die amerikanische Technik des Nahkampfes, die er als einziger Deutscher zu seiner Zeit perfekt beherrscht. Hinzu kommen ein außergewöhnliches Reaktionsvermögen und ein wuchtiger linker Haken, der so kurz geschlagen wird, dass viele Zuschauer in den hinteren Reihen oft nicht mitbekommen, was eigentlich passiert ist. Bubi hat die Fähigkeit, kleinste Blößen in einen Knockout umzumünzen.

Weise teilt er seine Kräfte ein und schlägt seine Gegner auch noch in der achten oder zehnten Runde entscheidend. Alles zusammen ergibt den Scholz-Stil.

Am 26. März 1954 gehen für den Berliner Fighter im New Yorker Madison Square Garden die Tiefstrahler an. Sein Gegner ist der weiße Mittelgewichtler Al Andrews. Viertausendfünfhundert Zuschauer sitzen um den Ring, erstaunlich viele für einen Boxer, den noch nie jemand in Amerika in Aktion gesehen hat. Der Kampf schreibt aus einem anderen Grund Geschichte. Es ist der erste Boxkampf, der vom Fernsehen in Farbe übertragen wird. Entsprechend sind die Kämpfer herausgeputzt. Scholz trägt eine purpurfarbene, glänzende Hose mit goldgelben Streifen, sein Gegner eine goldgelbe mit Purpurstreifen. Die Betreuer stecken in farblich abgestimmten Overalls und der Ringboden ist apfelgrün. Nach zehn Runden ist der Berliner Punktsieger. Es bleibt sein einziger Auftritt in Amerika.

Zu Hause ist Bubi Scholz unbestritten die Nummer eins des Geschäfts. Veranstalter reißen sich um ihn. Das Scholz-Fieber grassiert. Er garantiert ausverkaufte Häuser. Leistung bestimmt in diesem Nachkriegsjahrzehnt den Weg aus dem Nichts. Seine Fans kommen zu Tausenden. Das Boxen hat aus dem Bengel vom Prenzlauer Berg einen Mann gemacht, der eigentlich tun und lassen kann, was er will, und der trotzdem ständig verzichtet. Er achtet auf sich, seinen Körper, sein Geld. Und dann steigt das Schicksal gegen Bubi Scholz in den Ring, erwischt ihn direkt am Kinn und schickt ihn für Monate auf die Bretter.

Ende Juni 1955 wacht er auf, kann die Flüssigkeit im Mund nicht schlucken, spuckt Blut. Es quillt ihm aus Mund und Nase, er spuckt und spuckt und kann nicht aufhören. Er springt ins Auto, rast durch die Stadt, Klinik Westend. Die Blutung lässt nach. Die Ärzte haben einen schlimmen Verdacht, der Tage später durch Laboruntersuchungen bestätigt wird. Bubi Scholz leidet an offener Tuberkulose, vermutlich eine spontane Infektion.

Werde ich wieder gesund? – Tuberkulose ist heilbar.

Wie lange dauert das? – Man rechnet in Jahren.

Kann ich danach wieder boxen? – Wenn Sie Maurer wären, würde ich sagen, Sie müssen Ihren Beruf wechseln. Die körperlichen Belastungen wären zu groß.

Schluss mit dem Boxen. Bubi Scholz ist am Ende. Er hat Angst vor dem Sturz in den Abgrund, Angst vor dem Wieder-arm-Sein. Und gibt trotzdem nicht auf. Er reagiert pragmatisch. Manager Gretzschel soll das Auto, das immer noch vor dem Krankenhaus steht, zu sich aufs Grundstück fahren, aufbocken und abmelden. Auch die Garage soll er kündigen, ebenso Telefon und Strom in Bubis Wohnung. An solche Sachen denkt er.

Dann beginnt die Behandlung. Er hat das Glück, einen bis auf die Tbc kerngesunden und vorzüglich trainierten Körper zu haben. Sein Magen verträgt sämtliche Tabletten. Unter einem Decknamen taucht er in einem Sanatorium in Schömberg bei Calw im Schwarzwald unter. Vier Monate liegt er flach, pflegt seinen kranken Körper. Helga besucht ihn so oft wie möglich. Sie sind vorsichtig. Der Presse hat Gretzschel etwas von einer Rippenfellentzündung erzählt. Bubi und Helga machen Pläne für die Zeit danach. Er investiert in Helgas Geschäft. Sie reden von Hochzeit. Helga will ihn heiraten, obwohl das Leben an seiner Seite nicht leicht ist. Zu viele Verlockungen. Manchen erliegt er, anderen nicht. Jetzt will er erst einmal so gesund wie möglich werden.

Am 30. Oktober 1955 fährt er zurück nach Berlin. Am 10. November heiratet Bubi Scholz seine Helga auf dem Standesamt Schmargendorf. Sie im schwarzen Kostüm, er im dunklen Anzug. Helga ist am Ziel, sie ist die Frau des prominenten Boxers und wird seine Karriere als seine engste Vertraute und persönliche Managerin in Zukunft mitbestimmen. Den Polterabend feiert das Brautpaar am Abend zuvor in der Appartementwohnung des Bräutigams in der Pommerschen Straße 6. Mehrere Zentner Porzellan gehen vor der Haustür zu Bruch. Fritz Gretzschel lädt ihn ein, die

Helga und Bubi Scholz nach der Trauung
am 10. November 1955 im Standesamt Berlin-Schmargendorf

Hochzeit in seiner Grunewald-Villa zu feiern. Mit Cocktailempfang, Bezirksbürgermeister, Schöneberger Sängerknaben, Opernchor, Freunden und Verwandten. Ein paar Tage später schickt der Manager seinem Boxer die Rechnung für das Fest. Darüber kann Bubi Scholz auch fünfundzwanzig Jahre später nicht lachen.

Er beginnt eine Karriere als Parfümerie- und Friseursalonbesitzer. Zu Anfang gehen die Geschäfte nicht gut. „Jeden Abend, wenn ich den Umsatz betrachtete, lief es mir eiskalt über den Rücken. Mein Nervenkostüm war ziemlich flatterig." Immer häufiger ist er im Wald. Die Spaziergänge um den Grunewaldsee werden länger. Vorsichtig versucht er es mit einem leichten Zuckeltrab. Bis zum nächsten Baum. Dann bis zum nächsten. Einmal um den See. Es geht, langsam. Aber es geht. Seine Beine machen mit. Er hat Kraft. Sein Kopf will mehr. Das ist entscheidend. Im Frühjahr schlägt er die ersten Bälle auf dem Tennisplatz. Behutsam, nichts übertreiben.

Bubis Ehrgeiz treibt ihn zurück in den Boxring. Er will sich und den Ärzten beweisen, dass er sich von der heimtückischen Tbc nicht besiegen lässt. Die ehemaligen Sparringspartner nehmen ihn hoch. „Rennste immer noch um den Grunewaldsee?“ „Kannste überhaupt noch boxen, oder wirste Kritiker?“ Scholz ziert sich eine Weile, dabei weiß er längst, dass er es wieder versuchen wird.

Dann steckt er die Fäuste tatsächlich die Handschuhe. Seine Reaktionen sind so gut wie eh und je. Allerdings spürt er den körperlichen Aufwand. Dass seine Kondition vorerst nur für drei oder vier Runden reicht, kann das animalische Gefühl des Triumphes nicht ankratzen. Scholz ist vorsichtig, trainiert nur unter strengem Ausschluss der Öffentlichkeit. Schrittweise steigert er das Pensum. Als er fünfzehn Runden durchhält, besorgt er sich einen Termin beim Vertrauensarzt des Box-Verbandes. Am Ende der Untersuchungen hat er wieder eine Lizenz als Berufsboxer. Für die Ärzte aus dem Westend ist der Mann ein medizinisches Wunder. Bei jeder neuen Belastung beobachtet Bubi Scholz aufmerksam seinen Körper. Monatelang kontrolliert er beim Training jeden Bewegungsablauf vor dem Spiegel. Er spürt jedem Detail nach, arbeitet an seinen Reaktionen, feilt und poliert an seinem Stil. Es ist die größte Leistung seines Lebens.

Nach sechshundertfünfzig Tagen erzwungener Ringabstinenz gewinnt Bubi Scholz seinen sechzigsten Profikampf am 2. März 1957 in Oldenburg gegen den Spanier Francisco Frances durch K.o. in der vierten Runde. Nach drei weiteren Aufbaukämpfen, die er alle durch K.o. gewinnt, boxt er am 29. Juni 1957 im Sportpalast um die

Deutsche Meisterschaft im Mittelgewicht gegen Peter Müller aus Köln. „De Aap", wie sie ihn zu Hause nennen, hat die Kampfweise eines Bulldozers und ist für Bubi Scholz eine echte Herausforderung. „Isch hau dem Bubi dat Filmjesech kapott", kündigt er vor dem Kampf an. Vor fast zehntausend Zuschauern will Scholz allen zeigen, dass die Krankheit völlig ausgestanden ist. Müller hält sich in der ersten Runde zurück, Scholz soll sich müde boxen. In der zweiten Runde kann sich der Kölner nicht mehr bremsen und stürmt nach vorne. Scholz kontert ihn aus. In Runde drei muss Müller zehn harte Kombinationen einstecken. Kommt wieder hoch. Will auf Scholz eindreschen, wird trocken abgefangen und ausgeknockt. Weinend stolpert Müller aus dem Ring. Er kommt bei Helga vorbei: „Ich jratuliere Sie, Sie ham ne jute Mann. Ich hann dat jleich jewusst". Helga ist gerührt. Im Ring lächelt Bubi aus dem Siegerkranz. Seine Krankheit ist nie wieder Thema.

Bubi Scholz ist wieder ganz oben. Und mit ihm Helga. Der Einsatz hat sich gelohnt. Sie fahren einen schicken Thunderbird, tragen Pelz, sind das neue Berliner Glamour-Paar. Bei seinen erotischen Eskapaden drückt sie beide Augen zu. Bubi Scholz ist ein gefragter Mann. Er und Helga genießen ihr Leben. Sie treffen Freunde, sie gehen aus, sie tanzen. Selbst kleine Kneipen leisten sich in dieser Zeit einen Pianisten, in den größeren Läden spielt eine Band. Die Tänze heißen Boogie Woogie, Jive, Bebop oder Rock 'n Roll. Berlin steckt voll praller Lebenslust. Bubi und Helga mittendrin.

Im März 1958 lernt Scholz, wie es sich anfühlt, zu verlieren. In einem Nichttitelkampf gegen den französischen Mittelgewichts-Europameister Charles Humez in Paris geht er in der zweiten und der siebenten Runde zu Boden. Nach zehn Runden steht der Franzose als Punktsieger fest. Es ist das erste Mal, dass Bubi Scholz als Verlierer einen Boxring verlässt. Nur sieben Monate später, am 4. Oktober 1958, stehen sich beide wieder gegenüber. Diesmal vor dreißigtausend Zuschauern im Berliner Olympiastadion. Der Einsatz ist die Europameisterschaft im Mittelgewicht. Seit vier Jahren verteidigt Humez den Titel. Der „Löwe von Flandern“ ist an diesem Abend in Berlin einunddreißig Jahre alt, drei Jahre älter als sein Herausforderer. Suzanne Humez bleibt im Hotel „Lichtburg“ am Kurfürstendamm, sie hat ihren Mann noch nie im Ring gesehen, sie wartet immer nur. Vielleicht betet sie auch für ihn. Bubis Ehefrau Helga sitzt wie stets in der ersten Reihe direkt am Ring. „Meine Frau verbreitet Cleverness, Ruhe und Optimismus. Sie hätte es nicht ausgehalten, wie Suzanne Humez am Telefon zu sitzen. Meine Frau, der Fixstern an einem Himmel voller Sternschnuppen.“

Es wird ein unvergesslicher Boxabend. Nicht, weil Bubi Scholz am Ende Europameister im Mittelgewicht ist. Es ist die Art, wie er diesen Kampf gewinnt. Er schlägt den ehemaligen Bergmann Charles Humez nicht nur, er demoralisiert ihn. Schon in der zweiten Runde bricht Scholz seinem Gegner das Nasenbein und spaltet die Lippe. Für viele Boxer wäre das genug. Nicht für Charles Humez. Er ist der Härteste, der Verbissenste, den der europäische Boxsport in diesen Jahren aufbieten kann. Erst nach zwölf schweren Runden, in denen Charles Humez mehr als je zuvor in seiner Laufbahn einstecken muss, dreht er ab und hebt die rechte Hand. „Je n’en peux plus – ich kann es nicht mehr ertragen!“ Später schickt Scholz Blumen für Suzanne Humez ins Hotel. Auf der Karte steht, sorgfältig ins Französische übersetzt: „Es kann keiner besser siegen, als Ihr Mann verloren hat.“ Charles Humez wird nie wieder in den Ring steigen.

Vierzehn Kämpfe bestreitet Bubi Scholz nach der gewonnenen Europameisterschaft. Er gewinnt zwölf und boxt zwei Mal unentschieden. Schließlich gibt er seine Titel als Deutscher Meister und als Europameister im Mittelgewicht kampflos ab. Er bringt das Gewicht nicht mehr und wechselt ins Halbschwergewicht. Da darf er gute sechs Kilo mehr wiegen. In diesen Jahren verdient er ausgezeichnet, gewinnt viele neue Freunde. Er dreht Filme, nimmt Schallplatten auf, spielt The-

Bubi Scholz (rechts) im Kampf mit dem französischen Europachampion Charles Humez um die Europameisterschaft im Mittelgewicht, Berliner Olympiastadion, 4. Oktober 1958

ater. Zum ersten Mal fließen rund hundertfünfzigtausend Mark auf sein Bankkonto, die er nicht durch Boxen verdient.

Im Februar 1959 liefert sich Bubis Freund Harald Juhnke mit ordentlich Alkohol im Blut eine wilde Verfolgungsjagd mit der Polizei. Als er endlich anhält, tobt er, beleidigt die Polizisten und schlägt um sich. „Mir ist der Faden gerissen", behauptet er vor Gericht und nennt Bubi Scholz als Entlastungszeugen. Es nutzt nichts. Wegen Verkehrsgefährdung, Trunkenheit am Steuer, Körperverletzung, Beleidigung und Widerstand gegen die Staatsgewalt wird Juhnke zu sieben

Monaten Haft verurteilt. Scholz besucht ihn unangemeldet und ohne Besuchserlaubnis im Gefängnis. Häftlinge strömen in die Korridore. Bubi grüßt laut und deutlich und bekommt ein gewaltiges Echo. Eine Viertelstunde darf er mit Juhnke in einem Wachzimmer reden. Er verabschiedet sich. Wieder tönt der Chor der Gefangenen. „Auf Wie-der-sehn!"

Eine enge Freundschaft verbindet Bubi und Helga Scholz mit dem Unternehmer Harald Quandt und dessen Frau Inge. Im Herbst 1962 werden Bubi und Helga Paten der vierten Quandt-Tochter Bettina. Harald Quandt verunglückt am 22. September 1967 mit seinem Privatflugzeug an einem Berg in der Nähe von Turin. Bubi und Helga Scholz sollten eigentlich mitfliegen in die Villa der Freunde nach Kap Antibes. Helga mochte nicht. Bubi sagte seiner Frau zuliebe ab. Das rettete ihnen das Leben.

Bubi ist ein Autonarr. Sieben Porsches leistet er sich nacheinander. Einen hat er erst drei Wochen, als jemand in sein geparktes Cabrio kracht. Bubi taucht wieder beim Händler auf. „Aber Sie haben doch gerade erst den neuen Wagen zugelassen." Todernst behauptet Bubi, der Aschenbecher sei voll und er brauche sofort ein neues Auto. Scherze auf Kosten der Versicherung fallen leicht.

Eine andere Auto-Geschichte spielt lange nach Bubis Rückzug aus dem Ring. 1972 ist das Ehepaar wieder zum Berliner Presseball eingeladen. Jeder kauft ein Dutzend Tombola-Lose. Der Hauptgewinn, ein Mercedes Cabrio 350 SL, wird nicht abgeholt. Die Zeitungen rätseln über den Gewinner, der dieses Auto stehen lässt. Sie veröffentlichen die Losnummer. Da lässt Helga von der Haushälterin die Smokingweste ihres Mannes durchsuchen. Tatsächlich. Bubi Scholz hat den Mercedes gewonnen. Helga und Bubi Scholz lächeln am nächsten Tag auf vielen Fotos in ihrem neuen Wagen.

Trotz aller Nachsicht findet es Helga wesentlich weniger komisch, dass ihr Mann fremdgeht. Einmal hat er einen Termin in Stuttgart. Anstatt nach Hause zu kommen, will er heimlich nach München fliegen. Sein Taxi zum Flughafen ist schon bestellt. Weil die Fluggesellschaft sich bei ihr meldet, ruft Helga ihn an und flötet: „Pech, dein Sabena-Flug wird bestreikt. Aber mach dir keine Sorgen, ich habe einen Zug nach München herausgesucht, den kannst du mit etwas Eile noch erreichen. Du kommst allerdings eine gute Stunde später an. Musst halt deine Verabredung zum Bahnhof umdirigieren. Mach's gut, mein Liebling, viel Spaß in München." Aufgelegt.

Am 23. Juni 1962 hat Bubi Scholz die Chance, so groß wie Max Schmeling zu werden. Der amerikanische Halbschwergewichts-Weltmeister Harold Johnson verteidigt für eine Garantie von zweihunderttausend Mark seinen Titel freiwillig im Olympiastadion. Scholz kassiert für den Griff nach der Krone als Herausforderer einhunderttausend Mark. Es ist der wichtigste Kampf seines Lebens. Doch der Titelgewinn vor sechzigtausend Zuschauern bleibt ein Traum. Nach fünfzehn Runden verliert Bubi Scholz knapp nach Punkten. Es ist die zweite und letzte Niederlage in seiner Karriere. „Kein Mut zum Angriff", schreiben Zeitungen. Scholz sieht das für den Rest seines Lebens anders. Für ihn bleibt es ein Unentschieden. Der Trost von Max Schmeling klingt vergiftet: „König bist du nicht geworden, aber du hast das Schloss gesehen."

Zwei Jahre später, im April 1964 und eine Woche vor seinem vierunddreißigsten Geburtstag, wird Bubi Scholz noch einmal Europameister. Er siegt gegen den Italiener Giulio Rinaldi, der in der achten Runde wegen Tiefschlags disqualifiziert wird. Im Februar 1965 gibt Bubi Scholz den Titel kampflos zurück. Ende einer beeindruckenden Karriere. Beginn des menschlichen Abstiegs.

Noch sind Bubi und Helga das Traumpaar der Berliner Gesellschaft, stehen auf sogenannten Protokolllisten und können sich aussuchen, welche Einladungen sie annehmen. Romy Schneider und ihr Mann Harry Meyen zählen zu ihren Freunden, Schauspieler wie Hardy Krüger, die Sängerin Hildegard Knef, der Sänger Bully Buhlan. Viele andere Berühmtheiten der Stadt schmücken sich mit ihnen. Doch kaum merklich erlischt das Rampenlicht mit der Zeit.

Dafür brennen die Party-Lichter nachts lange in der Grunewald-Villa. Jetzt ist Scholz nur noch Geschäftsmann. Die Parfümerien florieren, er gründet die Werbeagentur Zülke & Scholz. Aber was bedeutet das schon? Die rauschenden Feste am Rupenhorn können seinen Schmerz nicht betäuben, nicht mehr im Ring und nicht mehr im Mittelpunkt zu stehen. Die Droge Popularität, an die er sich über Jahre gewöhnt hat, ist jetzt nur noch in geringen Dosen verfügbar. Bubi Scholz versucht, das Vakuum mit Tabletten zu füllen und mit sexuellen Eskapaden, die seine Frau immer verbitterter zur Kenntnis nimmt.

Mit neununddreißig wird Helga schwanger, erleidet eine Fehlgeburt. Bei Freundinnen klagt sie: „Ein Leben ohne Kind hat doch keinen Sinn. Immer nur arbeiten und saufen." Bubi zieht durch Kneipen und Diskotheken, mal alleine, mal mit Frau. Was seine Gegner nicht schaffen, gelingt dem Alkohol. Scholz geht k.o. Alkohol, Exzesse, Entziehungskuren. Ein aussichtsloser Kampf. Nirgendwo ist die Ecke, in der ein Trainer Taubeneck steht, seinen Schützling vor dem Schlimmsten bewahrt und das Handtuch wirft. Immer öfter gibt Bubi Scholz wie sein Freund Harald Juhnke die Rolle des öffentlichen Trinkers – nachsichtig belächelt von den Berlinern. Aus dem Dauerrausch des Erfolges wird der Rausch im Kopf. Monate und Jahre ein gespenstischer Reigen dieses Paares im weißen Haus am Ende der Sackgasse oberhalb der Havel. Bubi mischt Whisky mit Rum, dann wieder Cola mit Kirschsaft und Rum. „Rumreiche" nennt er den Mix. Helga rührt sich „Kalte Ente" an, Wein und Sekt. Literweise. Jeden Tag. Anfang der Achtzigerjahre täuschen ausschweifende Feste nicht mehr über den gesellschaftlichen und gesundheitlichen Verfall des einstigen Glamour-Paares hinweg. Ihr Lebensstil ist beiden bald auch äußerlich anzusehen.

Helga, schmallippig, energisch und früher attraktiv, verliert an Reiz. Gegenüber Freunden, Bekannten und Nachbarn halten sie die alte Fassade aufrecht. Bubi behauptet: „Die Familie ist mein Hobby." Helga verspricht: „Ohne ihn bin ich nichts." Da denken sie beide längst an Scheidung. Ihre Spitzen gegen den Ehemann behält sie nicht für sich. Sie nennt ihn öffentlich „einen Clown" und giftet: „Der Scholz ist blöd, der nuschelt nur." Noch einmal reißt sich Bubi zusammen und schreibt seine Memoiren. Titel: *Der Weg aus dem Nichts*. Sie erscheinen zu seinem fünfzigsten Geburtstag. Bei der Buchvorstellung wird Helga wieder spitzzüngig. Ihr Buch müsste heißen „Mein Leben mit einem Nichts", sagt sie und ihr Spott ist deutlich.

Eine, die viel mitbekommt, ist Putzfrau Karin Stiemert. Sie hört Helgas Sticheleien. Je mehr sie ihren Schampus trinkt, umso heftiger wird die Stichelei. Die Putzfrau beobachtet die Ehe aus nächster Nähe und erzählt vor einer Kamera: „Wenn Frau Scholz ein bisschen anders gewesen wäre, wenn sie diplomatischer gewesen wäre. Sie hat immer gleich losgepoltert. Mit mehr Diplomatie hätten die beiden eine einigermaßen einvernehmbare Ehe geführt. Aber es war immer irgendwie Spannung da. Jeden Moment konnten sie sich an die Köpfe kriegen." Einmal fragt die Putzfrau ihre Chefin: „Warum trennen Sie sich eigentlich nicht von Ihrem Mann? Sie würden doch vielleicht viel ruhiger leben. Das wollte sie aber auch nicht. Jetzt bin ich noch Frau Scholz, hat sie gesagt, aber dann bin ich die geschiedene Frau Scholz."

Bubi Scholz hängt seinen Erinnerungen an ein Leben voller Siege nach. Er versucht, die Vergangenheit zu beschwören. Erst herzzerreißend sentimental, später geradezu neurotisch. Stundenlang hockt er in seinem Partykeller zwischen den Fotos aus strahlenden Zeiten an den Wänden und den leeren Flaschen auf der Bar, immer ist der Filmprojektor aufgebaut, immer hat er ein Glas in der Hand. Wie in Trance sieht er sich wieder und wieder seine alten Kämpfe an. Die Banalität des immer Gleichen. Er besäuft sich an

Bubi und Helga Scholz 1972 an der Hausbar in ihrem Berliner Haus Am Rupenhorn. Mit dem Gewehr wird Scholz zwölf Jahre später seine Frau erschießen

den großen Bildern. Wie er Humez austanzt und ihn zum Schlagabtausch fordert, bis der Löwe zerstört abdreht. Bu-bi! Bu-bi! Wie er Harold Johnson schon in der zweiten Runde hart trifft und der Amerikaner nicht umfällt. „Der war doch schon k.o. Ich verstehe das nicht, ich verstehe das bis heute nicht.“ Bu-bi! Bu-bi! In diesen Nächten ist Scholz wieder der gefeierte Held, der Schlagersänger, der Filmschauspieler, der Geschäftsmann. Doch am nächsten Morgen weicht der Rausch der Ernüchterung, dem Kater, der Leere. Scholz geht zugrunde. Seine Frau Helga auch. Sie sitzen in ihrer Villa, streiten und trinken.

Auch am Sonntag, dem 22. Juli 1984.

Willi Weber, der Gärtner, kommt gegen fünfzehn Uhr zur Arbeit auf das Gelände Am Rupenhorn 9. Helga Scholz hat ihn gebeten, Wasser in den Pool zu lassen. Es ist Sommer in Berlin und die Tage können noch wärmer werden. Willi sieht Bubi Scholz mit einem Glas in der Hand auf dem leeren Boden des Swimmingpools sitzen. Er trägt einen weißen Bademantel aus Frottee, sein Markenzeichen aus glorreichen Kampfzeiten. „Willi", sagt der Hausherr, „ick hab Zoff mit meiner Frau." Sonntag im Grunewald, ein Tag wie jeder andere, nichts Neues, auch nicht für Willi, den Gärtner. Helga warnt ihn. „Sieh dich vor, Willi, Bubi ist heute knurrig." Auch sie ist angetrunken. Die Nacht davor haben die beiden bei Harald Juhnke Geburtstag gefeiert. Daraus ist, wie nicht anders zu erwarten, ein gepflegtes Besäufnis bis in die Nacht geworden. Sie sind aufgewacht und trinken weiter. Ein ganz normaler „Gammel-Sonntag", sagt Scholz später.

Am Abend, etwa nach der *Tagesschau*, verabschiedet sich Willi Weber. Bevor er geht, nimmt er Bubi eine Flasche Gin aus der Hand und wirft sie in die Mülltonne. Er hat kein gutes Gefühl und Angst um Helga. Bubi ist wütend auf seine Frau. Wenn der Streit zwischen den Eheleuten eskaliert, schließt sich Helga meist in der winzigen Gästetoilette neben der Haustür ein. Hier hat sie Ruhe vor ihm. An diesem Sonntag ist es wieder laut geworden zwischen den beiden mit gefüllten Gläsern in den Händen. Hässliche Worte fallen, gegenseitige Verletzungen treffen tief.

Etwa gegen zweiundzwanzig Uhr hat Helga genug. Sie schließt sich in der Gästetoilette ein. Bubi verlangt immer wieder, dass sie herauskommt. Er brüllt, er droht, er schlägt gegen die Tür. Sie weigert sich. Er fühlt sich gedemütigt, gekränkt. Sein Zorn wird immer größer. Er mixt Whisky mit Rum und trinkt zügig. Helga bleibt in der Gästetoilette. Bubi wankt ins Ankleidezimmer. Da liegt ein Gewehr. Eigentlich darf kein Berliner in diesen Jahren ohne Weiteres eine Waffe bei sich zu Hause haben. Es sei denn, er heißt Bubi Scholz.

Die Waffe ist ein Repetiergewehr der Firma Anschütz, Kaliber .22. Er muss es zusammenbauen. Das Gewehrschloss liegt aus Sicherheitsgründen in einem Regal mit anderen Waffen, die Patronenschachtel versteckt in einer Schublade. Scholz setzt das Gewehr zusammen. Das ist nicht ganz einfach. Offenbar ist er nicht volltrunken, also auch nicht schuldunfähig.

Anstatt die Tür zur Gästetoilette aufzubrechen, stellt er sich davor, hält die Mündung des Gewehrs in 1,35 Meter Höhe schräg nach oben unmittelbar an die Tür und drückt ab. Ein einziges Mal. Er kann annehmen, dass seine Frau auf dem Toilettendeckel sitzt. Würde Helga in diesem Augenblick tatsächlich sitzen, sauste die Kugel etwa sechsundzwanzig Zentimeter über ihren Kopf hinweg.

Doch Helga Scholz sitzt nicht. Sie steht leicht gebückt hinter der Tür und drückt ihr Ohr ans Holz, um zu lauschen, was ihr Mann macht. Das Projektil trifft die Frau hinter dem rechten Ohr. Gerichtsmediziner Volkmar Schneider sagt später: „Helga Scholz ist an einer Kopfschussverletzung gestorben. Sie war nicht unmittelbar tot. Sie hat nach dem Schuss eine halbe bis eine Stunde noch gelebt, wobei es aber sehr fraglich ist, ob sie bei einer sofortigen Einlieferung in ein Krankenhaus überlebt hätte. Mit Sicherheit trat eine sofortige Bewusstlosigkeit ein." Die Bilder der Polizei zeigen einen leblosen Frauenkörper, der sich im Fallen links zwischen dem Toilettensockel und der Wand verklemmt hat. Auf den Fliesen rechts sind Blutspritzer zu sehen.

Nach dem Schuss trinkt Bubi Scholz weiter, legt sich schlafen, wacht früh um vier Uhr auf, findet das Bett neben sich leer, sucht seine Frau. Jetzt versucht er, die Toilettentür aufzubrechen. Er schlägt mit dem Gewehr gegen die Tür und zertrümmert dabei die Waffe. Zwei Frauen, die oben in der Villa eine kleine Wohnung gemietet haben und vom Lärm wach werden, kommen nach unten. Sie finden einen verwirrten Bubi Scholz, der ihnen erzählt, dass Helga nicht aus der Toilette kommt. Von außen stellen die Frauen eine Leiter unter das offene Toilettenfenster. Der leblose Körper von Helga Scholz ist nicht zu übersehen. Die Frauen holen Werkzeug und können endlich die Tür aufbrechen. Bubi schaut nicht hin. „Ich wollte Helga da doch nur rausholen", sagt er immer wieder. Auch zu den Kriminalbeamten, die kurze Zeit später an diesem frühen Montagmorgen eintreffen.

Kriminalkommissar Wolfgang Decker findet Helga Scholz. Er entdeckt das kleine Einschussloch in der Tür. Die Spurensicherung transportiert die Tür ins Labor. Decker sieht sich im Flur um. Gemusterte Tapete, Kachelfußboden. Ein brauner Vorhang, der von weißen Kordeln wie ein Theatervorhang gehalten wird. Rechts eine Garderobe, an der Jacken hängen. Hinten ein kleiner Tisch unter einem rahmenlosen verglasten Gemälde. Auf dem Tisch die Patronenschachtel. In einem begehbaren Kleiderschrank liegt das zerbrochene Gewehr.

Kommissar Decker sitzt mit Bubi Scholz in der Küche. Der Ex-Boxer ist angetrunken. Er wirkt deprimiert und aufgeregt. „Ich würde sagen, desolat. Ganz einfach desolat." Scholz redet. „Er hat mir seine ganze Lebenssituation erzählen wollen. Über das Leben mit seiner Helga." Und wieder der Satz: Ich wollte sie doch da bloß rausholen.

Noch während die Polizei Spuren aufnimmt, kommt Putzfrau Karin Stiemert. Als alle weg sind, als Bubi Scholz vorläufig festgenommen ist und zur 3. Mordkommission mitgenommen wird, macht sie sauber. In der Toilette wischt sie die Spuren der Tragödie von den weißen Fliesen.

Bubi Scholz wird dem Haftrichter vorgeführt und erkennungsdienstlich behandelt. Fotos von vorne, Fotos von der Seite, Kartennummer 2478. Der Richter verfügt Untersuchungshaft. Scholz kommt nach Moabit. Als er in seiner Zelle nüchtern wird, scheint er allmählich zu begreifen, was in der Sonntagnacht geschehen ist. Rechtsanwalt Dr. Manfred Studier trifft einen in sich gekehrten, verstörten und ganz und gar desorientierten Mandanten, der nicht glauben kann, dass er etwas mit dem Tod seiner Frau zu tun hat.

Handschriftlich schildert Bubi Scholz der Staatsanwaltschaft die Ereignisse in der Tatnacht aus seiner Sicht. Seine Darstellung ist konfus und widersprüchlich. Sie endet mit dem Satz: „Ich kann mir ein Leben ohne diese Frau, die absolut Mittelpunkt in meinem Leben war, nicht vorstellen." Er unterzeichnet mit G. Scholz.

In der Untersuchungshaft versucht Bubi Scholz, sich umzubringen. Er scheitert. Lebensgefahr besteht nicht.

Für Oberstaatsanwalt Willi Wiedenberg ist der Fall nicht eindeutig: „Die Bandbreite, die wir bei diesem Geschehen rechtlich anzudenken hatten, war Unfall, fahrlässige Tötung, Totschlag und war Mord."

Während Bubi Scholz in U-Haft sitzt, wird Helga am 9. August 1984 auf dem Waldfriedhof Heerstraße in Berlin-Westend beerdigt. Hundert rote Rosen von Bubi liegen am offenen Grab. Die ersten Schaulustigen schlendern bereits um acht Uhr über den Friedhof. Eine halbe Stunde später sind die besten Plätze besetzt. Um halb elf stehen etwa eintausendfünfhundert Neugierige dicht gedrängt. Prominenz ist spärlich vertreten. Max Schmeling und Harald Juhnke schicken Kränze, Günter Pfitzmann und Hans Rosenthal schicken ihre Frauen. Bubis Schwester Hildegard, Angestellte in einem Beerdigungsinstitut, wird im Auto zum Hintereingang der Kapelle gefahren. Im Sarg, der mit rosa Rosen voll besteckt ist, soll die Tote in ihrem Lieblingskleid ruhen, schwarze Seide mit einem Kragen aus weißer Brüsseler Spitze. Ganz vorne am Grab steht Helgas achtzig Jahre alte Mutter.

Am 14. Januar 1985 beginnt im Saal 700 vor der Großen Strafkammer des Schwurgerichts 29 in Moabit der Prozess gegen Gustav Scholz. Die Anklage lautet auf Totschlag.

In der Hauptverhandlung wird deutlich, wie sehr Bubi Scholz seine Frau geliebt hat. Er verteidigt sie bis zum Schluss, er redet nicht *einmal* schlecht über sie. Er trägt sie im übertragenen Sinne weiter auf Händen.

Der psychiatrische Gutachter Dr. Gerhard Zeller untersucht Bubi Scholz. Der Ex-Boxer ist im Sommer 1984 am Ende, sagt er vor Gericht. Ein Leben lang hat dieser Aufsteiger von schlichtem Gemüt sein Ansehen und sein Selbstwertgefühl aus seinem intakten Körper, seinem Ruhm und seinem finanziellen Erfolg gezogen. In den letzten Jahren aber ist der Glanz erloschen. Seine Frau sieht in ihm nur noch den armen Schlucker und macht abträgliche Bemerkungen über ihn. Seine tatsächlichen Schwierigkeiten kann Scholz weder erkennen noch gefühlsmäßig verarbeiten. Dr. Zeller diagnostiziert eine reaktive Depression, eine schwere Verstimmung als Reaktion auf eine unbefriedigende Situation.

Dazu ergeben Schießproben, dass die Durchschlagskraft der Kugel nur direkt hinter der Tür tödlich war. Von einem bedingten Vorsatz kann das Gericht nicht mehr ausgehen. Nicht ganz überraschend plädiert Oberstaatsanwalt Willi Wiedenberg am 30. Januar 1985 nicht auf Totschlag, sondern beantragt wegen fahrlässiger Tötung und unerlaubten Waffenbesitzes eine Freiheitsstrafe von drei Jahren und acht Monaten. Wegen des starken Alkoholkonsums sei Scholz nicht in der Lage gewesen, die Konsequenzen seines Handelns zu erkennen, erklärt Wiedenberg seinen Sinneswandel.

Mit tränenerstickter Stimme beteuert Scholz in seinem Schlusswort: „Kein Urteil der Welt kann mir die Belastung und die Selbstvorwürfe nehmen. Ich bereue, was geschehen ist."

Am 1. Februar 1985 wird Bubi Scholz wegen fahrlässiger Tötung zu drei Jahren Gefängnis verurteilt. Das Gericht folgt in seiner Begründung dem Gutachter. „Eine Gewalttat wie diese passt nicht zum Persönlichkeitsbild und zur Charakterstruktur des Gustav Scholz."

Eine verminderte Schuldfähigkeit führt immer dazu, dass eine Strafe milde ausfällt, erklärt Richter Hans-Joachim Heinze. „Aber das Eigentliche war, dass es sich um eine fahrlässige Tötung gehandelt hat. Also wenn man so will um einen Unglücksfall, der nicht zu vergleichen ist mit einem Totschlag und einem bewussten Schießen auf einen Menschen. Herr Scholz hat auf eine Tür geschossen. Und hinter dieser Tür befand sich ein Mensch."

In der Öffentlichkeit wird über das Urteil heftig gestritten. Von Prominentenurteil ist die Rede. Von Klassenjustiz. Von Berliner Filz. Von Samthandschuhen, mit denen er angefasst worden sei. „Bubi nur 3 Jahre. Staatsanwalt sensationell mild“, schreibt *BILD*. „Aber es gab auch Stimmen, insbesondere in der Bevölkerung, die meinten, das war doch Mord“, erinnert sich Oberstaatsanwalt Wiedenberg. Richter Hans-Joachim Heinze steht auch Jahre später zu seinem Urteil: „Ich denke, dass die Strafe angemessen war. Ich würde heute bei demselben Sachverhalt wieder genauso urteilen. Auch wenn das Urteil natürlich, und damit haben wir gerechnet, in der Öffentlichkeit Kritik finden würde.“

Rechtsanwalt Dr. Manfred Studier erlebt seinen Mandanten nach dem Urteil als einen gebrochenen Mann. Bubi Scholz ist für ihn das Opfer eigenen Handelns. In vielerlei Hinsicht. In sozialer, geistiger, seelischer, körperlicher. Scholz ist schutzlos ohne seine Frau.

Viele Freunde und Bekannte von früher gehen auf Distanz zu Bubi. Harald Juhnke hält weiter zu ihm, besucht ihn im Gefängnis, so wie Bubi ihn damals im Knast besucht hatte. Zwei weitere Male versucht Bubi Scholz, sich das Leben zu nehmen. Im August 1987 wird er entlassen. Er wohnt wieder im Haus Am Rupenhorn, das voll ist mit den Erinnerungen an Helga. Lange kann er nichts wegwerfen. Weder Kleider noch Kosmetik. Er lernt eine neue Frau kennen, heiratet 1993 ein zweites Mal.

Es hängt nirgendwo eine Gedenktafel für Bubi Scholz in Berlin. Weder in der Choriner Straße 54 noch an der Villa in der Straße Am Rupenhorn in Westend. Das ist auch nicht zu erwarten für jemanden, der einen Menschen getötet hat. Ein Grabstein aber trägt seinen Namen. Er steht auf dem Waldfriedhof an der Heerstraße. Der Name ist in roter Schreibschrift eingraviert. Darüber zwei Boxhandschuhe. Keine weiteren Daten.

Grab und Grabstein sind bereits einmal umgezogen. Im September 2000 wird Bubi Scholz auf dem Waldfriedhof Zehlendorf beigesetzt. Ganz in der Nähe von Willy Brandt, der damals, im Oktober 1958, als Regierender Bürgermeis-

Der Grabstein von Bubi Scholz auf dem Friedhof Heerstraße in Berlin-Charlottenburg, Foto von 2018

ter von Berlin bei jenem legendären Kampf im Olympiastadion am Ring sitzt, als Bubi Scholz Europameister im Mittelgewicht wird.

Acht Jahre nach dem ersten Begräbnis wird Bubi Scholz noch einmal beigesetzt. Seine Witwe lässt ihn auf dem Friedhof an der Heerstraße begraben. Nicht sehr weit von seinem neuen Grab entfernt ist die Stelle für Helga Scholz. Abteilung 8 A, Nummer 44, so die Koordinaten zu ihrem Grab. Dieses Grab existiert nicht mehr. Es ist eingeebnet und neu belegt. Nach zwanzig Jahren läuft die Liegezeit aus. 2004 ist niemand da, der die Frist für das Grab von Helga Scholz noch einmal verlängern würde. Ihre Mutter ist längst tot. Bubi lebt auch nicht mehr. Er hätte bestimmt dafür gesorgt, dass die Erinnerung an seine Helga wach bleibt.

Charlotte Stieglitz
Nadelstiche des Lebens

Trotz dumpfer Biedermeier-Idylle – zu Silvester nimmt man Abschied und lässt das kommende Jahr und sich selbst hochleben. Am Neujahrstag 1835 schlafen viele Berliner ihren Rausch aus. Im Haus Schiffbauerdamm 13 hat niemand gefeiert. Sehr früh, morgens um sieben, halten Kutschen vor der Tür. Männer in schwarzen Anzügen schleppen beim Schein der Lampen einen Sarg aus dem Haus. Dahinter, gebrochen und zusammengefallen, der Witwer. Heinrich Stieglitz, ein schlanker Mann mit dunklem Haar und Rauschebart, der viel älter als seine dreiunddreißig Jahre aussieht. Mühsam klettert er in einen Wagen. An diesem Donnerstag begräbt Stieglitz seine Frau Charlotte. Er hat die Nacht neben ihrem Leichnam verbracht. Gerade eben, bevor der Sarg endgültig geschlossen wurde, hauchte er ihr einen letzten Kuss auf die bleiche kalte Stirn. Der Kutscher lässt die Peitsche schnalzen. Die Pferde stampfen und die Wagen rollen an. Ziel ist der Friedhof der Sophiengemeinde in der Bergstraße. Es muss dunkel sein, wenn der Sarg in die Erde gesenkt wird. So sagen es die kirchlichen und amtlichen Vorschriften für Bestattungen von Selbstmördern.

Sich umzubringen, dazu gehört Mut. Und Verzweiflung. Charlotte ist mutig genug und verzweifelt genug. Sie opfert ihr Leben mit achtundzwanzig Jahren einem irrwitzigen Plan. Sie will, dass ihr Mann aus lauter Kummer und Seelenschmerz endlich der große Dichter wird, der er immer schon werden wollte. Charlotte bringt sich aus Mitleid um. Aus Liebe. Aus Fürsorge. Sie kann das Leben an der Seite ihres manisch-depressiven und notorisch erfolglosen Mannes nicht länger ertragen und will ihn nicht mehr leiden sehen. Ihr Opfer soll ihn nicht heilen, sondern in die tiefsten Qualen stürzen. Dann erst, davon ist Charlotte Stieglitz

Charlotte Stieglitz, um 1830

überzeugt, wird er emporsteigen, die Fesseln seiner Unfähigkeit sprengen und ein großer Dichter werden.

Was Heinrich bis dahin literarisch geleistet hat, ist überschaubar. Ein paar Gedichte, ein Lyrik-Band mit dem gestelzten Titel *Lieder zum Besten der Griechen* und als Herausgeber zwei Bände *Berliner Musenalmanache*, die nur wenige begeistert haben. Da schreibt er nicht selber, da lässt er im Auftrag seines Verlegers Moritz Veit schreiben. Wenn Stieglitz selber dichtet, dann eine Poesie-Mischung aus Goethe, Orient, Patriotismus und Schwärmertum. Das muss man mögen. Immerhin lernt er Leute kennen: de la Motte-Fouqué, Hitzig, Eduard Gans, Varnhagen von Ense und dessen Frau Rahel.

Bei jeder Gelegenheit inszeniert sich Stieglitz als Dichter. Im braunen Rock und mit Quäkerhut, „luftdurchschneidend, in stolzer und berechneter Haltung“, ist er in Berlin unterwegs. Das ist der äußere Schein, mit dem er sich umgibt. Dabei muss er als Hilfsbibliothekar in der Königlichen Bibliothek mit Bedienten und Dienstmädchen verkehren, die für ihre Herrschaft die Bücher ausleihen. Zusätzlich ist er Hilfslehrer am Joachimsthalschen Gymnasium. Das sind doch alles keine Aufgaben für einen Dichter wie ihn! Er verzweifelt an seinem Leben.

Zu Hause greift Stieglitz zur Feder. Wie das Ausleihen von Büchern und das Unterrichten geht ihm auch das Schreiben nicht leicht von der Hand. Er plagt sich mit Worten und Sätzen und findet nicht die richtige Form. Das dauert und klingt trotzdem nicht. Er legt seiner Charlotte Gedichte vor, die sie abschreibt und redigiert. Mit Bemerkungen und Verbesserungsvorschlägen gibt sie ihm die Texte zurück. Sie ist das größere literarische Talent von beiden, nur sagt ihr das niemand.

Sechs Jahre und fünf Monate dauert die Ehe von Charlotte und Heinrich. Eine Ehe voller Verzicht. Stieglitz ist impotent. Nicht nur in der Kunst, auch im Bett. Doch sie überschüttet ihn nicht etwa mit bitteren Vorwürfen. Im Gegenteil, sie hat Verständnis. Statt sich selbst trösten zu lassen, tröstet Charlotte ihren Versager. Sie schreibt ihm ein Gedicht, das sich kaum ein Mann hinter den Spiegel stecken würde. „Liebe ist der Atem, der ihn nährt. / Vertrauen ist die Sonne, die’s bewährt. / Und wo sich dies vereint gefunden / Muss auch die rechte Frucht gesunden. – / Du glaubst, sie ruht, weil sie nicht schwillt? / Ins Innre schaue. Dein Seelenbild!“ Deutlicher geht es schwerlich.

Charlotte beobachtet Heinrich, wie er im Schimmer der nächtlichen Lampe stundenlang an seinem Schreibtisch sitzt. Er quält die Worte und die Worte quälen ihn. Im Nebenzimmer spielt sie manchmal Klavier. Heinrich weint.

In ihr wächst jener entsetzliche Plan. Aus tiefstem Leid und dunkler seelischer Nacht soll Stieglitz die Befreiung zum

Dichter gelingen. „Sie wollte ihn von der Lüge befreien und gab sich hin dem Tode, jung, liebreizend, mitten im Winter und gleichgültig gegen die Hoffnung des Frühlings", schreibt Karl Gutzkow, der Schriftsteller und Dramatiker. Ihr Selbstmord erschüttert die Berliner Gesellschaft. „Seit dem Tode des jungen Jerusalem und dem Morde Sands ist in Deutschland nichts Ergreifenderes geschehen, als der eigenhändige Tod der Gattin des Dichters Heinrich Stieglitz." Auch das notiert Karl Gutzkow im Literaturblatt *Phönix*. Karl Wilhelm Jerusalem erschoss sich mit fünfundzwanzig Jahren und wurde damit Goethes Vorlage für seinen Werther. Karl Ludwig Sand war kein Opfer, sondern Täter. Ein radikaler Burschenschaftler, der den Schriftsteller August von Kotzebue erdolchte. Tödliche Dramen – und jetzt Charlotte Stieglitz.

Heinrich Heine, in dessen Potsdamer Nachbarschaft Heinrich und Charlotte Stieglitz 1829 für kurze Zeit wohnen, ahnt, was kommt. Hin und wieder trifft er das Paar. Er findet die junge Frau attraktiv. Prophezeit allerdings: „Entweder sie wird verrückt, oder sie begeht Selbstmord." Nach ihrem Tod soll er seinem Freund Gustav Adolph Vogel gesagt haben: „Das hochherzige Weib hat sich wahrscheinlich nur deshalb umgebracht, um Herrn Stieglitz berühmt zu machen." Und stellt dann böse fest: „Es hat Stieglitz nichts genutzt. Er ist seit der Zeit erst recht unberühmt geworden."

Den ersten Gedanken, sich für ihren Heinrich umzubringen, hat Charlotte, da kennen sie sich gerade erst ein paar Wochen. Sie ist sechzehn und er einundzwanzig. Sie lebt nach dem Tod des Vaters bei ihrer Schwester in Leipzig und er studiert. Sie will eine Dichter-Braut sein und er ist geschmeichelt. Er promoviert und zieht nach Berlin, sie folgt ihm als Verlobte.

Die Hochzeit ist alles andere als ein Rausch. Ihr ist der Tag „innerlich trübe". Am nächsten Morgen steigen sie in den Reisewagen. Stumm und fremd sitzen sie sich gegenüber. „Eine Herzerstarrung vor der Wirklichkeit" nennt

Heinrich Stieglitz, um 1840

Charlotte diesen seltsamen Beginn der Flitterwochen. Ihr Mann hat offenbar keine Ahnung, wie er seine Frau erobern soll. Bei Charlotte fließen Tränen. Kein gelungener Start in die Ehe.

Der Umzug nach Berlin soll alles ändern. Es ändert sich nicht viel. Dafür lernt das Paar einen Mann kennen, der ein Freund wird. Theodor Mundt, Schriftsteller, zwei Jahre jünger als Charlotte. Mit der Zeit offenbar mehr als angetan von ihr. Das lässt aufhorchen. Mundt verteidigt sich nach Charlottes Tod vehement gegen alle Gerüchte, ihre Freundschaft könnte mehr als Freundschaft gewesen sein. „Mein Verhältnis zu ihr kann und darf ich nicht darstellen, und doch spielt es nur zu bedeutsam auch in ihren Tod hinein." Er kämpft um Reputation. Um seine und die von Charlotte: „Ich wehre die unlauteren Deutungen meines Verhältnisses mit aller Entrüstung meiner Seele ab.“ Was ihn nicht hindert, ihr 1835 ein literarisches Denkmal zu setzen. Es heißt auch so: *Charlotte Stieglitz, ein Denkmal.*

Darin beschreibt Mundt den Weg von Charlotte Stieglitz in die Katastrophe. Er weiß alles über sie und ihren Mann. Er erlebt, wie die Ehe trotz intensiver Bemühungen mit den Jahren verknöchert. Er sieht, wie Charlotte unter Heinrichs Krankheit leidet. Seine Depressionen und Charlottes Versuche, das Leben in den Griff zu bekommen, zehren bei beiden an den Kräften. Selbst Reisen in Kurbäder bringen keine Veränderung. Es ist zum Verzweifeln.

In Petersburg hat Heinrich Stieglitz zum Glück einen vermögenden Onkel, Ludwig Stieglitz. Charlotte beichtet ihm immer wieder ihre Geldnöte. Der Onkel hilft. Schließlich übernimmt er den Lebensunterhalt komplett. Da hat Heinrich in der Bibliothek und an der Schule bereits gekündigt. Er hält den Druck nicht mehr aus.

Wenn er sich gehen lässt, wenn er sich nicht rasiert und pflegt, ist Charlotte genervt und wird giftig. „Kleinigkeiten werden zu feindlichen Dämonen.“ Keiner Frau gefällt es, mit einem Zausel zu leben. Charlotte ist da keine Ausnahme. Sie merkt, dass Stieglitz in wichtigen Momenten erstaunliche Standhaftigkeit und Kraft behält. Bei den kleinen Nadelstichen des Lebens aber versagt er. „Ich habe dich vielfach in dieser Hinsicht beobachtet und bin zu der Überzeugung gekommen, dass, wer's recht gut mit dir meint, der müsse ordentlich darauf ausgehen, dir einen recht tiefen Schmerz zu bereiten. Nichts tut dir wohler“, schreibt sie ihm.

Im Sommer 1834 reist das Paar nach Kissingen zur Brunnenkur. Charlotte sorgt, organisiert, schafft, betreibt. Alles, damit Heinrich sich erholen kann. Heinrich ist wie ein krankes Kind, mutlos und verzagt. Er kann nichts mehr für sich selbst tun, ganz zu schweigen für seine Frau. Wenn sie in eine Stadt kommen, in der sie nicht gleich einen Gasthof für die Nacht finden, steht er still auf der Straße und weint. Und er weint oft.

Wenige Tage vor Weihnachten hat Heinrich Stieglitz einen Traum. Charlotte versinkt vor seinen Augen in der Spree vor der Haustür. Er stürzt hinterher, will sie retten. Zu spät. Im Traum empfindet er es als Mahnung, in Charlottes Tod das Beste wiederzugewinnen, das er verloren hat: sich selbst. Nur ein Traum. Danach ist Heinrich zum ersten Mal seit langer Zeit entspannt. Charlotte fragt. Er erzählt. Sie lächelt. „Also das kann dir helfen? So ist's recht. Nur aus der Tiefe des Schmerzes kommt die Kraft."

Längst hat sie sich entschieden. Sie wartet auf den günstigen Augenblick.

Die Weihnachtstage. Charlotte will nichts geschenkt haben. Höchstens ein Buch. Sie redet wenig.

Am 26. Dezember packt sie ein Paket mit Briefen und Papieren, die ihr wichtig sind. Sie erkundigt sich bei einem Freund, ob Frauen tatsächlich nicht ins Anatomische Museum dürfen. Sie will sich genauer über die Lage des menschlichen Herzens informieren, vermutet Mundt.

27. Dezember. Charlotte liest Lessings *Erziehung des Menschengeschlechts* und notiert sich Passagen.

28. Dezember. Ein trüber Sonntag. Heinrichs depressiver Zustand macht beiden zu schaffen. Vor dem Mittagessen spazieren sie mit Mundt durch den Tiergarten. Charlotte trägt einen schwarzen Schleier über dem Hut – ein ungewohntes Bild.

Der 29. Dezember 1834 ist ein Montag und der letzte Tag im Leben von Charlotte Stieglitz. Heinrich versinkt tief in seinen Gedanken. Eine Welt, zu der sie keinen Zugang findet. Eine Stille, die sie jedes Mal ängstigt. Draußen singt ein alter Harfner zu den verstimmten Tönen seines Instruments traurige Lieder. „Was meinst du, Heinrich", sagt Charlotte, „wenn wir so miteinander vor den Türen herumzögen und ich sänge – gäbe dann wohl mancher einen Dreier mehr?" Heinrich kann vor geistiger Selbstquälerei nicht essen. Nach Tisch kommt eine Einladung zu einer Aufführung der Quartette von Ferdinand Ries für den Abend. Charlotte sagt Heinrich noch nicht, dass sie nicht mit ins Konzert kommen wird.

Es ist soweit. Gegen sechs Uhr abends legt sie sich scheinmüde auf das Sofa und bittet ihn, lieber ohne sie zu gehen. Er soll einen Freund mitnehmen. Sie will sich ausruhen. Heinrich verspricht, bald wieder nach Hause zu kommen. Genau das will sie nicht. Er darf nicht früher nach Hause kommen. Sie bittet ihn eindringlich, bis zum Schluss zu bleiben. Lange genug, damit sie tun kann, was sie tun muss. Sie redet auf ihn ein und liegt dabei halb auf dem Sofa, wie es ihre Angewohnheit ist. Er küsst sie auf die Stirn und geht. Er ahnt nichts.

Nun ist sie allein. Nur das Dienstmädchen ist in ihrer Nähe. Sie erteilt ihm Aufträge, damit es Heinrich bequem hat, wenn er zurückkommt. Sie glaubt, dass sie erst am nächsten Morgen gefunden wird, wenn sie sich in ihrer Kammer einschließt. Das Mädchen setzt sich in die Küche. Jetzt bleiben Charlotte zwei Stunden. Sie hat viel zu tun. Sie weiß, dass Heinrich ihre Hilfe braucht, auch wenn sie nicht mehr da ist. Selbst an das Geld, das sie verwahrt, denkt sie und legt es oben auf sein Pult.

Jetzt bleibt vor allem noch der Brief an ihn. Sie setzt sich hin und schreibt mit fester Hand. Einmal muss sie heftig dabei geweint haben. Einige Worte sind durch Tränenspuren verwischt. Was geschieht, nachdem sie ihrem Mann geschrieben hat? Ist Charlotte jetzt unruhig? Will sie es hinter sich bringen? Sie schleudert einen kleinen Pelzmantel, den sie in der kühlen Wohnung trägt, auf den Boden und wickelt sich einen langen Schal von den Schultern, den sie einfach fallen lässt. So wird beides später gefunden.

An der Wand, neben dem Schreibpult ihres Mannes, hängt ein Dolch. Eine doppelschneidige Waffe mit schwarzem Griff. Auf der Klinge ist Heinrichs Name eingraviert. Und die Jahreszahl 1823. Das Jahr, in dem Charlotte ihm den

Links von diesem Haus Schiffbauerdamm 12 stand das Haus, in dem sich Charlotte Stieglitz umbrachte, Foto von 2012

Dolch schenkte. Da waren beide noch nicht einmal verlobt. Sie greift nach dem Dolch, nimmt das Licht und geht in ihre Schlafkammer. Die Kammer hat zwei Türen. Eine geht zur Küche, die andere zu den Vorderzimmern. Charlotte verschließt beide Türen und lässt die Schlüssel von innen stecken.

Ihre Kammer ist ein kleiner Raum, fast ausgefüllt von ihrem weißen Bett. Sie ist wieder ruhig und gelassen. In allem, was sie jetzt tut, zeigt sich keine Spur von Eile oder Hektik. Sie stellt das Licht auf den Waschtisch und beginnt sich zu entkleiden. Sie wäscht sich und streift sich ein reines, weißes Nachtkleid über den Körper. Den Kopf bedeckt sie mit einem weißen Häubchen. Dann legt sie sich wie sonst in ihr Bett.

Mit völlig sicherer Hand stößt sie sich den Dolch in den Oberkörper. Charlotte zieht die Waffe aus dem Leib und legt sie neben sich ins Bett. Die rechte Hand deckt sie über die Wunde. Mit der linken zieht sie sich das weiße Betttuch bis an den Hals. Den Kopf drückt sie ins Kissen. Kein Schrei, kein Ruf. Als das Stöhnen aus den röchelnden Lungen immer heftiger wird, kann sie es nicht unterdrücken. Das Mädchen in der Küche nebenan wird aufmerksam. Es ruft um Hilfe. Charlotte seufzt ein letztes Mal, gerade als die Hauswirtin den Schlüssel durchgestoßen hat und ins Zimmer tritt. Fast malerisch liegt die tote Charlotte in ihrem Bett. Sehr friedlich. Selbst der herbeigerufene Arzt entdeckt die Stichwunde erst später. Keine Spur eines gewaltsamen Todeskampfes.

Heinrich Stieglitz hört Streichmusik und ahnt nichts vom Drama in seiner Wohnung. Auf dem Weg nach Hause denkt er darüber nach, im Frühling mit Charlotte Berlin zu verlassen und nach Jena zu ziehen. Er will ihr so schnell wie möglich von seiner Idee erzählen. Vor seiner Haustür stehen Menschen. Heinrich ist verwirrt. Die Wirtsleute wollen ihn zurückhalten. „Der Frau Doktorin ist sehr unwohl." Er reißt sich los, stürmt die Treppe hoch und in das kleine Zimmer mit dem weißen Bett. Ärzte beugen sich über Charlotte. Sie liegt bleich und regungslos. Heinrich ruft ihren Namen. Sein Hauswirt zieht ihn zur Seite. „Bleiben Sie um Gottes willen gefasst und vertrauen Sie auf den Himmel." Heinrich will nicht begreifen, dass seine Frau tot ist. Er wankt zu seinem Pult und findet Charlottes letzte Zeilen an ihn:

„Unglücklicher konntest Du nicht werden, Vielgeliebter! Wohl aber glücklicher im wahrhaften Unglück. In dem Unglücklichsein liegt oft ein wunderbarer Segen, er wird sicherlich über Dich kommen!!!! Wir litten beide ein Leiden, Du weißt es, wie ich in mir selber litt; nie komme ein Vorwurf über Dich, Du hast mich viel geliebt! Es wird besser mit Dir werden, viel besser jetzt, warum? Ich fühle es, ohne Worte dafür zu haben. Wir werden uns einst wieder begegnen, freier, gelöster! Du aber wirst noch hier Dich herausleben und mußt Dich noch tüchtig in der Welt herumtummeln.

Grüße alle, die ich liebte und die mich wieder liebten!
Bis in alle Ewigkeit!
Deine Charlotte.

Theodor Mundt, Lithografie von Valentin Schertle, um 1840

Zeige Dich nicht schwach. Sei ruhig und stark und groß!"
Die Worte „in der Welt herumtummeln" waren von ihren Tränen verwischt.

Freunde kommen. Theodor Mundt bricht vor Charlottes Bett ohnmächtig zusammen. Jemand fährt zum Bildhauer Friedrich Drake und holt ihn. Er soll die Totenmaske für eine Büste abnehmen. Charlottes Leichnam wird am nächsten Tag an Ort und Stelle untersucht. Heinrich bleibt immer in der Nähe. „Nur der Sektion beizuwohnen konnte ich nicht über mich gewinnen. Ich harrte sprachlos in der Nebenstube."

Am Neujahrstag die Beisetzung. Heinrich Stieglitz steht als Letzter am Grab. „Als die Schollen über der geliebten Hülle in die Grube niederrollten, durchzuckte mich wie dumpfer Wahnsinn der Gedanke: Und der Himmel stürzt nicht ein und die Sonne scheint noch immer." Am Tag der Beerdigung kommt ein Brief mit einem Wechsel vom Onkel aus Petersburg. Stieglitz verwendet das Geld, um Charlottes Büste nicht aus Gips, sondern aus Marmor anfertigen zu lassen. Er stellt die Büste an ihrem Grab auf und kauft sich die Stelle direkt neben seiner toten Frau.

Und dann? Dann hat er Ärger mit seinem Freund Theodor Mundt, der bereits am *Denkmal* für Charlotte schreibt. Mundt schickt Stieglitz eine erste Fassung des Textes. Stieglitz' kühle Antwort erschüttert ihn. Daraufhin schickt er ihm einen weiteren Brief. Diesmal einen bitterbösen. Stieglitz' Anmerkungen, schreibt Mundt, seien frivol und leichtsinnig im Ton, besonders, was das Verhältnis des Ehemannes zu Charlotte betrifft. Den Freund graut es, als er liest, was der Witwer schreibt. „Wie kannst Du über diese herzstarrenden Dinge scherzen und sprechen, als wäre es ein Zeitungsartikel?" Möglich, dass sich Stieglitz damit selber schützen will. Schließlich bohrt der Freund mit dem Finger in der Wunde, als er andeutet, wie wenig „die physische Natur" in der Ehe „zu ihrem Recht kam." Schließlich stört Mundt besonders eine Schilderung des Witwers: „Du machst eine Bemerkung, um mir zu beweisen, dass Du im Thüringer Wald dennoch einmal Mann gewesen bist." Mundt bleibt nichts anderes übrig, als sich erschüttert von Stieglitz abzuwenden. Ende einer Freundschaft.

Der reiche Onkel aus Petersburg sorgt dafür, dass Heinrich Stieglitz nicht arbeiten muss. Dass er nun, nach Charlottes Tod, öffentlich unter Erfolgszwang steht, kümmert ihn wenig. Er schreibt nichts mehr, ihm reicht es, der Mann von Charlotte Stieglitz zu sein. Ein Mädchen, mit dem er zusammenlebt, heiratet er nicht. Er fürchtet um sein Image. Heinrich ist meist auf Reisen durch Deutschland, die Schweiz und Italien. Er wohnt in München und schließlich in Venedig. Hier wird er gesehen, „die weiße Schärpe über der Brust geschlungen und mit einem dreifarbigen Band zusammenge-

Auf dem alten Friedhof der Sophien-Gemeinde in der Bergstraße (Berlin-Mitte) wurden Charlotte Stieglitz und später ihr Mann Heinrich Stieglitz beigesetzt. Beide Gräber sind eingeebnet, Foto von 2016

halten, einen schweren Säbel an der Seite und eine verrostete Pistole im Gürtel".

1849 stirbt Heinrich Stieglitz in Venedig an der Cholera. Ein Jahr später wird sein Sarg auf dem Sophienfriedhof neben Charlotte beigesetzt. Die Kirche verkauft Jahre später den ursprünglichen II. Sophien-Friedhof. Die Grabstätten der Selbstmörderin und des getauften Juden werden nicht in den neuen Friedhof II umgesetzt. Sie sind verschwunden. Auch das Wohnhaus Schiffbauerdamm 13, etwa zwischen Weidendammer Brücke und Marschallbrücke, steht längst nicht mehr.

Erich Gloeden
Schrift und Schicksal

Bronze hält sich. Bronze ist widerstandsfähig. Manchmal überlebt sie Kaiser, Republiken, Despoten und Kriege. Hin und wieder verbirgt das schimmernde Metall auch eine Geschichte. Voller Ruhm und Glanz, voller Elend und Tod. Bei der Bronzeschrift am Berliner Reichstag, die manchmal in der Sonne leuchtet, ist das so. Die bösen Schatten hinter den Buchstaben sind nur noch Erinnerungen. Für die, die wissen. Viele wissen nicht.

DEM DEUTSCHEN VOLKE: ein Satz, drei Worte, siebzehn Buchstaben – und das Schicksal der deutsch-jüdischen Handwerkerfamilie Loevy. Für alle Zeiten miteinander verschmolzen.

Am Mittwoch, dem 5. Dezember 1894, erscheint Kaiser Wilhelm II. in einer weißen Gala-Uniform. Es ist der Tag, an dem der Reichstag eingeweiht wird. Unter den Gästen kaum Zivilisten. Dafür viel Militär. Männer, die zackig grüßen und dabei die Hacken zusammenknallen, dass die Orden auf der Brust leise klingeln. Preußens Autoritäten stehen auf der Liste derjenigen, die teilnehmen dürfen. Fast immer verbindet ein „von" den Vornamen mit dem Familiennamen. Ganz zum Schluss findet sich auch der Name Paul Wallot. Er ist der Architekt des Reichstages.

Der Kaiser schlägt mit dem Hammer auf den Schlussstein. Nicht mehr als eine symbolische Geste. Längst haben die Maurer getan, was getan werden musste. Am Tag der Einweihung ist kein Platz für sie auf dem Königsplatz, wie der Standort damals heißt. Manch einer von ihnen sieht vom Rand des Tiergartens aus zu, verdeckt von kahlen Bäumen und Sträuchern.

Diesmal übersteht der Hammer den kaiserlichen Stein-Schlag. Als Kaiser Wilhelm I. zehn Jahre zuvor mit einem Hammerschlag den Grundstein für den Reichstag gelegt hat, ist das Werkzeug beinahe wie Glas in den Händen des Monarchen zerbrochen.

Mit der Einweihung des Hauses erfüllt sich, was die Parlamentarier nach Gründung des Deutschen Reiches 1871 in einem Antrag so formuliert hatten: „Die Errichtung eines den Aufgaben des deutschen Reichstags entsprechenden und der Vertretung des deutschen Volkes würdigen Parlamentshauses ist ein dringendes Bedürfnis."

Ein dringendes Bedürfnis? Wohl doch nur ein einseitiges Bedürfnis der Abgeordneten. Dreiundzwanzig Jahre dauert es, bis das Haus endlich steht. Selbst am Tag der Einweihung ist es nicht fertig. Am Westportal, direkt über den sechs Säulen, bleibt eine Fläche leer. Hier ist Platz für eine Inschrift. Sie ist ein Vorschlag des Architekten Paul Wallot. Auf einer Federzeichnung vom Oktober 1894, nur zwei Monate vor der Einweihung, ist sie zu lesen: „DEM DEUTSCHEN VOLKE".

Eine Widmung, die Wilhelm II. entschieden gegen den Strich geht. Nach seinem monarchischen Selbstverständnis hat der Reichstag seinem, des Kaisers Reich zu dienen und nicht etwa das Volk zu vertreten. Überhaupt passt ihm der ganze Bau nicht. Immer wieder verändert er die Pläne des Architekten. Nicht immer weiß sich Paul Wallot zu wehren. In einem Brief an seinen Vertrauten Philipp zu Eulenburg schreibt Wilhelm II. von einem „Reichsaffenhaus" und einem „Gipfel der Geschmacklosigkeit". Da wundert es nicht, dass auch die Inschrift nicht die kaiserliche Gnade findet. Darüber spottet die sozialdemokratische Zeitung *Vorwärts* am Tag der Reichstags-Einweihung: „Wir können später nach Belieben eine passende Bezeichnung wählen." Der *Berliner Lokal-Anzeiger* findet die fehlende Inschrift daneben. Schließlich ist das deutsche Volk der Bauherr, doch „dass der Baumeister dem Bauherrn das widmet, ist nicht üblich". Der *Kladderadatsch* ist dagegen amüsiert über die fehlende Inschrift. Am besten solle dort „Eingang nur für Herrschaften" stehen.

Die Reichsregierung bestreitet Anfang 1895, dass der Kaiser grundsätzlich gegen eine Inschrift ist: „Die Entscheidung des Kaisers in dieser Frage ist noch nie angerufen worden, und eine allerhöchste Willensäußerung ist bisher nicht ergangen." Man muss die nächste Sitzung der Baukommission abwarten. Die entscheidet sich mit sieben gegen fünf Stimmen für die Zeile „Dem Deutschen Reich". Auf die entsprechende Akte setzt Wilhelm II. seinen eigenen Vorschlag: „Der deutschen Einigkeit". Das alles ändert nichts. Die Fläche bleibt leer. Eine Weile beschäftigen sich Abgeordnete und Zeitungen noch mit dem Thema. Dann herrscht lange Zeit Ruhe. Deutschland hat andere Sorgen. Schließlich fallen am 28. Juni 1914 die Schüsse von Sarajewo, die zum Ersten Weltkrieg führen.

August 1915. Der Krieg dauert schon länger als ein Jahr. Kein Gedanke mehr daran, den Feind schnell schlagen zu können. Der Hurra-Patriotismus weicht der erschreckenden Erkenntnis, dass der Waffengang furchtbare Opfer fordert. Im Volk schwindet das Vertrauen in die Monarchie. Da schlägt das *Leipziger Tageblatt* in seiner Ausgabe vom 9. August erneut die Wallot-Inschrift „DEM DEUTSCHEN VOLKE" für den Reichstag vor. Sie kann dazu beitragen, das Volk mit dem Monarchen zu versöhnen.

Unterstaatssekretär Arnold Wahnschaffe macht sich die Idee zu eigen und legt sie dem Chef des Geheimen Zivilkabinetts Rudolf von Valentini vor: „Seine Majestät hatte damals Bedenken, die Anbringung unterblieb und ihre Ablehnung gab zu unliebsamen Erörterungen Anlass." Jetzt aber könnte die Inschrift durchaus „gut wirken und Seiner Majestät gedankt werden". Denn schließlich sei unter „heutigen Verhältnissen" eine weitere Ablehnung kaum denkbar. Allerdings solle der Sache „keine große Wichtigkeit" beigemessen werden. Vielmehr könne sie still und unauffällig erledigt werden. Der Kaiser lässt prompt ein Telegramm schicken: „falls ausschmueckungskommission inschrift beschlieszt, wird kein widerspruch dagegen erhoben."

Wilhelm II. entscheidet, den Schriftzug gießen zu lassen. Doch nicht aus schlichtem Metall. Der Kaiser hat einen anderen Einfall. Er ordnet an, zwei erbeutete Kanonenrohre aus dem Krieg gegen Frankreich von 1813 einzuschmelzen und für die Buchstaben zu verwenden. Wenn der Erbfeind im Felde noch nicht geschlagen ist, soll er wenigstens symbolisch in die Knie gezwungen werden. Reichstagspräsident Johannes Kaempf verkündet bereits zwei Tage später dem Plenum, dass die Widmung endlich angebracht wird. Fragt sich nun, in welcher Schrift. Lateinische Lettern oder eher Fraktur? Mit Groß- und Kleinschreibung? Das aber bedeutet nach geltender Grammatik, das Adjektiv „deutschen“ klein zu schreiben. Für die Patrioten im Reichstag und im Land völlig undenkbar.

Schließlich entwirft der Architekt Peter Behrens die Schrift. Kein einfaches Unterfangen. Sie soll Würde ausstrahlen, ohne steif zu wirken, und Zuversicht vermitteln, ohne verspielt zu sein. Wer Gelegenheit hat, Buchstaben-Zeichnungen von alten Schriftkünstlern wie Claude Garamond aus Frankreich oder dem Italiener Giambattista Bodoni zu sehen, weiß um die Mühe, die es macht, eine Schrift zu entwickeln. Peter Behrens gelingt mit Unterstützung der Kalligrafin Anna Simons eine Mischung aus der eckigen germanischen Fraktur und der eleganteren römischen Antiqua, die auch der Kaiser abnickt.

Die Berliner Bronzegießerei S. A. Loevy, Gartenstraße 96, erhält den Auftrag zum Guss der Buchstaben. Gartenstraße 96 – das liegt heute im Abschnitt zwischen Torstraße und Invalidenstraße.

Kurz vor Heiligabend 1916. Arbeiter der Firma Loevy stehen im eisigen Winterwind auf einem Holzbohlengerüst am Westportal des Reichstages. Die Männer tragen Hüte, die an vornehme Bowler erinnern, feste Arbeiterhandschuhe und wärmende Joppen. Der Auftrag ist eine wichtige Arbeit, eine patriotische. Mehr noch, es ist den Handwerkern eine Ehre, am Reichstag arbeiten zu dürfen. Deshalb tragen sie

Kurz vor Weihnachten 1916 bringen Mitarbeiter der Firma S.A. Loevy am Reichstagsgebäude die Inschrift DEM DEUTSCHEN VOLKE an

weiße Hemden mit Krawatten unter den dicken Jacken, der Würde des hohen Hauses angemessen. Die Männer schrauben die drei mächtigen Worte aus Bronze an die Fassade. „DEM DEUTSCHEN VOLKE". Jeder Buchstabe wird einzeln im Stein verdübelt.

Endlich, nach über zwanzig Jahren Diskussion, wird die Inschrift an der vorgesehenen Fläche angebracht. Im Lande, zumindest in Berlin, sind Reaktionen zu erwarten, die befriedigt davon Kenntnis nehmen. Doch seltsam: Zeitungen und Zeitschriften halten diesen bemerkenswerten Vorgang kaum für erwähnenswert. Es mag an den Kriegssorgen liegen, vielleicht auch an der Vorweihnachtszeit. Nur die *Spandauer Zeitung* berichtete unter der Überschrift „Ein Weihnachtsgeschenk für das deutsche Volk" am 23. Dezember 1916: „An der Giebelfront des Reichstages wird gegenwärtig die seinerzeit vom Reichstag genehmigte Inschrift

‚Dem deutschen Volke' angebracht, die an den kommenden Weihnachtsfeiertagen zum ersten Male in vollem Glanze prangen wird … Die Buchstaben haben eine Höhe von 60 Zentimetern. Der ganze Schriftsatz ist 16 Meter lang."

Wer sind die Loevys, in deren Bronzegießerei die Buchstaben entstanden sind und deren Arbeiter so stolz die Inschrift in die Reichstagsmauern dübeln? Die Wurzeln der jüdischen Handwerkerfamilie Loevy liegen in einem kleinen Dorf weitab von der großen Stadt Berlin. Samuel Abraham Loevy, 1826 in Schneidemühl in der Provinz Posen geboren, sieht als gelernter „Roth- und Gelbgießer" in seiner Heimat wenig Chancen. Mitte 1855 beschließt er, sich in Berlin mit einer kleinen Metallwerkstatt selbstständig zu machen. Das passende Gelände findet er in der Großen Hamburger Straße. Ganz in der Nähe des jüdischen Friedhofes, auf dem der große Philosoph und Menschenfreund Moses Mendelssohn sein Grab hat. Im November heiratet Samuel Abraham Loevy seine Verlobte aus Schneidemühl. Rebecca Rosenbaum ist am Hochzeitstag zweiundzwanzig Jahre alt, Samuel Loevy neunundzwanzig.

Als S. A. Loevy wird die Firma ins Berliner Register eingetragen. Das Paar bekommt fünf Kinder, drei Töchter und zwei Söhne. Samuel Loevy ist ein Mann mit Voraussicht und gleichzeitig mit Hang zu Traditionen. Obwohl alle Kinder im jüdischen Glauben erzogen werden, beweisen ihre Namen, wie wichtig dem Vater die Nähe zu Volk und Staat sind. Franziska, Jenny, Rosa und Elise heißen die Töchter. Die Söhne nennt der Vater Siegfried und Albert – passend zum Firmennamen S. A. Loevy.

Die kleine Werkstatt mit dem emsigen Chef an der Spitze wird schnell für gediegene Handwerkskunst bekannt. Gründerzeit ist Aufbruchzeit. S. A. Loevy wächst zu einem Unternehmen mit achtzig Arbeitern. In einer Zeitungsanzeige wirbt die Firma mit „Thür- und Fensterbeschlag-Garnituren in den verschied. Stylarten in Bronzeguß, Vergoldung, Vernickelung etc. u. div. Bronzierungen bei sauberster Ciselierung". Rund viertausend verschiedene Produkte bietet das Unternehmen an, von der Hutablage über Kaminbleche bis zu Verzierungen an Häuserfronten. Besonders erfolgreich läuft das Geschäft in den 1920er-Jahren mit den berühmten „Gropius-Drückern", entwickelt von Walter Gropius. In Berliner Altbauten finden sich noch heute zehntausende dieser Klinken. Bleibende Spuren.

Die Kinder von Firmengründer Samuel Loevy wachsen in der Firma auf. Die Häuslichkeit bei der Mutter und die Betriebsamkeit in der Werkstatt werden ihnen selbstverständlich. Früh lernen die beiden Jungs den Umgang mit Feuer, Glut und Handwerkszeug. Albert und Siegfried steigen in den väterlichen Betrieb ein. Albert übernimmt die Aufgaben des Kaufmanns, sein Bruder Siegfried ist mehr der Künstler.

Mit vierundsiebzig Jahren stirbt Firmengründer Samuel Abraham Loevy im Oktober 1900 und hinterlässt seinen Söhnen Berlins größte und bekannteste Bronzegießerei. Sein Grab auf dem Jüdischen Friedhof in Berlin-Weißensee existiert noch.

Albert und Siegfried Loevy führen den Betrieb im Sinne des Vaters weiter. Handwerkskunst, Qualität und Zuverlässigkeit sind die Säulen, auf denen sie bauen. Das zahlt sich aus. 1910 ernennt Kaiser Wilhelm II. die Firma zum „königlichen Hoflieferanten". Im selben Jahr tritt die Firma dem Deutschen Werkbund bei, arbeitet mit Wegbereitern der Moderne wie Henry van de Velde, Alfred Grenander, Mies van der Rohe, Erich Mendelsohn und eben Peter Behrens zusammen. Behrens entwirft unter anderem auch die neue deutsche Botschaft in St. Petersburg, mit deren Bau 1911 begonnen wird. Für die wichtigen Metallarbeiten vertraut er der Firma, mit der er die besten Erfahrungen gemacht hat. Ab 1912 liefert S. A. Loevy nicht nur alle Beschläge für die Botschaft. Sie gießen auch eine riesige Dioskurengruppe, die für das Dach des Gebäudes vorgesehen ist. Eine gewaltige Skulptur, die in den russischen Himmel ragt. Alleine die

Pferde sind mehr als fünf Meter hoch. Acht Arbeiter haben Platz im Bauch des Originals. Der Kaiser ist ausgesprochen zufrieden. Er verleiht Siegfried Loevy wegen dessen Verdiensten um den Botschafts-Neubau im Juni 1914 den „Roten Adlerorden Vierter Klasse". Vierundfünfzig Tage später, kurz nach Beginn des Ersten Weltkrieges im Sommer 1914, stürmt eine wütende Menschenmenge die deutsche Botschaft. Die machtvollen Skulpturen stürzen vom Dach und bleiben zerschmettert im Innenhof der Botschaft liegen.

1929, zum siebzigsten Geburtstag von Siegfried Loevy, stellt das Berliner *8Uhr-Abendblatt* über den Handwerksbetrieb fest: Es gibt „kein größeres öffentliches Gebäude in Berlin und im Reich", das die S. A. Loevy „nicht beliefert hätte". Kein größeres öffentliches Gebäude. Der Reichstag ist eines davon.

Jüdische Tradition einerseits, Versuche der Assimilierung auf der anderen Seite: Die Religion spielt in der Handwerkerfamilie Loevy immer wieder eine Rolle. Albert Loevy, der jüngste Sohn des Firmengründers und damit die zweite Generation, und seine Frau Franziska erziehen ihre Kinder Hanna und Ernst im jüdischen Glauben. Ernst Loevy bereitet sich zielstrebig auf die Nachfolge seines Vaters vor. Von 1928 bis 1936 leitet er den Betrieb gemeinsam mit seinem Onkel Siegfried. Nach dem Tod seines Vaters und seines Onkels ist Ernst Loevy der alleinige Chef. Die dritte Generation der Bronzegießerei. Es bleiben ihm noch drei mühselige Jahre. Einer der letzten Aufträge, die Ernst Loevy abwickelt, erhält er über Mittelsmänner. Die Firma Loevy beteiligt sich ausgerechnet an Bronzearbeiten für Hitlers Neue Reichskanzlei. Es bleibt dem Firmenchef nichts anderes übrig. Er will mit dem Betrieb überleben. Ein vergeblicher Versuch. 1939 wird die Bronzegießerei „arisiert". Der Jude Ernst Loevy hat seinen Familienbetrieb verloren. Trotzdem kommt für ihn die Flucht aus Nazi-Deutschland nicht infrage. Er will seine über siebzigjährige Mutter nicht alleinlassen. Und kann ihr doch nicht helfen. Franziska Loevy wird 1942 nach Theresienstadt deportiert. Ihre Spur verliert sich im Lager. Nach Ende der NS-Herrschaft wird sie für tot erklärt.

Ernst Loevy taucht mit seiner Frau Ilse in den Untergrund ab. Sie schneiden die Judensterne von ihrer Kleidung, irren in der Stadt umher, jeden Tag auf der Suche nach einer neuen Unterkunft für die Nacht. Sie hungern ständig und sind auf die Hilfe anderer Menschen angewiesen. Neun Monate gelingt ihnen der Kampf ums nackte Leben. Im September 1943 erkennt ihn der Hausmeister seiner letzten Wohnung, ein SA-Mann, und lässt ihn festnehmen. Drei Wochen erleidet Ernst Loevy im Polizeipräsidium am Alexanderplatz schwerste Misshandlungen, ehe er schließlich in das Jüdische Krankenhaus verlegt wird. Ende Februar 1944 wird er mit dem 49. Osttransport in einem plombierten Viehwagen nach Auschwitz verschleppt. Anfang März erreicht der Transport das Lager. Von der Rampe werden die eingepferchten Menschen sofort in die Gaskammern geschickt und ermordet. Seine Frau Ilse überlebt die Nazizeit. Ihr Todesjahr ist unbekannt.

Bruder Siegfried Loevy wählt den anderen Weg, den Weg der Abwendung von den jüdischen Wurzeln, den Weg der Anpassung. Er lässt seine drei Kinder nicht nur taufen, ihre gesamte Erziehung ist christlich ausgerichtet. Erich, geboren 1888, Peter, geboren 1891, und Ursula, geboren 1897. Wie sein Bruder Albert sorgt auch Siegfried Loevy rechtzeitig für seine Nachfolge im Familienbetrieb. Doch nicht Erich, der älteste Sohn, soll in die Firma einsteigen, sondern Peter, der jüngere. Ihm traut der Vater mehr kaufmännische Durchsetzungskraft zu, Erich ist eher der intellektuelle, künstlerische Typ. Während Erich Architektur studiert, arbeitet Peter schon als junger Mann in der Firma. Er soll, heißt es in der Familiensaga, jeden Tag um sieben Uhr morgens im Betrieb gewesen sein.

Offizier zu werden war einem Juden in der Kaiserzeit nicht möglich. Genau das aber ist der große Traum von Peter Loevy. Er zieht als Unteroffizier im August 1914 an die

Front. Erst Nordfrankreich, dann Flandern. Sieben Monate später wird er schwer verletzt zurück nach Berlin gebracht. Am 22. März 1915 hat sein Leiden ein Ende. In der Todesanzeige steht, er starb „an den Folgen tückischer Krankheit, die er aus dem Felde heimgebracht". Peter Loevy wird keine vierunddreißig Jahre alt. Die Familie lässt ihn auf dem evangelischen Friedhof St. Elisabeth in der Ackerstraße beisetzen. Das Grab ist heute namenlos. Auf einem nackten Stein steht eine steinerne Urne. Kein einziger Buchstabe der Inschrift ist erhalten.

Siegfried Loevy überzeugt seine beiden anderen Kinder, sich adoptieren zu lassen. Sie sollen den jüdisch klingenden Namen Loevy ablegen. Ein Freund, der pensionierte und kinderlose Oberlehrer Dr. Bernhard Gloeden, erklärt sich bereit, die beiden an Kindes statt anzunehmen, damit sie seinen Namen tragen können. Aus Erich Loevy wird Erich Gloeden, aus seiner Schwester Ursula Gloeden.

Assimilierung, um den immer stärker werden Antisemitismus zu überstehen. Viele deutsche Juden versuchen, auf diese Weise dem Horror auszuweichen. Mit seinem neuen Namen hat Erich Gloeden gute Chancen, die Terror-Zeit unbehelligt zu überstehen. Tatsächlich wird er als Architekt zur Organisation Todt eingezogen und trägt sogar die Uniform der NS-Bautruppe. Später nennt er das „meine verdammte Nazi-Visage". Dann die Rückverwandlung: Aus dem „perfekten Assimilaten", wie sich Erich Gloeden bezeichnet, wird ein überzeugter Zionist mit festen Bindungen an den ursprünglichen Glauben seiner Familie. Seit etwa 1942 arbeitet Erich Gloeden an einem langen Manuskript, das erhalten ist. Es ist eine Abrechnung mit dem deutschen Volk, mit seiner Familie. Vor allem aber mit sich selbst und seinem ganz persönlichen Weg der Angleichung. Sein Urteil über die Deutschen unter dem NS-Regime: „Wer irgendwie und -wo Macht besaß und trotzdem nicht rechtzeitig eingegriffen hat, sondern nur bedauernd die Achseln zuckte, wer wider besseren Wissens mitmachte oder schwieg, der hat sich mitschuldig gemacht."

Erich Gloeden (geborener Loevy), ca. 1939/40

Am Ende bleibt Erich Gloeden, geborener Loevy, die bittere Erkenntnis: Weder die Taufe noch das Ablegen seines jüdischen Namens oder das Ehrenkreuz für Frontkämpfer, das sie ihm verliehen haben, rettet ihn vor der Verfolgung durch die Nazis. Die Anpassung, schreibt Erich Gloeden, war eine Sackgasse. Vehement ruft er in seinem Aufsatz zur Errichtung eines jüdischen Staates auf.

Erich Gloeden und seine Frau Elisabeth, eine promovierte Juristin, führen in der Folge ein Doppelleben. Ihre Wohnung in der Kastanienallee 23 im Charlottenburger Westend, in der auch Erich Gloedens Schwiegermutter Elisabeth Kuznitzky lebt, wird zu einer wichtigen Anlaufstelle für Juden, denen sie zu überleben helfen. Erich Gloeden gibt einem Bauern in Vorpommern Geld für eine Hühnerzucht und wird dafür regelmäßig mit Geflügel und Eiern beliefert. Lebensmittel, die er mit denjenigen teilt, die sich vor dem Zugriff des NS-Regimes verstecken.

Ende Juli 1944 nehmen Erich Gloeden und seine Frau einen zunächst Unbekannten bei sich auf. Er schläft in einem kleinen Mädchenzimmer der großbürgerlichen Wohnung. Schnell wird klar: Der Unbekannte ist ein hoher Wehrmachtsoffizier auf der Flucht – Artillerie-General Fritz Lindemann, der zum Kreis der Attentäter vom 20. Juli 1944 gehört und gesucht wird. Auf ihn ist eine Belohnung von fünfhunderttausend Reichsmark ausgesetzt. Der *Völkische Beobachter* veröffentlicht die Personenbeschreibung: „Etwa 1,80 m groß, schlank, straffe Haltung, ovales Gesicht, seitlich gescheiteltes, dunkles Haar, hohe Stirn. Trägt vermutlich einen gutsitzenden, zweireihigen grauen Anzug."

Das Versteck des Generals bleibt nicht lange geheim. Denunzianten bringen die Gestapo auf die Spur des Flüchtlings. Im August 1944 stürmen sie die Wohnung der Gloedens in Charlottenburg. Von diesem Überfall existiert die dramatische Schilderung einer Augenzeugin. Josepha von Koskull, eine enge Freundin der Familie Gloeden, ist am Sonntag, dem 20. August 1944, zu Besuch in der Kastanienallee. In ihrer Autobiografie berichtet sie: „Zum Mittagessen gab es eine junge Pute und eine sehr schöne Apfelspeise. Dazu tranken wir zwei Flaschen Rheinwein. Wir waren sehr heiter und brachten einen Trinkspruch auf den Sieg der Alliierten aus. Nach Tisch legten wir uns etwas hin."

Plötzlich klingelt es an der Wohnungstür. „Herr Gloeden öffnete. Einen Augenblick darauf hörte ich ein Stimmengewirr und klatschende Schläge." Schreie in der Wohnung: „Du Schwein, wo ist Lindemann?"

Ein Mann in Zivil stürmt mit einem Revolver in der Hand ins Wohnzimmer. Schüsse fallen. Der General versucht, aus einem hinteren Fenster der Wohnung im ersten Stock in den Hof zu springen. Die Kugeln halten ihn auf. Die Gestapo treibt alle in der Diele der Wohnung zusammen. Josepha von Koskull beschreibt die Szene in ihren Erinnerungen: „Da stand der General, aus einer Brustwunde stark blutend, aber aufrecht und gefasst. Die Hände wurden ihm auf dem Rücken zusammengeschlossen, ebenso bei Herrn Gloeden, dessen Gesicht blutig geschlagen war."

Fritz Lindemann wird in einem Polizei-Krankenhaus mehrfach operiert, damit er vor Gericht gestellt und zum Tode verurteilt werden kann. Doch zumindest ein Schuss hat sein Bauchfell zerstört. Er lebt noch mehrere Wochen, zeitweise ans Krankenbett gefesselt und ständig von SS-Leuten bewacht. Am 22. September 1944, einen Monat nach dem Überfall der Gestapo auf die Gloeden-Wohnung, stirbt Lindemann.

Erich Gloeden, seiner Frau Elisabeth und seiner Schwiegermutter wird der Prozess vor dem Volksgerichtshof unter Roland Freisler gemacht. Erich Gloeden versucht alles, um die Frauen zu retten. Er behauptet, sie haben gar nicht wissen können, dass der Mann, der bei ihnen wohnt, General Lindemann ist. Freisler nimmt ihm das ab, verurteilt die beiden Frauen zu hohen Zuchthausstrafen und Erich Gloeden zum Tod. Doch dann meldet sich Elisabeth Gloeden noch einmal zu Wort. Unmittelbar nach dem Urteilsspruch erhebt sie sich, steht sehr aufrecht und erklärt, sie habe sehr wohl gewusst, dass es Lindemann war, den sie in der Wohnung versteckt hatten. Sie will den gleichen Weg gehen wie ihr Mann. Die Ehefrau hat noch nicht ganz zu Ende gesprochen, da steht auch ihre Mutter von der Anklagebank auf. Auch sie, sagt sie dem Gericht laut und deutlich, sei Mitwisserin. Erich Gloeden allein in den Tod gehen zu lassen, das kommt weder für seine Frau noch für seine Schwiegermutter in Frage.

Am 27. November 1944 werden die drei Angeklagten zum Tode verurteilt – „im Namen des Volkes“. Drei Tage später zerschmettert ihnen der Henker in Plötzensee das Genick. Auf der Sterbeurkunde steht: „Todesursache: Enthauptung“. Zuerst wird Elisabeth Charlotte Gloeden hingerichtet. Da zeigt die Uhr 11:02 Uhr. Ihr Mann wird um 11:04 Uhr ermordet. „Der Verstorbene war Witwer von Elisabeth Gloeden“ ist auf dem Formular zu lesen. Die mörderische Gründlichkeit der Nazis. Weitere zwei Minuten später stirbt auch die Schwiegermutter unter dem Fallbeil.

Kastanienallee 23 in Berlin-Westend. Hier lebten Erich Gloeden, seine Frau Elisabeth und deren Mutter Elisabeth Kuznitzky, Foto von 2016

Kastanienallee 23, Berlin-Westend, nur einen Steinwurf von der Heerstraße entfernt. Heute ein weiß gestrichenes Haus. Wer auf das Pflaster unter seinen Füßen achtet, entdeckt auf dem Bürgersteig vor dem Hauseingang drei bronzefarbene Stolpersteine. Sie tragen die Namen und Lebensdaten von Erich Gloeden, geboren als Erich Loevy, Elisabeth Gloeden und Elisabeth Kuznitzky.

Die Inschrift am Reichstag übersteht den Ersten Weltkrieg und die Weimarer Republik. Selbst die Flammen des Brandes im Februar 1933. Nicht aber den Kampf um Berlin am Ende des Zweiten Weltkrieges. Anfang September 1948 hält Oberbürgermeister Ernst Reuter vor dem Reichstag seine legendäre „Völker der Welt"-Rede. 350 000 Menschen hören ihm zu. Über ihm, an der kriegszerschossenen Fassade, fehlen zwei Buchstaben. „DEM .EUTSCHEN .OLKE" ist zu lesen.

Im folgenden Jahrtausend, im Oktober 2001, enthüllt Bundestagspräsident Wolfgang Thierse eine Gedenktafel an einer Säule des Reichstages. Eine Erinnerung an die Familie Loevy. Ihre Firma hat den Bronze-Schriftzug gegossen, ihre Arbeiter haben die Buchstaben an der Fassade verankert. Ihr Name ist längst vergessen.

Fünfundachtzig Jahre bestand das Familienunternehmen S. A. Loevy in Berlin. Es war die größte und bekannteste Bronzegießerei der Stadt. Heute erinnert nur noch ein bescheidenes Schild an die Firma und die Menschen, die mit ihr verbunden waren. Das Schild ist klein und grau wie der Stein der Säule, an dem es am Reichstag hängt. Man übersieht es leicht. Der Text auf der Tafel hat lediglich vier Zeilen: „Die Inschrift über dem Westportal des Reichstagsgebäudes ‚DEM DEUTSCHEN VOLKE' wurde Ende 1916 von der Berliner Bronzegießerei Albert und Siegfried Loevy angebracht. Deren Familien wurden – weil sie Juden waren – Opfer des Nationalsozialismus. Sie wurden verfolgt, enteignet und in Plötzensee, Theresienstadt und Auschwitz ermordet."

Es waren die Menschen vor der Schrift.

Fritz Will
Ein Gefreiter und zwei Kaiser

Montag, 12. August 1889
Major Karl Botho zu Eulenburg ist erst seit zwei Monaten Kommandeur des 2. Garde-Ulanen-Regiments, ein Kavallerieverband der preußischen Armee in Berlin. Unter seinen Männern in der Kaserne zwischen Seydlitzstraße und Invalidenstraße in Moabit herrscht leichte Unruhe. Die Soldaten müssen nicht ins Gefecht, sie sollen lediglich präsentieren und präsentabel sein. Und obwohl kein Krieg herrscht, wird der Kommandeur am Ende dieser besonderen Tage einen Toten zu beklagen haben.

Am Nachmittag dieses Montags erwartet Berlin „allerhöchsten Besuch“. Kaiser Wilhelm II. hat für vier Tage einen engen Verbündeten zu Gast, den österreichischen Kaiser Franz Joseph I. Das macht den Soldaten in der trutzigen Moabiter Ulanen-Kaserne mehr Kopfschmerzen als ein Waffengang. Wie alle Militärverbände in der preußischen Hauptstadt haben sie Tage vor sich, die anders sind als üblich. Einer der Ulanen aus Moabit, die ein leicht mulmiges Gefühl haben, ist gerade zwanzig Jahre alt und Gefreiter.

Fritz Will stammt aus dem Oberland in Ostpreußen, aus Schönaich im Amtsbezirk Karnitten. Ein Dorf mit achtzig Einwohnern, südöstlich von Danzig. Wie viele Söhne kinderreicher Bauernfamilien entscheidet er sich früh, seine Heimat zu verlassen und sich in der preußischen Armee zu verdingen. Er meldet sich freiwillig. Sein älterer Bruder wird den Hof übernehmen. Für Fritz Will ist kein Platz. Als Sohn des Pferdelandes Ostpreußen hat Fritz Will wenig Mühe, bei den Ulanen unterzukommen, trotz seiner Jugend. An seinem ersten Tag als Soldat ist er gerade sechzehn. Das ist jetzt vier Jahre her. Vier Jahre, in denen Fritz Will viel gelernt hat. Vor allem, sich unterzuordnen und Befehlen zu folgen. Er will bei den Ulanen bleiben. Er hofft auf Beförderung

Die Kaserne des 2. Garde-Ulanen-Regiments in der Invalidenstraße in Berlin-Moabit, um 1900

und eine bescheidene Karriere. Seine Eltern im heimischen Schönaich sollen stolz auf ihn sein. Vor allem die Mutter, die ihren Jungen nur ungern in der großen Stadt weiß.

Fritz Will teilt sich mit mehreren Kameraden eine Stube in der Kaserne. Das Mannschaftsgebäude an der Invalidenstraße erinnert an eine Burg aus gelben Backsteinen. In den Stuben ist Platz für vier Eskadrone, Reitereinheiten mit je einhundertfünfzig Soldaten. An die Kasernenteile für die Mannschaften schließen sich vier Kasernenflügel mit Ställen für fast siebenhundert Pferde an. Dazu Reitbahn, Schmiede, Waffenmeisterei, Kohlenschuppen, Lagerräume, Wagenremisen, Krankenstall für Pferde und mehrere Latrinen, getrennt für Offiziere und Mannschaften.

Am frühen Morgen des 12. August 1889 putzt Fritz Will penibel seine Uniform und wienert die Stiefel auf Hochglanz. Er ist mit den Kameraden abkommandiert, an der Strecke zu stehen, wenn der deutsche Kaiser mit dem österreichischen Kaiser vom Bahnhof Tiergarten zum Schloss fährt. Die gesamte Truppenmacht des Gardes du Corps muss paradieren. Deshalb pflückt der Gefreite Will auch den kleinsten Fussel von seiner Uniform. Die typische Ulanka-Uniform ist ein dunkelblauer Waffenrock aus Baumwolle mit Stehkragen aus roten und gelben Streifen, roten Manschetten und schmalen roten Streifen über der Brust. Die zwei Reihen zu je sechs goldenen Knöpfen müssen blitzen, wenn der Kommandant zur Prüfung kommt. Wie auch die Epauletten auf den Schultern.

Zur Uniform des Gefreiten Fritz Will gehört eine viereckige Kopfbedeckung, die Tschapka. Ursprünglich eine Mütze der Volkstracht aus der Region um Krakau. Bei den Soldaten ist es eine glänzende Haube in Form eines viereckigen Deckels mit einem Busch aus Rosshaar oder Federn an der Seite. Wie die Kameraden dreht Fritz Will seine Tschapka schräg nach vorne. Damit steht der Busch dann gerade in der Mitte. Perfekt.

Fritz Will wird das erste Mal seinen Kaiser sehen. Und dann auch noch den österreichischen. Was wird die Familie zu Hause sagen, wenn er davon erzählt?

Wilhelm II. herrscht erst seit einem Jahr und zwei Monaten, Nachfolger seines Vaters Friedrich III., des 99-Tage-Kaisers. Der Besuch Kaiser Franz Josephs in Berlin ist für Wilhelm II. politisch enorm wichtig. Der Habsburger soll sich am Hofe des Hohenzollern wohlfühlen. Besonders, weil Franz Joseph gerade erst seinen Sohn verloren hat. Kronprinz Erzherzog Rudolf hatte im Januar mit der jungen Baroness Mary Vetsera Suizid begangen.

Die beiden Kaiser werden eine große Parade auf dem Tempelhofer Feld abnehmen, das Mausoleum im Schlosspark Charlottenburg besuchen, eine Truppenübung in Spandau erleben, einen Abstecher nach Potsdam unternehmen und auf Schloss Babelsberg von Kaiserin Augusta empfangen werden. Am Donnerstag verlässt Franz Joseph Berlin. So sieht es das Programm vor.

Fritz Will und seine Ulanen sind am zweiten Tag für die Parade in Tempelhof eingeteilt und treten einen weiteren

Tag später bei der Gefechtsübung in Spandau an. Berlin ist schon seit Tagen im Kaiser-Taumel. Praktisch jedes Haus zwischen Brandenburger Tor und Schloss ist geschmückt. Fahnen, Blumen, Bänder in den deutschen, österreichischen und ungarischen Landesfarben. Trotz des schlechten Wetters mit Wind und Regen ist die Strecke zum Schloss schon am Sonntag das Ziel von Tausenden. In vielen Schaufenstern stehen Büsten des deutschen-österreichischen Kaiserpaares. Friedrichstraße, Leipziger Straße, Wilhelmstraße, Jägerstraße, überall das gleiche Bild, überall ähnliche Dekorationen. Gegen Mittag ballen sich an der Südseite der Straße Unter den Linden so viele Menschen, dass nur mit großer Mühe vorwärtszukommen ist. Reichskanzler Otto Fürst von Bismarck fährt in einem geschlossenen Wagen zum Kaiser ins Schloss und die Berliner jubeln ihm zu. An der Herrscher-Residenz haben Schutzmannschaften alle Mühe, die Passage freizuhalten. In der Stadt herrscht ausgelassene Stimmung.

Am Montagnachmittag, pünktlich um fünf Uhr, rollt der Sonderzug mit Kaiser Franz Joseph langsam in den Bahnhof Tiergarten ein. Jetzt lächelt auch der Himmel über Berlin zaghaft. Am Eingang hohe Masten, an denen die deutsche Reichsflagge und die österreichisch-ungarische Fahne wehen. Ein vier Meter hoher Baldachin aus roten, goldbordierten Stoffen und Samt überdeckt die Treppe. Er ist innen mit weißen Decken behangen und mit deutschen und österreichischen Adlern und Fahnen verziert. Am Eingang und auf den Stufen kostbare Blumen, große Kartuschen mit Kaiserkronen und Adlern, die durch Girlanden miteinander verbunden sind. Soll keiner sagen, der deutsche Kaiser weiß seinen Gast aus Wien nicht mit Pomp zu empfangen.

Auf dem roten Läufer, mit dem der Bahnsteig ausgelegt ist, wartet Wilhelm II. auf seinen Besuch. Alle Fenster der Salonwagen sind besetzt. An einem der letzten Wagen hat Franz Joseph bereits die Tür zum Aussteigen geöffnet. Kaum hält der Zug, springt der Kaiser mit seinem Federhelm in

Kaiser Franz Joseph I. (in deutscher Uniform) und Kaiser Wilhelm II. (in österreichischer Uniform) warten am Bahnhof Tiergarten auf den Wagen für die Fahrt ins Schloss, 12. August 1889

der Hand auf den Bahnsteig. Wilhelm läuft ihm entgegen. „Noch ein Moment und die beiden Verbündeten lagen sich in den Armen, sich wiederholt und lange küssend. Es war ein erhebender Moment, diese Augenblicke des Wiedersehens." Die Berichterstatter der Berliner Zeitungen sind begeistert.

Vor dem Bahnhof warten Hunderte enthusiastischer Berliner und jubeln den beiden Monarchen zu. Vorsorglich sperrt die Polizei den unmittelbaren Bereich vor der Treppe. Das Gedränge ist zu groß. Für schlaue Leute mit schnellen Fingern kann das Gedränge gar nicht groß genug sein. Taschendiebe nutzen die Gunst des Gewühls. Vor dem Bahnhof Tiergarten findet ein pfiffiger Berliner Tischlermeister einen fast legalen Weg, an das Geld fremder Menschen zu kommen. Er baut eine hölzerne Tribüne und verkauft die Plätze. Besonders Berliner aus dem vornehmen Westen bezahlen gerne, um nicht zwischen dem jubelnden Volk stehen zu müssen. Als die meisten aber eine Stunde vor Ankunft des Kaisers auf die Tribüne wollen, hat die Polizei den Bereich abgesperrt. Kein Durchgang. Wütend greifen sich die Geprellten den Tischler. Der redet sich heraus. Wären sie früher gekommen, hätten sie freie Platzwahl gehabt. Tatsächlich sitzen etwa zwanzig Leute auf dem Gerüst. Und außerdem, spottet der Tischler, können sie bis morgen früh auf der Tribüne bleiben. Wenn der Kaiser in der Stadt unterwegs ist. Der ist jetzt zunächst auf dem Weg ins Schloss.

Die drohenden Wolken sind verschwunden, die Sonne leuchtet durch das Laub des Tiergartens. Alle Truppen haben Paradeuniformen angelegt und das Seitengewehr aufgepflanzt. Auch die Ulanen aus Moabit, unter ihnen der Gefreite Fritz Will.

Am Brandenburger Tor brodelt es seit Stunden. Die Berliner wollen auf keinen Fall den Moment verpassen, wenn die beiden Kaiser Seite an Seite durch das Tor in die Stadt rollen. Am Anfang der Charlottenburger Chaussee – heute Straße des 17. Juni – warten Hunderte. Vierhundert Schutzleute zu Fuß und einhundert zu Pferde sperren die Straße Unter den Linden. Gegen drei Uhr räumen Polizisten den Platz vor dem Tor von fliegenden Händlern und Selterswagen. Immer mehr Berliner sind unterwegs, immer mehr Soldaten. Unter den Linden sind die Bürgersteige voller Menschen. Selbst Offiziere, die auf dem Weg zum Schloss sind, kommen nicht durch. Für einen Stehplatz in einem der Schaufenster werden ein bis zwei Mark verlangt, für bessere Plätze sogar fünf Mark.

Kurz vor halb sechs kommt Bewegung in die wartenden Berliner. Aus der Ferne ertönen Hochrufe, immer mächtiger schwillt der Strom der Begeisterung, die Massen rücken enger zusammen, im Nu sind die Fenster dicht belagert. Noch ein Augenblick der Spannung, dann spielt eine Kapelle die österreichische Nationalhymne. Kurz darauf sprengen die Lanzenreiter des Gardes du Corps durch das Tor. Dahinter der vierspännige Wagen mit den Monarchen. Die

Geschütze der Salutbatterie donnern den Kaisersalut, sobald die Kutsche durch das Tor fährt. Jetzt sind die Berliner nicht mehr zu halten. Das Publikum jubelt Hochrufe, schwenkt Tücher und Hüte. Herzlicher kann ein Kaiser nicht begrüßt werden. Franz Joseph I. und Wilhelm II. sitzen im Wagen, winken den Menschen auf der Straße zu.

Die Kaiser betreten das Schloss durch das Portal neben der Apotheke. Über dem Eingang wölbt sich ein mächtiges Belarium, gehalten von goldenen Masten. Das Belarium, ein breites Tuch, trägt auf goldbrokatenem Grund den preußischen Adler. Auf dem inneren Behang in der Mitte die Wappen Österreichs und Deutschlands, seitlich eingefasst von Bordüren mit dem preußischen und dem österreichischen Adler. Die Seiten sind mit Stoffen in österreichischen und deutschen Farben drapiert. Die Räume für Kaiser Franz Joseph I. sind längst hergerichtet. Er bezieht die Königskammern im Schloss, die schönste Fürstenwohnung, mit Blick auf den Lustgarten. Von seinen Fenstern aus genießt er einen prachtvollen Ausblick auf die Straße Unter den Linden, die Museen und die angrenzenden Stadtteile.

Kurz nach seinem Eintreffen wird der Habsburger im Garde-du-Corps-Saal von Kaiserin Augusta und Prinzessinnen des königlichen Hauses empfangen. Auf der Treppe bildet die Schlossgarde Spalier. Um sieben Uhr bittet das preußische Kaiserpaar zur Familientafel. Nach dem Essen, etwa gegen halb neun, steht als letzter Punkt dieses ersten Tages der Große Zapfenstreich auf dem Programm. Der Lustgarten zwischen Schloss, Zeughaus, Museum und Dom wird an diesem Abend von elektrischem Licht überstrahlt. „Dazu das Laub- und Buschwerk des Lustgartens, aus dem die silberhellen Strahlen der Fontaine kerzengerade emporsteigen. Und in diese zauberische Helle sandte der Mond noch sein Silberlicht herab, alles zu einem fast feenhaften Märchen gestaltend“, beschreibt die *Berliner Börsen-Zeitung* die Szene.

In der Ulanen-Kaserne in Moabit ist auch längst Zapfenstreich. Fritz Will und seine Kameraden werden die Eindrücke des ersten Kaiser-Tages besprochen haben. Dann ist Ruhe in der Stube der Soldaten.

Dienstag, 13. August 1889
Für die Ulanen ist die Nacht schnell zu Ende. Ab sieben Uhr sind die Truppen unterwegs. Ihr Ziel ist das Tempelhofer Feld vor den Toren der Stadt. Gegen acht Uhr werden Fahnen und Standarten aufgestellt. In langen Reihen ordnen sich die Soldaten über das gesamte Feld. Eine bunte Mischung verschiedener Uniformen. Die Berliner sind in dieser Zeit militärverrückte Leute und wollen dabei sein, wenn preußische Soldaten vor dem österreichischen Kaiser exerzieren. Tausende Zuschauer sind früh am Morgen unterwegs und stehen in dichten Reihen an den Straßen, die zum Tempelhofer Feld führen. Am Halleschen Tor staut sich die Menge derartig, dass alle nur langsam vorankommen. Die Vorgärten der Häuser sind dicht besetzt.

Um halb neun reitet Kaiser Wilhelm im Galopp mit kleinem Gefolge auf das Paradefeld, übernimmt das Kommando und begrüßt seinen Bundesgenossen an der Spitze der Garden. Franz Joseph reitet auf das Feld. Kurz dahinter Kaiserin Augusta, die ihre Kutsche verlässt und auf ein Pferd steigt. Vor allem die Berlinerinnen registrieren die Kleidung der Kaiserin. Sie trägt den weißen Galarock ihres Kürassier-Regiments, der eng über dem weißen Reitkleid anliegt. Das bunte Orangeband des Schwarzen Adlerordens ist nicht zu übersehen. Auf den Schultern leuchtet das rote L, der Namenszug der Königin Luise. Auf dem Kopf trägt Augusta einen weißen Filzhut, an dem eine weiße Feder wippt.

Zu Beginn der Parade sind alle denkbaren Plätze auf dem Feld dicht besetzt. Halb Berlin ist bei diesem großen militärischen Schauspiel auf den Beinen, schreiben die Zeitungen. Ein leichter Wolkenschleier mildert die Sonnenstrahlen über der Stadt.

Vermutlich achtet Fritz Will weder auf das Wetter noch auf die Zuschauer. Er folgt konzentriert den Kommandos im

Gleichschritt. Sein 2. Garde-Ulanen-Regiment paradiert auf dem rechten Flügel des Feldes unter Generalmajor Albert Prinz zu Sachsen-Altenburg.

Punkt neun Uhr galoppiert Franz Joseph auf die Parade-Aufstellung zu. Wilhelm zieht den Degen und ruft Kommandos, dann reitet er seinem Gast entgegen. Im Schritt reiten die beiden Kaiser die Front ab. Zwei Stunden dauert der Vorbeimarsch der Regimentskolonnen. Am Ende der Parade warten die Berliner am Straßenrand wieder auf die beiden Kaiser und Kaiserin Augusta, die auf ihrem Weg zurück in die Stadt sind.

In langen Kolonnen ziehen die Truppen zurück in ihre Unterkünfte. Darunter die Ulanen mit dem Gefreiten Fritz Will. Er wird sich auf die Stube gefreut haben, auch wenn noch Arbeiten mit den Pferden zu erledigen sind. Es ist Nachmittag, als er mit den Ulanen in der Kaserne eintrifft. Seine Handgriffe sind nach einem Ausritt immer die gleichen. Fritz bindet sein Pferd draußen vor den Stallungen an, löst den Gurt, nimmt den Sattel ab und bringt ihn in die Sattelkammer. Der Ulan kontrolliert die Hufe, reinigt sie von Steinen und Matsch. Er führt sein Pferd in den Stall, nimmt ihm die Kandare ab und wäscht das Mundstück. Er versorgt das Tier mit Wasser. Fritz striegelt das Pferdefell unter dem Sattel, um Verfilzungen zu verhindern. Sollten die Pferde schwitzen, werden ihnen Decken übergeworfen, damit sie sich nicht erkälten. Der Gefreite freut sich auf Dienstschluss. Fritz Will hat noch vierundzwanzig Stunden zu leben.

Kaiser Franz Joseph I. und Kaiser Wilhelm II. sind unterwegs nach Charlottenburg. Sie fahren von der östlichen Seite des Schlosses vor der Brücke in den Schlosspark bis dicht an das Mausoleum. Hier legt Franz Joseph am Sarg von Kaiser Wilhelm I. einen Kranz nieder, den er aus Wien mitgebracht hat. Der Kranz ist ein Geflecht aus prachtvollen Lorbeeren und weißen Rosen. Er trägt keine Inschrift, keine Schleife. Kaiser Wilhelm II. merkt, wie ergriffen sein Gast aus Österreich ist, als er am Sarg seines langjährigen Verbündeten und treuen Freundes das Gebinde niederlegt.

Zurück in Berlin empfängt Franz Joseph in der österreichisch-ungarischen Botschaft landsmannschaftliche Delegationen. Mit jedem einzelnen Mitglied der Deputationen unterhält sich der Monarch fließend in dessen Muttersprache. Deutsch mit den Österreichern, mit den Ungarn ungarisch und tschechisch mit den Böhmen.

Am Abend gibt Kaiser Wilhelm II. für seinen Gast ein Galadiner im Weißen Saal des Schlosses. Die Tafel im zweiten Obergeschoss ist üppig. Gereicht werden Austern, Kraftbrühe mit Tapioka, einer Stärke aus der Maniokwurzel, Rheinlachs mit Kräutersauce, Rindslenden mit Gemüse, Metzer Hühner mit indischer Sauce, Hummer mit Remoulade, Rehrücken mit saurer Sahne, Früchte, Salat, Sellerie mit geröstetem Brot, Käsestangen, englischer Pudding, Erdbeerspeise, Gefrorenes. Im Berliner Schloss gehen die beiden Kaiser früh ins Bett. Am nächsten Morgen wollen sie ausgeschlafen sein, wenn sie zur Gefechtsübung nach Spandau fahren.

Ein paar Kilometer entfernt hat sich auch Fritz Will hingelegt. Er ist erschöpft von einem langen Tag und muss morgen wieder früh auf den Beinen sein.

Mittwoch, 14. August 1889

Die Wetterprognose verkündet für diesen Tag ein ziemlich kühles, zeitweise heiteres, vielfach wolkiges Wetter mit etwas Regen und mäßigen bis frischen nordwestlichen Winden. Das wird sich im Laufe des Nachmittags dramatisch ändern. Schon morgens bezieht es sich, der Wind bläst unangenehm, es regnet.

Seit vier Uhr sind die Berliner Regimenter unterwegs nach Spandau. Fritz Will ist unter denen, die noch bei Dunkelheit geweckt werden und sich in Marsch setzen, als es langsam hell wird. Es sind aber nicht nur Soldaten auf dem Weg nach Spandau. Wenn militärische Schauspiele zu beobachten sind, lassen sich die Berliner weder von der Uhrzeit noch von großen Distanzen abschrecken. Auch nicht vom Wetter. Manöverbummler werden die genannt, die hinter den Truppen herziehen. An diesem Tag sind sie auf allen möglichen Wegen nach Spandau unterwegs. Eisenbahnzüge sind überfüllt, Kremser und Equipagen rollen in langen Reihen zur Stadt hinaus in Richtung Westen.

Das Gefechtsbild, wie es geplant ist, lohnt die Mühe. Die Festung mit Zitadelle und Juliusturm wird von Potsdam und Berlin aus angegriffen. Die Spandauer Garnison besetzt die Höhen von Fort Hahneberg bis zur Havel. Der Angriff kommt von Potsdam her zu Lande und von Berlin her über das Wasser. Ein Gefechtsterrain mit dem Wechsel von Berg und Tal, jedenfalls für Berliner Verhältnisse. Um Truppen über den Fluss setzen zu können, werden Pontonbrücken geschlagen. Der Flussverkehr ist für die Schifffahrt gesperrt. Es weht ein kalter Wind über die breite, bleigraue, stark bewegte Havel.

Die Übung ist als Parade-Exerzieren angesetzt. Das bedeutet, Offiziere und Mannschaften tragen sämtliche Orden und Ehrenzeichen. Da ist für das Publikum viel zu sehen. Zu den Regimentern, die an der Übung teilnehmen, gehört das 2. Garde-Ulanen-Regiment unter Major Graf zu Eulenburg, eine reitende Batterie zu sechs Geschützen. Der Gefreite Fritz Will kämpft sich mit seinen Kameraden bei Wind und Wetter durch das Gelände. Während der gesamten Übung regnet und stürmt es.

Kaiser Wilhelm II. und Kaiser Franz Joseph I. treffen gegen halb neun ein, werden von den Festungswällen mit Geschützsalut begrüßt und steigen auf die kaiserliche Yacht „Alexandra", mit der sie zur Landungsbrücke bei Gatow gefahren werden. Dort verlassen sie das Schiff, besteigen ihre Pferde und reiten zu den Truppenübungen, die pünktlich um neun Uhr beginnen. Wieder jubelt das Publikum enthusiastisch.

Zum ersten Mal feuern Truppen unter den Augen des kaiserlichen Gastes mit einem neuen Pulver. Auf eine Entfernung von dreihundert Metern ist kein Rauch zu sehen. Zudem ist der Knall kaum zu hören. Beobachter könnten auf die Idee kommen, die Truppe ist untätig und kämpft nicht. Der Kaiser ist beeindruckt.

Um zwölf Uhr ist die Übung beendet. Auf Kaiser und Offiziere wartet das Frühstück in Zelten. Am Nachmittag fährt der Gast aus Österreich mit seinem Gastgeber in einem Sonderzug nach Potsdam, besucht die Friedenskirche und wird von Kaiserin Augusta zu einem Diner auf Schloss Babelsberg empfangen, bevor der Sonderzug zurück nach Berlin rollt. Etwa zur gleichen Zeit spielt sich im Tiergarten ein Drama ab.

Das 2. Garde-Ulanen-Regiment hat Befehl, unverzüglich zur Kaserne nach Moabit zurückzukehren. Das Wetter wird immer schlechter. Es zieht ein Sturm auf. Dicke dunkle Wolken türmen sich bis zum Horizont. Kurz nach drei Uhr ist ein kleiner Trupp von Ulanen im Tiergarten unterwegs. Erste Blitze zucken aus den bedrohlich grauen Wolkenbergen. Mit Donnern löst sich ein gewaltiges Sommergewitter. Hagelkörner prasseln auf die Erde. Das Kommando der 1. Schwadron des 2. Ulanen-Regiments reitet durch den Tiergarten an der Spree entlang in Richtung Nordosten. Fünf Soldaten ducken sich unter dem Regen. Drei Mann, ein Trompeter – und der Gefreite Fritz Will. Ihre Uniformen sind längst durchnässt. Der Regen tropft von den Tschapkas. Sie sind mit ihren Pferden unterwegs und haben zusätzlich ein Handpferd dabei. Einer von ihnen trägt ein Markierfähnchen.

Es passiert, als der Trupp am Spreeufer in die Straße In den Zelten abbiegt. Heute verläuft ungefähr hier das Bettina-von-Arnim-Ufer. Die fünf Soldaten sind direkt vor Zelt Nr. 1, da peitscht ein Blitzstrahl vom Himmel, begleitet von einem krachenden Donnererschlag. Der Blitz trifft zuerst eine Eiche, springt von dort ab und schlägt in der nächsten Sekunde in den kleinen Trupp der Soldaten. In Panik steigen die Pferde auf, werfen ihre Reiter ab, stürzen zu Boden, wälzen sich und schlagen mit den Hufen um sich. Der Trompeter ist zuerst wieder auf den Beinen. Zwei Ulanen-Kameraden stehen nur mühsam auf. Zu dritt versuchen die Männer, die Pferde zu beruhigen und aufzurichten. Erst jetzt bemerken sie, was der Blitzschlag angerichtet hat.

Fritz Will, der zwanzig Jahre alte Gefreite, liegt leblos am Boden. Der Blitz hat ihn auf der Stelle getötet. Die Kameraden drehen den Jungen auf die Seite. Der glühend heiße Strahl ist durch die Tschapka hindurch direkt in den Kopf geschlagen, an der rechten Körperhälfte nach unten gerast und hat auf der Haut eine brennend rote Spur hinterlassen, ehe er in den Waldboden eingetreten ist. Jeder Wiederbelebungsversuch ist zwecklos. Der Blitz hat auch das Pferd des Gefreiten Will getötet. Es ist unter ihm zusammengebrochen. Den dritten Mann hat die Gewalt des Einschlags zu Boden geschleudert. Er liegt besinnungslos neben seinem Pferd, das sich nur schwer erholt. Erst nach einiger Zeit steht es mühsam wieder auf den Beinen.

In der Kaserne erreicht die Nachricht vom Unglück im Tiergarten den Kommandeur Major zu Eulenburg und den Offizier Graf Schmettau. Beide reiten zur Stelle, an der Fritz Will tot im Sand liegt. Das Gerücht von einem Blitz, der einen Soldaten getötet hat, verbreitet sich schnell in Berlin. Noch als die Offiziere den Befehl geben, den Leichnam des Gefreiten und seinen schwer verletzten Kameraden mit zwei Wagen in die Kaserne zu bringen, sind die ersten Neugierigen vor Ort. Im Laufe des Nachmittags bis in den späten Abend hinein kommen immer mehr Menschen zur Unglücksstelle, ereifern sich über den Blitzschlag und den toten Soldaten. In den nächsten Tagen tauchen viele Gerüchte auf. Einige glauben, dass Fritz Will eine Lanze getragen hat, in die der Blitz einschlug. Fritz Will hatte keine Lanze in der Hand, das steht fest. Die vier Soldaten waren als Ordonnanzen beim Generalkommando eingesetzt. Dabei werden keine Lanzen getragen.

Die Nachricht vom Tod ihres Sohnes Fritz erreicht die Eltern im fernen Schönaich. Der Vater von Fritz Will reist nach Berlin. Er wird in der Kaserne vom Kommandanten und den Kameraden seines Sohnes empfangen. Major Karl Botho zu Eulenburg überreicht dem Vater zum Andenken die Tschapka, die Fritz trug, als der Blitz ihn tötete. Die Wirkung des Blitzschlags ist genau zu sehen. Auf der rechten Seite ist der Helm versengt. Ein eingebranntes Loch hat die Größe eines Zehnpfennigstücks. Vermutlich holt der Vater seinen toten Jungen in einem schlichten Holzsarg nach Hause, um ihn in ostpreußischer Erde zu begraben. Sechshundertdreißig Kilometer ist er unterwegs, vom großen Berlin bis ins kleine Schönaich, das heute auf Polnisch Dąbkowo heißt. Der Tschapka steht ein Ehrenplatz im Haus zu, in dem Fritz Will als Kind von einem Leben bei den Ulanen träumte.

Gut möglich, dass Kaiser Wilhelm und sein Gast Kaiser Franz Joseph vom Unglück im Tiergarten Kenntnis haben. Es passiert selten, dass ein Soldat von einem Blitz erschlagen wird. Am Tag darauf verlässt der österreichische Monarch Berlin. Er reist vom Anhalter Bahnhof ab. Fast wäre Franz Joseph ins Straucheln geraten, als er noch einmal aus seinem Waggon steigt, um sich erneut zu verabschieden. Der Zug setzt sich langsam in Bewegung, der Kaiser kann gerade noch aufspringen.

Ein Jahr später ist der Besuch von Kaiser Franz Joseph I. in Berlin Geschichte und der vom Blitzschlag getötete Gefreite Fritz Will längst unter der Erde. Da sorgt sein Regiment dafür, dass der junge Soldat nicht vergessen wird. Es setzt für ihn einen Gedenkstein in den Tiergarten. Bis heute steht er fast an der Stelle, an der Fritz Will damals starb.

Der Stein ist nur kniehoch und leicht zu übersehen. Wer mit dem Auto durch die John-Foster-Dulles-Allee fährt, nimmt das Denkmal nicht wahr und rauscht vorbei. Fußgängern, die auf der südlichen Seite der Straße spazieren, um von dort aus die ehemalige Kongresshalle besser zu betrach-

Gedenkstein für Fritz Will in der John-Foster-Dulles-Allee im Berliner Tiergarten, Foto von 2018

ten, die heute Haus der Kulturen der Welt heißt, fällt der Stein eher auf. Die Inschrift ist nach wie vor gut zu lesen:

Im Königlichen
Dienst
wurde hier am 14.8.89
der Gefreite Will
I. Esc. II. G.U. Rgts.
vom Blitz erschlagen

George Grosz
Fuß aus der Butter

Herzinfarkt. Das ist die Todesursache. Sie steht auf dem Totenschein, den der Arzt am 6. Juli 1959 ausstellt. Todeszeit: Sechs Uhr morgens. George Grosz, keine sechsundsechzig Jahre alt, stirbt an einem Herzinfarkt. Irgendwann nachts im Treppenhaus Savignyplatz 5, Berlin-Charlottenburg. Er will nach oben in die Wohnung im vierten Stock. Zu seiner Frau Eva. Schafft es nicht, bricht zusammen, stürzt. Tot. Herzinfarkt. So wird berichtet. So erzählen es Freunde. So war es jedoch nicht.

Jahre später hat Sohn Martin genug: „Wollen Sie die ganze Wahrheit wissen? Mein Vater fiel betrunken die Treppe herunter, musste sich übergeben und erstickte an seinem Erbrochenen." Ende der Legende. Eine schonungslose Offenbarung und für die Kunstgeschichte völlig neu, als Martin Grosz 2001 das erste Mal darüber spricht, wie sein Vater tatsächlich gestorben ist.

An Erbrochenem erstickt – das ist kein schöner Tod. Aber irgendwie passt er zum Dada-König George Grosz. Zu dem bissigsten Bilder-Pamphletisten, den Deutschland je hatte, ein Bürgerschreck ohne Beispiel in den wilden Zwanzigerjahren Berlins, der Maler hasserfüllter, lautlos schreiender, schonungslos provozierender Bilder. Das „Messer an der Gurgel der Unverbesserlichen" nennt der Literat Max Herrmann-Neiße das Werk seines Freundes.

George Grosz, seit Jahren ein schwerer Trinker. Die Familie leidet darunter, vor allem seine Frau. Auch nach dem Umzug, als Georg Grosz 1933 nach Amerika flüchtet. Der Alkohol wird eine Waffe, die er gegen sich und die anderen richtet. „Meine Mutter und ich mussten ihn ins Bett hieven und ihm die Schuhe ausziehen", schildert Martin Grosz Situationen im Haus in Long Island bei New York, während der Genius sich übergab. „Er hatte zwei Modi: Der eine war,

George Grosz mit Skizzenblock, Foto von 1959

tagelang leicht angeheitert zu sein. Der andere war, im Bett zu bleiben, im Nachthemd, grüne Lidschatten; er rauchte Zigarren und rasierte sich nicht. Unter dem Bett Bücher, die er wechselweise las, und eine Flasche mit Wein."

Ende Mai 1959 beschließt George Grosz, endgültig wieder in Berlin zu leben. Sein Freund, der Schriftsteller Hans Sahl, bringt ihn in New York an Bord des Dampfers: „Er stand, ein Sektglas in der Hand, an der Reling und hielt sich taumelnd an der Takelage fest. Wir verabredeten ein Wiedersehen in Berlin. Er wird bald sterben, dachte ich unwillkürlich, als ich über die Schiffsplanke an Land ging."

Nach außen gibt George Grosz den kraftstrotzenden Künstler. Eines der letzten Fotos, die es von ihm gibt, zeigt ihn auf dem Kurfürstendamm. Es ist kurz nach drei Uhr am Nachmittag auf der Uhr am zerstörten Turm der Gedächtniskirche hinter ihm, wenige Wochen vor seinem Todestag. Grosz trägt einen dunklen Anzug, Krawatte und auf dem kräftigen Kopf einen Strohhut mit Band. Ein leicht rundlicher Herr, unauffällig und bürgerlich gekleidet. Er könnte auch als Handlungsreisender durchgehen.

Der 5. Juli 1959 ist ein Sonntag ohne Sonnenschein und trotzdem nicht trübe. Die ungewöhnliche Hitze, unter der die Berliner keine zwei Wochen später stöhnen werden, kündigt sich leise an. Die Luft bewegt sich kaum, und auf sattgrünen Baumblättern, auf Büschen und Rasenflächen liegt feiner Staub.

Der Kunstkritiker Martin G. Buttig ist mit George Grosz verabredet. Er und seine Frau wollen den Maler in seiner Wohnung am Savignyplatz zwischen Knesebeckstraße und Carmerstraße abholen. Buttig hat die Idee, seinen Freund Joachim Dunkel mitzunehmen, einen Bildhauer, von dem er sicher ist, dass er Grosz gefallen wird. Interessante Leute lernt Grosz immer gerne kennen. Dunkel sträubt sich erst, weil er weder Grosz noch dessen Frau Eva jemals zuvor getroffen hat, sagt dann aber zu. Er kommt mit einem Strauß gelber Rosen für die Dame des Hauses, eingewickelt in dünnes Blumenpapier.

Oben öffnet ihnen Grosz die Tür. Seine Frau ist nicht zu Hause. Sie sieht sich mit einer Freundin eine Wohnung im Grunewald an, die Grosz mieten will. George Grosz trägt einen dunkelblauen Anzug, dazu ein Hemd mit angeknöpften Kragenspitzen, Button down. Am Revers schimmert schwach eine goldene Uhrkette, an der Krawatte klemmt eine Schmuckklammer. Buttig findet, Grosz gleicht einem pensionierten Offizier. Mit seiner straffen Haltung, dem langen und festen Schritt, dem sorgfältig gekämmten Haar, silbern und spärlich. Ein biederes Gesicht mit einem runden Kinn, wären da nicht die wissenden Augen, deren Blick ständig wechselt zwischen Gelassenheit, Vertrauen, distanzierter Schärfe, Erschrecken und leisem Spott. Wenn er nicht spricht, zieht er die schmale Oberlippe nach innen. Mit einer Mischung aus Bürgerlichkeit und militärischem Habitus will sich Grosz von jeglicher Bohème abheben. Bei einem Treffen mit Martin Buttig vor diesem Sonntag spricht er mit Abscheu über Künstler. „Künstler sind immer unaufrichtige Menschen. Ich bin der einzige aufrichtige Künstler." Ihn interessiere einzig und allein das Geld.

Im Zimmer stellt Grosz die Stühle für seine Besucher im Halbkreis auf und setzt sich selber mit dem Rücken zum Fenster. Bester Laune zeigt er eine Art Pantomime, in der er mit einfachen Bewegungen hintereinander verschiedene Menschen karikiert. Sehr intensiv einen amerikanischen Bauarbeiter, der im Neubau eines Hochhauses arbeitet. Grosz spielt ihn, wie er selbstsicher in einer Fensteröffnung irgendwo in einem oberen Stockwerk sitzt und zufrieden mit sich auf den Straßenverkehr hinabsieht. Mit flinken Gebärden suggeriert Grosz Dinge, die zu seinen Figuren gehören. Die Mütze auf dem Kopf, die Tabakspfeife im Mund, den Ledergürtel um den Leib, die Hände in den Hosenbund gesteckt. Die Amerikaner sind für ihn ein unerschöpflicher Stoff. Gekonnt stellt er die Landsleute seiner zweiten Heimat den wilhelminischen Gestalten des vergangenen Deutschland gegenüber.

George Grosz bietet seinen Gästen roten Wermut an und zieht eine Zigarre hervor. Er wendet sich an Dunkel und stellt freundlich fest, der gehe für einen Künstler merkwürdig unempfindlich mit Blumen um. Beinahe so, als wären sie ihm lästig. Ihm sei der harte Griff aufgefallen, mit dem Dunkel den verpackten Strauß angefasst habe. Die Gäste sehen sich im Zimmer um und entdecken die eingewickelten Rosen auf dem Rand einer Kommode. Das amüsierte Lachen scheint Grosz nicht zu passen. In diesem Augenblick kommt der Maler Robert Bell, seit gemeinsamen Dresdener Studienzeiten ein guter Freund. Grosz will von Bell wissen, ob ihm das fantastische Bild im Treppenhaus aufgefallen ist. Er meint die Arbeit eines alten Mannes, der in den vergangenen Tagen täuschend ähnlich Marmor gemalt hat. Grosz zeigt sich nachhaltig begeistert, lobt den Imitator als großen Künstler und seine Leistung als exzellent und absolut einmalig. Der Mann habe die Bedeutung seines Werkes nicht begriffen und keineswegs an seine Genialität geglaubt. „Künstler hingegen", sagt Grosz, „bilden sich immer ein, Genie zu besitzen, sind aber Hungerleider."

Grosz lädt seine Gäste zum Essen ein, die Gruppe bricht auf. Selbstverständlich bleibt Grosz vor dem gemalten Marmor stehen, zeigt mit dem Finger auf die Wand und erläutert mit tiefem Ernst in der Stimme die Feinheiten von Zeichnung und Kolorit. Allen ist klar, dass sie mittelmäßige Handwerkerarbeit sehen. Klar ist auch, dass Grosz der Letzte ist, der das nicht weiß. Wieder ein Spiel von ihm.

Auf dem sonntäglich leeren Savignyplatz hakt er sich bei Martin Buttig und dessen Frau unter und besteht darauf, zwei Wagen zu nehmen. Mit zwei Taxen unterwegs zu sein, macht ihm einen fast kindlichen Spaß. Er will zum Restaurant „Habel" am Roseneck. Im Auto lässt er die Späße und redet über schwierige Verhandlungen mit den Zollbehörden wegen des Gepäcks, das aus Amerika zu ihm unterwegs ist. Im nächsten Frühjahr hat er einen größeren Auftrag und wird ein paar Monate in den Staaten arbeiten. Überhaupt will er jedes Jahr eine Weile in Amerika verbringen.

Der Biergarten des Restaurants „Habel" ist noch schwach besucht. Erst nach und nach kommen Gäste an diesem Nachmittag. Grosz sucht einen größeren Tisch aus, der ein wenig abseits steht. Er setzt sich an die Schmalseite in einen Gartenstuhl, von dem die weiße Farbe abblättert. Durch die eng stehenden Villen ringsherum kann der Garten kaum atmen. Durch die Laubdächer der Bäume ist der Schein einer milden Sonne zu erkennen. Häuserwände und Blätter verwandeln die Helligkeit des Tages in diffuses Licht.

Allmählich füllen sich die Plätze ringsum. Grosz kommt rasch auf eines seiner Lieblingsthemen – die vielen alten

Leute in Berlin. Noch niemals habe er so viele gesehen wie hier, vor allem Frauen mit Stöcken, sagt er und blickt auf ältere Damen an entfernten Tischen. „Ich frage mich immer wieder, woher sie alle kommen.“ Er vermutet, sie versammeln sich in geheimem Einverständnis in Berlin. „Vielleicht, um zu sterben.“ Er macht eine Pause und sieht seine Gäste nacheinander an. „Berlin ist so exotisch, eine Art Mittelalter, breughelsche Welt. Könnt ihr verstehen, weshalb die Leute nach Italien reisen oder nach Karibien oder Wallawalla? Hier ist Britisch-Betschuanaland, die Gegend, wo die Menschen keinen Schatten geben.“ Er denke dabei nicht an Peter Schlemihl, den Mann, der seinen Schatten verkaufte.

Der Ober bringt die Getränke, Erfrischungswasser, die mit Alkohol aufgegossen werden. Grosz will Mosel bestellen und lässt sich vom beflissenen Ober beraten. Zwei Flaschen im Eiskübel werden neben Grosz gestellt. Er lobt den Wein, nachdem er ihn probiert hat, nimmt dann eine Flasche in die Hand und betrachtet sie erstaunt und geringschätzig. In Kanada, beginnt er wieder eine ausgedachte Geschichte, hat man seit langem Staubfabriken, die damit beschäftigt sind, den Staub aus amerikanischen Staubsaugern zu verwerten. Man staube mit ihm leicht Weine an, die nach Frankreich verschickt würden. „Denn in Frankreich hat man noch nicht diese Staubsauger“, beendet er seine Fabel.

In diesem Moment kommt Eva Grosz, auf einen Spazierstock gestützt, durch den Garten auf den Tisch zu. Sie nimmt Platz und beschreibt die neue Wohnung im Grunewald, in der sie gerade gewesen ist. Grosz wechselt das Thema und spielt die Szene von der Begegnung mit Thomas Mann in einem Restaurant in Manhattan im Sommer 1933 vor. George und Eva kamen eine halbe Stunde zu spät. „Bald waren wir mitten in einer Debatte über Hitler, seine Nazis und deren Aussichten.“ Thomas Mann war überzeugt, dass sich Hitler nicht länger als sechs Monate halten kann. Grosz wurde aggressiv. Eva trat ihn unter dem Tisch. Die beiden

George Grosz und seine Ehefrau Eva im Atelier,
um 1921

Männer sahen sich böse an und merkten, dass sie sich eigentlich nicht leiden konnten.

Die Szene ist Grosz absolut präsent, er holt sie aus den Tiefen der Erinnerung herauf. Seine Frau Eva sekundiert ihm mit der offenbar gleichen Empörung von damals: „Ja, du warst scheußlich, ganz abscheulich. Aber du hattest immer eine Neigung, dich unbeherrscht zu geben“, tadelt sie halb belustigt, halb ernsthaft.

Grosz könnte ein wandelndes Handbuch für Persönlichkeiten der Zwanzigerjahre sein. Er wehrt meist ab. „Berühmtheiten gekannt zu haben, ist unwichtig, ich prahle nicht mit Namen.“

Kein Wort davon, dass er einen kranken Lenin in Moskau traf und ihm auffiel, wie straff sich Leo Trotzki bei einer Rede hielt in seiner ganz einfach geschnittenen Uniform aus dem lehmgelben Tuch der Roten Armee. Wie sehr er Kurt Tucholsky mochte, unter anderem auch, weil er einer der wenigen war, die den wirklichen Berliner Witz verstanden und auch wirkliche Berliner Dialoge schreiben konnten. Er erzählt auch nichts über seinen Freund Bert Brecht, der sich sehr individuell kleidete. Wie ein Mann, der mit Maschinen zu tun hat oder mit der Ölkanne unter Autos liegt. Stets trug er eine dünne Lederkrawatte – ohne Fettflecke natürlich. Grosz erzählt auch nichts über den Regisseur Josef von Sternberg aus Hollywood, der Marlene Dietrich weltberühmt gemacht und dessen erstklassige Garderobe Grosz immer beeindruckt hat. Und auch über Dalí spricht er an diesem Sonntag nicht, wie der Spanier bescheiden darum gebeten hatte, in der Malschule von Grosz in New York nach einem Modell zeichnen zu können und völlig konzentriert ganz klein den Fuß des Modells zeichnete. Das Bild hängt heute im Museum of Modern Art in New York.

Andererseits greift George Grosz gerne Stichworte auf, mit deren Hilfe er sich in geliebte und für ihn höchst lebendige Zeiten zurückversetzen kann. Am Tisch taucht die Frage nach Heinrich Mann auf. „Den hat es doch überhaupt nicht gegeben, das war bloß ein farbiger Nebel", antwortet Grosz. „Heinrich kleidete sich eher extravagant als nach der allerletzten Mode. Seine Schuhe waren so spitz, wie kein Mensch sie tragen kann, und in den Anzügen steckte er wie hineingenäht. Überhaupt eine blasse Figur, die nichts ausstrahlte."

Unterdessen ist es längst Abend. Eiserne Kandelaber an der Ziegelmauer sorgen für Licht. Auf den Tischen ringsum glühen Lämpchen. Grosz raucht viel, steckt sich wieder eine Zigarre an, eine gelbbraune, sehr starke Havanna, die er aus rotbedruckten Aluminiumhülsen holt und anbietet. Niemand hat den Überblick, wie viele Flaschen Wein schon geleert sind. Grosz bestellt Schnäpse. Seine Frau fragt behutsam, ob man wohl den Heimweg antreten möchte. Grosz stimmt zu. Er findet, sie haben lange genug am gleichen Ort gesessen.

Eva Grosz kennt ihren Mann. Draußen auf dem Hohenzollerndamm insistiert sie weiter. Sie fragt ihn, ob es für diesen Tag nicht reicht und er mit ihr heimkommen will. Grosz hat noch nicht genug. Gerade erst hat doch ein schöner Abend begonnen, findet er. Der kann unmöglich abrupt beendet werden. „Ich muss euch unbedingt eine sehr interessante Sache zeigen", lockt er. Was er meint, ist eine Fotografie, die ihn und Franz Diener in Boxstellung zeigt. Er will ins Restaurant des früheren Boxers. Sein Maler-Freund Robert Bell hat keine Lust mehr und geht nach Hause.

Diesmal gibt sich George Grosz mit einem Wagen zufrieden. Der Wagen hält am Savignyplatz vor der Haustür. Eva Grosz verabschiedet sich. Sie bittet ihren Mann: „George, trink keinen Sekt! Und mach nicht so lange!" Ungeduldig antwortet er „Nein, Nein" und bringt sie bis zur Haustür. Als er von der Haustür zurückkommt, murmelt er etwas von Frauen, die eben immer so wären, und hinterher mache man doch, was man wolle.

Franz Dieners Restaurant wird von Schauspielern, Schriftstellern, Kabarettisten, Malern und Karikaturisten bevorzugt. An diesem Sonntag ist es sehr gut besucht und laut. Das Boxfoto hängt zwischen vielen gerahmten Bildern mit Motiven aus dem Boxsport. Grosz stellt sich vor das Bild und nimmt nochmal die gleiche Pose ein. Franz Diener hat früher im Schwergewicht geboxt und war Deutscher Meister. Ein bulliger Mann mit zerfurchtem Gesicht und halbgeschlossenen Augen, der die Schultern vorzieht und die langen Arme pendeln lässt. Er kommt, begrüßt Grosz vertraulich und lädt die Gruppe an seinen Tisch. Grosz erklärt das Restaurant zu seinem Stammlokal. Diener schlägt vor, dass Grosz auf der Autogrammwand des Lokals direkt neben dem Eingang unterschreibt. Grosz verspricht die Unterschrift und außerdem noch eine Zeichnung. Er will schon bald kommen, vormittags, wenn man nicht gestört wird.

Natürlich bestellt Grosz Sekt, Evas Ermahnungen sind längst verklungen, dazu böhmisches Bier. Franz Diener zieht Wachtmeisterschnurrbärte aus dünnem Karton aus einer Brieftasche. Grosz klemmt sich einen der Bärte völlig selbstverständlich unter die Nase. Als würde er ständig damit herumlaufen. Mit würdiger Miene und im lächerlichen Gegensatz zur Albernheit, redet der Maler über ernste Angelegenheiten. Ein Hauptthema ist sein Reichtum. Aber Millionär sei er sicher nicht, versucht Dunkel ihn zu reizen. Grosz antwortet sofort: „Ihr werdet lachen, ich bin Millionär." Bei Erwin Blumenfeld, Fotograf und alter Grosz-Freund aus Dada-Zeiten, klingt das anders. Er erinnert sich an ein letztes Treffen mit Grosz in einer New Yorker Bar, bevor der Maler nach Berlin zurückkehrte: „Ich kann nur fünfundsechzigtausend Dollar mitnehmen, das ist alles."

Von Kunst will George Grosz in seinen letzten Lebensstunden nichts wissen. „Ich bin ein alter Dadaist, mir kann man mit sowas nicht kommen", wehrt er alle Versuche ab, über seine Arbeiten zu sprechen. Dafür redet er lange über einen geplanten Besuch am Grab seines Vaters im pommerschen Stolp. Er werde „die endlosen Kartoffelfelder und Zuckerrüben dort, den steinernen Himmel" sehen. Vorfreude spricht aus jedem Wort. Der Faschingsbart kneift jetzt doch an der Nase. Grosz legt ihn als Letzter ab.

Nach Mitternacht verlässt die Gruppe das Restaurant. Bis zur Wohnung von Grosz ist es ein kurzer Weg, keine zweihundertdreißig Schritte. Martin Buttig, dessen Frau und Joachim Dunkel nehmen den Maler in die Mitte und begleiten ihn. Unter der Eisenbahnbrücke hindurch, über die Kantstraße, ein Stück geradeaus und schließlich halblinks über den Damm, dann stehen sie vor dem Haus. „Unter sternenübersätem Himmel umarmte uns Grosz", erinnert sich Martin Buttig. „Dann stieg er die Stufen empor, wandte sich noch einmal um, klappte die Hacken zusammen, lüf-

Gedenktafel am Haus Savignyplatz 5, Foto von 2012

tete den Hut und begann mit ‚Ladies and Gentlemen' eine Ansprache, in der er den Tag und die Freundschaft, die Nacht und die Sterne, Berlin und die Menschen schlechthin lobte."

Endlich schließt Grosz die Haustür auf und lässt sie hinter sich ins Schloss fallen. Er überlegt es sich noch einmal, kommt zurück und öffnet die Tür nur einen Spalt, um seinen Strohhut mit dem breiten schwarzen Band herauszustrecken und damit zu winken. Dann schließt er ab. „Wir sahen noch seinen Schatten, wie er die Treppe erstieg."

Offenbar war das aber nicht das Ende des Abends. George Grosz ist in dieser Nacht noch einmal alleine im Restaurant „Diener" aufgetaucht, erzählt später der Berliner Feuilletonist, Theater- und Musikkritiker Hellmut Kotschenreuther. Die beiden sitzen am Tisch unter dem Fenster, gleich links vom Eingang. Hier ist üblicherweise der Platz des Schauspielers O. E. Hasse. Grosz trinkt noch ein Glas oder zwei. Nach einiger Zeit will er dann doch nach Hause. Diesmal begleitet ihn Kotschenreuther. Er hilft ihm bei den drei Stufen vor der Haustür, dann bei den ersten neunzehn steilen Stufen im Treppenhaus empor, verabredet das nächste Treffen mit dem Künstler, dreht sich um und geht.

Eine Zeitungsfrau findet George Grosz am frühen Morgen. Jede Hilfe kommt zu spät.

In Berlin geboren, in Berlin gestorben. Das klingt vielleicht nach einem ruhigen, friedlichen Leben, ohne Aufregung und ohne Höhepunkte an fremden Orten. Könnte so sein. Ist es jedoch nicht. Nicht in einem Leben mit zwei Weltkriegen und den furchtbarsten politischen Verhältnissen. Besonders nicht bei George Grosz, der als Georg Ehrenfried Groß 1893 in Berlin zur Welt kommt und in ländlicher Umgebung aufwächst, in der Garnisonstadt Stolp in Hinterpommern. Erst betreibt sein Vater das Offizierskasino, nach dessen Tod seine Mutter, nachdem sie kurz versucht, wieder in Berlin Fuß zu fassen.

Früh zeigt sich die Vorliebe des Jungen für eine dämonische Bildwelt. Aus harmlosen Kinderspielen flüchtet er sich in die Betrachtung infernalischer Jahrmarktsbilder. Daneben steckt ihm ein Buchhändler Gruselgeschichten zu. Entsprechend fallen die ersten Zeichenversuche des kleinen Georg aus: Schlachtenbilder, mit ebenso viel Blut wie auf den Vorbildern.

Der Junge fliegt von der Schule, ein Zeichenlehrer erkennt sein Talent und überredet die Mutter, den Knaben zum Malereistudium nach Dresden gehen zu lassen. Dort besteht er die Aufnahmeprüfung, beendet das Studium mit einem Diplom, geht nach Berlin, besucht die Kunstgewerbeschule, wird Schüler in der Klasse von Emil Orlik und nennt sich George Grosz. Ersten Erfolg hat er mit satirischen Zeichnungen. Um 1913 erscheinen Illustrationen im *Ulk* und in den *Lustigen Blättern*. Karl Hubbuch, Mitstudent von Grosz, über die Zeit in der Orlik-Klasse: „Grosz fiel damals eigentlich nur durch sein sicheres Benehmen auf. Durch seine moderne Kleidung, amerikanischer Stil. Breite Schultern, keilförmig geschnittene Hosen, goldene Brille, Uhr am Lederriemchen in der oberen Außentasche."

Seine literarischen Interessen läutern sich zu Gustav Meyrink, Hanns Heinz Ewers und Barbey d'Aurevilly, immer in der Nähe der Dämonen. Dann die ahnungsvolle Atmosphäre des Vorkriegsberlin, mit erregenden Neuentdeckungen: Tango, Jazz, Zola'scher Hurenromantik und Kannibalentänzen in den Studios der Berliner Bohème.

In seiner Autobiografie gesteht George Grosz: „Das Nachtleben zog mich an. Im Café Oranienburger Tor hörte ich zum ersten Mal so etwas wie eine Jazzkapelle. Man nannte sie damals eine Radaukapelle. Der Kapellmeister hieß Mister Meschugge und benahm sich wie ein Wahnsinniger. Er tat so, als könne er den Lärm nicht mehr meistern, zerbrach seinen Taktstock oder hieb mit seiner Geige plötzlich einem Musiker über den Kopf. Das Ende war immer, daß er die Stücke der zersplitterten Geige ins Publikum schleuderte, das vor Entzücken brüllte und die Trümmer zurückwarf."

Die Berliner Rotlichtbezirke locken Grosz: „In der Friedrichstadt wimmelte es von Huren. Sie standen in den Hauseingängen wie Schildwachen. Es war die Zeit der großen Federhüte, der Federboas und des hochgeschnallten Busens. Die hin und her geschwenkte Tasche war das Abzeichen der Gilde. Das berühmteste Hurencafé war das Café National in der Friedrichstrasse Ecke Jägerstraße." Zola wird verehrt, Strindberg, Weininger, Wedekind – naturalistische Aufklärer, anarchistische Selbstquäler, Todesanbeter und Erotomanen.

Im Vorort Südende mietet sich Grosz mit seinem lebenslangen Freund Herbert Fiedler eine billige Wohnung. Die jungen Künstler zeichnen ihre Umgebung: hastig errichtete Mietshäuser, Müllhalden neben Laubenkolonien und Rummelplätze mit Wohnwagen, Buden und Zirkuszelten. Landstreicher, Eckensteher, Betrunkene, Dirnen und Artisten sind Menschen, von denen Grosz fasziniert ist. Er zeichnet Figuren mit gestörten Gefühlen in dramatischen

Krisensituationen. Der Raum ist die wirkliche Umgebung, ein Zimmer seiner Wohnung in der Lichterfelder Straße, die unheimlichen Figuren sind seine visionären Gäste. Grosz hat Spaß an Personen, die ungewöhnlich aussehen oder sich grotesk verhalten. In seinem Atelier legt er eine Absurditätensammlung an.

Und schließlich der Erste Weltkrieg. Grosz meldet sich 1914 freiwillig, weil er Einfluss darauf nehmen will, wo er stationiert wird. Er trifft den Horror. Schmutz, Läuse, Idiotie, Krankheit und Verstümmelung. In dieser Bewährung wird der Zeichner Grosz geboren, der Spötter und Hasser. So kennt ihn die Kunstgeschichte. Sein Abscheu bricht physisch aus. Gehirnentzündung und Durchfall. Er wird entlassen.

Wieder in Berlin, wird er Prophet des gewaltigen Katzenjammers. „Ich zeichnete Betrunkene, Kotzende, Männer, die mit geballter Faust den Mond verfluchen, Frauenmörder, die skatspielend auf einer Kiste sitzen, in der man die Ermordete sieht. Ich zeichnete Weintrinker, Biertrinker, Schnapstrinker und einen angstvoll guckenden Mann, der sich die Hände wäscht, an denen Blut klebt."

Der Dichter Theodor Däubler entdeckt den jungen Nihilisten im „Café Größenwahn", dem „Café des Westens", Kurfürstendamm, Ecke Joachimsthaler Straße, und feiert ihn in den pazifistischen *Weißen Blättern*. Däublers Artikel macht Grosz über Nacht bekannt, wenn auch nur in intellektuellen Kreisen. „Man sprach über mich. Merkwürdige Menschen traten in meinen Gesichtskreis: Schriftsteller, Gelehrte, die sich mit Astronomie beschäftigten und vegetarisch lebten, Bildhauer mit Verfolgungswahn, Volksbeglücker mit verborgenen Lastern, ein gescheiterter Trinker, der von Übersetzungen lebte, Maler, Musiker und Philosophen. Nachtmenschen waren das, manche wie Schattenpflanzen, wie Bilsenkraut, das nachts in der Nähe der Dunghaufen blüht und giftig ist – Maulwürfe manche, die blind unter der Erde klebten – Molche wieder andere, denen ein Stück angeschlagenen Schwanzes sofort wieder nachwuchs und die unverwundbar schienen."

Else Lasker-Schüler, Gustav Landauer, Johannes R. Becher, Martin Buber, Franz Jung, Richard Huelsenbeck, Dr. Salomo Friedländer, der sich Mynona nennt – „anonym" rückwärts gelesen – sie alle verkehren im „Café Größenwahn", reden sich die Köpfe heiß, spät nachmittags oder spät in der Nacht.

Einer ist der verwachsene Dichter Max Herrmann-Neiße. George Grosz und viele andere Künstler sind fasziniert von dem buckeligen Zwerg, der so zart ist, dass man sich wundert, warum sich die Leute, die zu ihm sprechen, nicht die Hand vor dem Mund halten, aus Angst, ihn fortzublasen. In dem sieben Jahre jüngeren Maler George Grosz, wie er ein Gastwirtssohn, findet der Dichter einen ihm in „Weltbetrachtung und Gesinnung" verwandten Künstler. Er besucht Grosz oft in dessen Atelier und steht ihm mehrfach Modell. Zu den berühmtesten Bildern von George Grosz zählen die Porträts von Herrmann-Neiße. Beide lieben die Welt der Dirnen, Artisten, Gaukler, die von den Spießbürgern verachteten Außenseiterexistenzen. Beide sind bekennende Voyeure in den einschlägigen Milieus und sie bestärken sich in ihren pornografischen Sehnsüchten. Sowohl Grosz als auch Herrmann-Neiße sind passionierte Sammler von erotischen Postkartenmotiven. Beide kennen andere Sammler, mit denen sie sich von Zeit zu Zeit treffen. Zum diesem Kreis gehört auch der Komiker Karl Valentin, Sammler begehrter Nacktfotos von möglichst üppigen Damen. Er genießt es, vor seinen Berliner Gastspielen im „Kabarett der Komiker" ein Stündchen in der Herrmann'schen Wohnung am Kurfürstendamm zu verbringen, auf einem Sofa zu liegen, in den Alben des Dichters zu blättern und mit ihm zu fachsimpeln.

Im Wilmersdorfer Atelier des Malers Ludwig Meidner lernt Grosz an einem Sommerabend 1915 Wieland Herzfelde kennen. Für beide eine Begegnung von großer Bedeutung. Wieland Herzfelde wird sein erster Verleger, druckt Zeichnungen in Zeitschriften und bringt Bilder als Mappen heraus. Er ist auch einer der ersten Besucher im Atelier von George Grosz. „Die Wände waren bedeckt mit Bildern, wenn man Bier- und Whiskyplakate, Zirkus-Affichen mit Clowns, Athleten und tätowierten Damen, Photos und Zeitungsillustrationen als Bilder bezeichnen kann." Außer diesen Dekorationen und einigen aus Seifenkisten gezimmerten Möbeln sieht Herzfelde nichts, was ahnen lässt, dass hier ein Zeichner lebt. Erst als Herzfelde nachdrücklich fragt, schlägt Grosz die Deckel der Kisten hoch, auf denen sie sitzen. Sie sind bis zum Rand voll mit Zeichnungen und Aquarellen, Tausende von Blättern.

1917 wird Grosz wieder eingezogen. Seine alten Dämonen liegen auf der Lauer. Sie sind stärker als er. Er desertiert, wird halb bewusstlos auf einem Misthaufen gefunden und soll erschossen werden. Angeblich rettet ihm Harry Graf Kessler das Leben, in dem er sich an die richtigen Stellen wendet. Grosz erwähnt das später nie. Den Rest des Krieges verbringt er in einem Lazarett für geistesgestörte Soldaten in der Gesellschaft von Krüppeln und Wahnsinnigen. Hier wird der politische Grosz geweckt. Im turbulenten Nachkriegs-Berlin engagiert er sich bei den revolutionären Linken und predigt den Sieg des Proletariats.

Grosz schickt seine Blätter an Kunsthändler, Kritiker und Museumsdirektoren. Erfolglos. „Alle, ohne Ausnahme, stimmen darin überein, daß die Zeichnungen schlecht sind, infantil, ungekonnt", notiert er. Genau das ist seine Absicht. Grosz findet einen neuen Stil, ohne einen Namen dafür zu haben. Sein Stift wird zur Knute und Geißel, zum Speer und Dolch, die den Figuren der Herrschenden wüste Visagen geben. Erst druckt Malik-Verleger Wieland Herzfelde seine Zeichnungen in der literarischen Zeitschrift *Die neue Jugend*, später veröffentlicht er im Malik-Verlag Grosz-Blätter.

George Grosz entwickelt einen messerscharfen Stil, der sein Markenzeichen wird. Dickbäuchige Kapitalisten mit

George Grosz im Atelier, Foto von 1928

Fabriken in der Brust, Bankiers in den Armen von Dirnen, Eisenfresser mit Helm, Säbel und Monokel, die Brust mit Eisernen Kreuzen vollgepflastert. *Deutschland – ein Wintermärchen* ist eines seiner berühmtesten Bilder. In der Mitte der Militarismus, der sich mit Messer und Gabel kannibalisch mästet.

Grosz liebt nicht die Menschen, nicht die Geknechteten und Verfolgten – er hasst ihre Unterdrücker. Brutal, stumpfsinnig, habgierig, lüstern, so sind die Menschen für Grosz. Er sieht nichts Positives. Seine Zeichnungen beschreibt der Chicagoer Journalist Ben Hecht: „Fiebrige dünne Linien, wunderliche Tuschespritzer, die über das Papier zu kriechen scheinen, betrunkene Mauern, spinnenbeinige Straßen, argwöhnisch schielende Fenster, ein halb gespenstischer Gulasch aus Brüsten, Hüften, Schenkeln, sabbernden Mündern, mörderischen Augen, bedrohlichen fetten Nacken – all die Selbstgefälligkeit und Ungeschlachtheit der überfressenen Untermenschen, die die deutsche Welt bevölkerten, sich in deutschen Cafés amüsierten, versammelten sich in seinen Zeichnungen."

In diesen Bildern verzichtet Grosz auf neun Zehntel der Anatomien und Strukturen. Das Ergebnis ist vergewaltigtes, in seiner Würde verletztes Leben. Ein Alptraum. Seine Figuren kratzen einen an den Augen. Schwerlippig und mit üppigem Busen werfen halbseidene Damen Kuhblicke auf hochmütige Finanziers und Offiziere. Ben Hecht charakterisiert es so: „Lüsternheit, Gefräßigkeit, Brutalität und all die Tücken übersättigten Lasters umwiehern diese Halbmenschen, die sich gegenseitig küssen und töten – in einer Welt, die aussieht wie wahnsinnig gewordene Erdbeerkisten."

In jedem Zentimeter der Arbeiten von Grosz liegt Wut. Auch in seinen Aquarellen, die er rasch hintereinander produziert. Die Wut flößt er auch seinen rosa, roten, grünen und lila Farbtönen ein. Kleider, Vorhänge, Flaggen, Bettdecken, Teppiche sehen in seinen Bildern aus, als würden sie von einer Krankheit zerfressen. Grosz hat eine ausgeprägte Beobachtungsgabe. In seinen Bildern bringt er selbst unwesentlich scheinende Details unter: Schilder, Bodenmuster, Lampenschirme, die Zahl der Knöpfe am Ärmel eines Jacketts und deren Gestalt. Darin ist Grosz so gut wie unschlagbar.

Jahre später, als George Grosz mit seiner Frau Eva und den beiden Söhnen Peter und Martin im sicheren Amerika lebt, sieht er zu, wie Martin zeichnet. Der Vater-Lehrer sagt: „Das ist okay, aber du musst ein Umfeld schaffen. Du hast einen Mann gezeichnet, der eine Trompete spielt – aber worauf steht er? Er sollte immer in einem Raum sein. Aber wenn es ein leerer Raum ist: Ist der Trompeter im Gefängnis? Da muss ein Tisch hinein. Und dann, ein Raum mit einem Tisch, was für ein Raum soll das sein? Normalerweise ist etwas auf dem Tisch zu sehen – und es ist viel schöner, wenn alles sprechend ist. Nicht nur ein Aschenbecher, sondern ein Aschenbecher mit einem Namenszug."

Grosz ist fasziniert von einer Kunstbewegung, die sich Dada nennt und aus Zürich nach Berlin schwappt. Der Pianist Hugo Ball und der Arzt Richard Huelsenbeck sind die Erfinder. Im „Cabaret Voltaire" schlagen sie ein französisches Wörterbuch auf, tippen wahllos auf eine Zeile und landen beim Wort Dada. Die Übersetzung für Schaukelpferd. Was in Zürich noch witzig und spaßig gemeint ist, wird in Berlin sofort politisch. Huelsenbeck und Grosz erschrecken hier die Leute mit methodischem Unsinn.

Grosz ist eine ausgewachsene Revolution für sich selbst, ein Monsun aus Tusche und Wasserfarbe. Er läuft in der Uniform eines Generals umher, mit einem Eisernen Kreuz aus Pappe auf der Brust, riesengroß, bis zum Nabel, und schlägt Passanten mit seinen Handschuhen ins Gesicht. Ein anderes Mal streift er mit einer Maske aus Pappmaché als „dadaistischer Tod" durch die Straßen. Er ist der sogenannte „Propagandada", denkt sich Sprüche aus, die auf Streifen gedruckt und über ganz Berlin an Schaufenster und Tische der Kaffeehäuser geklebt werden: „Dada heute, morgen und in alle Ewigkeit". Oder „Dada Dada über alles". Oder „Dada tritt dir in den Hintern, doch du magst es gern".

George Grosz, Ben Hecht und der Dichter und Arzt Dr. Karl Döhmann ziehen durch Offiziersklubs, in denen sich aristokratische Perverse treffen, um Adressen zu sammeln oder zu tauschen. Sie sitzen in Slum-Küchen hinter dem Alexanderplatz und landen auf makabren Partys, wo Lesbierinnen Schuljungen auspeitschen und ordenbehängte Offiziere mit geschminkten Kindern auf dem Schoß sitzen. Wo immer sie sind, Grosz ist ständig bei der Arbeit. Ben Hecht kann „förmlich spüren, wie die Skizzen in seinem Kopf Gestalt annahmen, wie er Gesichter und Gesten pompöser, schmieriger Regierungsbeamter in sich aufsog."

Mit Richard Huelsenbeck, Raoul Hausmann, Walter Mehring und den Brüdern Wieland Herzfelde und John Heartfield organisiert Grosz Dada-Soireen, bei denen das Publikum in einem improvisierten Radau unaufhörlich beschimpft wird. Moral, Werte, Überzeugungen – nichts hat mehr Bestand. Bei einer Veranstaltung erscheint ein Mann im Frack und trägt ein Cello. Er setzt sich auf einen Küchenstuhl und stimmt sein Instrument. Grosz taucht mit einem schwarz angemalten Gesicht auf und tanzt. Als das Stimmen vorüber ist, treten beide Akteure ab. Es gibt keinen Applaus.

Auftritt Dr. Döhmann im Schwalbenschwanz und mit Klappzylinder. Mit einer Hand gebietet er Ruhe und schreit das Motto des Abends heraus: „Die Kunst ist in Gefahr!" Der schwarzgesichtige Grosz stürzt aus den Kulissen und brüllt dem Publikum eine weitere Warnung zu: „Nehmt den Fuß aus der Butter, bevor es zu spät ist."

Grosz feuert eine Startpistole ab für ein Rennen zwischen einem Mädchen an einer Nähmaschine und einem Mädchen an einer Schreibmaschine. Die Mädchen nähen und tippen mit Höchstgeschwindigkeit. Die Frau an der Nähmaschine wird zur Siegerin erklärt. Sie bekommt eine Kollektion falscher Bärte und geht stolz von der Bühne. Es gibt keinen Applaus.

Drei Mädchen in Trikots erscheinen. Sie stellen ein Dutzend großer Leinwände auf eine Staffelei, eine nach der anderen. Jede Leinwand zeigt eine musikalische Note. Grosz kommt zu Ben Hecht, der in einer Loge sitzt: „Ich bin heute Abend sehr glücklich. Ich habe mich in eine ausgesprochen feine junge Dame verliebt, und zwar die, die das Fis aufgestellt hat. Sie ist Stenotypistin. Es war ihr erster Auftritt im Trikot. Aber ich bin nicht in ihre Nacktheit verliebt, sondern in ihren Namen. Sie heißt Eva." Tatsächlich kennt er Eva aus der Zeit des gemeinsamen Studiums bei Emil Orlik. Grosz stürzt davon. Die Dada-Schlachtrufe „Kunst in Gefahr" und „ein Fuß zu lang in Butter" ertönen aus verschiedenen Ecken des Konzertsaals.

Schließlich reagiert das wütende Publikum mit einer Gegenrevolution. Offiziere ziehen ihre Waffen und feuern auf die Bühne. Polizisten und Soldaten tauchen auf. Beamte verlangen die Inhaftierung der Rowdies, die Berlins Elite an der Nase herumführt und verspottet. Aber niemand wird verhaftet. Die Dadaisten haben sich in der Frühlingsnacht aufgelöst.

Wenige Jahre später bekommt Ben Hecht eine Hochzeitseinladung von Grosz nach Chicago. Eine Postkarte mit einer Grosz-Zeichnung darauf. Sie zeigt eine wohlgeformte junge Frau, die nackt an einer Schreibmaschine sitzt. Hinter ihr, über ihre nackte Schulter lugend, ein exzellentes Selbstbildnis von Grosz. Die Karte lautet „Eva und ich heiraten in Kürze. Du bist eingeladen. George Grosz."

Die Dada-Bewegung hat wütende Feinde unter den Offizieren. Besonders Grosz wird beobachtet. 1920 schießt in einem Restaurant ein Hauptmann auf den Maler, trifft aber einen Kellner. In einem anderen Restaurant will ihn ein Offizier zweimal erdolchen. Grosz kann es nicht mehr wagen, allein auszugehen. Freunde pflegen ihn in die Mitte zu nehmen und mit ihren Leibern zu decken.

Seine erste Einzelausstellung hat Grosz 1920 in München. Hans Goltz ist sein Händler. Drei Jahre später schließt Grosz einen Vertrag mit Alfred Flechtheim, einem der bedeutendsten Kunsthändler der Weimarer Republik. Die Zusammenarbeit ist für beide Seiten erfolgreich.

Dreimal wird Grosz verhaftet und verurteilt. 1920 ärgert er die Reichswehr, indem er in seiner Mappe *Gott mit uns* die Uniformen bewusst falsch zeichnet, mit der falschen Anzahl Knöpfe. Die Buße beträgt fünftausend Mark. 1923 muss er wegen seiner neuen Mappe *Ecce Homo* vor Gericht. Die Anklage lautet auf „Gefährdung des angeborenen Sinnes für Scham und Tugend im deutschen Volke". 1928 schließlich soll Grosz für einen Christus, den er in Gasmaske und Militärstiefeln ans Kreuz heftet, wegen Blasphemie mit zweitausend Mark büßen. Es ist einer der größten Gotteslästerungsprozesse und zieht sich über mehrere Jahre hin.

Schlimmer sind für Grosz anonyme Drohungen vor dem Hintergrund des heraufziehenden Nationalsozialismus. Vor seinem Atelier in der Nassauischen Straße 4 findet er eine

Wieland Herzfelde (links) und George Grosz im „Gotteslästerungsprozess", 1930

Gasröhre mit einem Zettel: „Das ist für dich, du alte Judensau, wenn du so weitermachst." Grosz ist gar kein Jude. Fakten haben Nazis noch nie interessiert, damals nicht und heute nicht. George Grosz sorgt sich vor allem um seine Familie. Um seine Frau und die Jungs. Er wittert Hitler wie ein kluger Hund. Eines Frühjahrsmorgens 1932 erhält er ein Telegramm mit einer Einladung, ein Sommersemester an der Art Students League in New York zu unterrichten. Grosz nimmt sofort an. Drei Monate später kommt er zurück und bereitet die endgültige Auswanderung vor.

Seit seinem neunten Lebensjahr, als Grosz den *Lederstrumpf* buchstabiert, ist Amerika sein Traumland. Er schmückt sein

Berliner Atelier mit amerikanischen Plakaten, mit gefälschten Widmungen von Ford, Edison und Rockefeller. „Dear George", lautet die von Rockefeller, „unsere wilden Nächte auf meiner Ranch in Arizona sind mir eine so kostbare Erinnerung, daß wir sie bald wiederholen müssen. Die Mädel sind freilich weg. Dein John D."

Am 12. Januar 1933 besteigt die Familie in Bremerhaven den Norddeutschen-Lloyd-Dampfer „Stuttgart"; am 23. kommt sie in New York an. Am 30. Januar wird Hitler Reichskanzler. Unmittelbar darauf suchen die Nazis in der leeren Berliner Wohnung Trautenaustraße 12 und im Atelier nach dem Maler. „Daß ich da lebend davongekommen wäre, darf ich wohl bezweifeln." Grosz hat es buchstäblich im letzten Augenblick geschafft, aus Deutschland zu entkommen.

Er lebt und arbeitet zunächst in New York. Dann zieht er nach Long Island. Er unterrichtet in einer Malschule, betreibt später eine eigene, versucht, als Maler in Amerika Fuß zu fassen. Das ist nicht leicht. Seine Arbeiten im wütenden Stil der Zwanzigerjahre finden in der neuen Heimat kaum Publikum. „Ich kann nur Teufel malen", klagt er einmal, „aber keine Engel."

Der Emigrant Grosz kann keine Satiren mehr zeichnen. Seine ganze Thematik lebt aus der Spannung der Berliner Atmosphäre, aus dem Hexentanz der Weimarer Republik. Aber hier, auf der anderen Seite des Atlantiks, ist der Hass auf einmal tot. „Jahrelang", bekennt Grosz, „hatte ich Grimassen auf die Gesichter meiner Mitmenschen gesetzt, und jetzt ekelte mich das auf einmal an. Die lange Periode der Hanswursterei war in mir zu Ende, und langsam tauchte der Künstler in mir auf."

Er braucht den Zeichenstift nur noch für Skizzen. Obwohl Grosz nie systematisch die Ölmalerei gelernt hat, verlegt er sich immer mehr auf diese Kunst. Er ist, technisch gesehen, ein konservativer Maler. In der Art der alten Meister setzt er in verschiedenen Schichten helle Farben auf bräunlich dunklen Grund, als hätte es nie Impressionisten gegeben. Die Verwandlung des satirischen Zeichners Grosz in den Maler bekommt seiner Karriere nicht gut. Der Berliner Grosz erregt Aufsehen. Als das amerikanische Publikum keine grimassierenden deutschen Feldmarschälle und lüsternen Spießer mehr zu sehen bekommt, verliert es das Interesse an ihm.

Grosz versucht sich als Illustrator für Bücher und Magazine. Aber das alles will nicht recht funktionieren. Im Grunde ist seine Kunst zu sehr mit der europäischen Tradition der Zwanzigerjahre gesättigt, als dass sie in USA zu einem Erfolg werden kann. Ein Guggenheim-Stipendium ermöglicht es ihm, für zwei Jahre künstlerisch unabhängig zu arbeiten.

Seine Autobiografie erscheint auf Englisch 1946 bei einem New Yorker Verlag. Auf die Frage, wie man herausfinden kann, ob und wo Grosz in seiner Autobiografie wahrhaftig gewesen ist und wo nicht, antwortet Wieland Herzfelde: „Die Antwort fällt mir schwer. Er hat, besonders unter dem Einfluss von Alkohol, vor allem aber unter dem Einfluss von Ereignissen seine Gedanken oft widersprüchlich formuliert. Ich glaube, wo er sich verstellte, ja, selbst wo er Freunden gegenüber zugab, daß er log oder nur die halbe Wahrheit sagte, hatte das seine Gründe."

Im Januar 1954 veranstaltet das Whitney Museum of American Art in New York eine umfassende Grosz-Retrospektive mit rund hundertzwanzig Arbeiten aus der Zeit von 1909 bis 1953. Die Ausstellung macht den Künstler einem breiten Publikum bekannt, bringt jedoch keinen finanziellen Erfolg.

Monate später kommt er zum ersten Mal mit dem Flugzeug über den Atlantik. In Hamburg trifft er den Verleger Heinrich Maria Ledig-Rowohlt. In Berlin veranstaltet der Senat einen Vormittagsempfang für ihn. Er reist weiter nach München und London. Im November ist er wieder in Berlin. Als er durch die zerstörte Stadt läuft, kommt ihm der Gedanke, „die Ruinen Berlins alle farbig zu besprühen mit Gold- und Silberbronze". Grosz trägt ein kleines silbernes

Brandenburger Tor am Revers seines Sakkos, eine Aktion des Kuratoriums Unteilbares Deutschland: „Macht das Tor auf!" Als Berliner kann er sich die Stadt nur als Ganzes vorstellen. Seine alten kommunistischen Freunde verübeln ihm die Entscheidung für den Westen und seine Bereitschaft, sogar eine Professur an der Hochschule für Bildende Künste anzunehmen.

Im Mai 1959 wird ihm in New York vom National Institute of Arts and Letters die Goldmedaille verliehen. Der Schriftsteller und Dramatiker Arthur Miller wird ebenfalls geehrt. Er ist mit seiner Frau Marilyn Monroe da. Grosz bittet Marilyn um ein Autogramm. Er rollt den Ärmel seines Oberhemdes hoch und sie schreibt ihm auf die Haut.

„Mein Vater ist in Amerika eigentlich ein einsamer Mann gewesen", sagt Peter Grosz 1974 in einem Interview mit dem Grosz-Biografen Lothar Fischer. „Während er im Berlin der zwanziger Jahre täglich mit den führenden Leuten von Kunst, Theater und Literatur zusammen war, Ideen austauschte und realisierte, hatte er in den USA nur Leute zweiter Garnitur um sich gehabt."

Die Neigung zum Alkohol verstärkt sich im Alter weiter. Seine Frau Eva ist so verzweifelt, dass sie einen Selbstmordversuch unternimmt. Aber auch das tut Grosz als unwichtig ab und reagiert auf Vorhaltungen sehr gereizt.

Die Entscheidung, 1959 für immer nach Berlin zurückzukehren, wird von seinem Zustand überschattet. Es dauert Wochen, ehe er alle Bücher, Mappen, Bilder und Notizen durchgesehen hat. Peter Grosz hält es für möglich, dass sein Vater bei der Rückkehr nach Berlin Vorahnungen hat. „Alles war wie ein Abschiednehmen von seinem Leben und seiner Arbeit, so als ob er geahnt hätte, dass es eine Reise nicht nur in die alte Heimat werden sollte, sondern auch in den Tod."

Martin Grosz erinnert sich an die Verfassung seines Vaters kurz vor dessen Tod: „Er fühlte sich schlecht dabei, nach Deutschland zurückzugehen, aus vielerlei Gründen: Es schien für ihn so etwas wie das Zugeständnis seiner Niederlage. Hier war ich schon mal berühmt, jetzt bin ich wieder hier und höre die alten Leute sagen, dass ich berühmt bin – aber aus ganz anderen Gründen: Er war der schlagkräftige Anti-Kapitalist, Anti-Bourgeois, und nun kauften die Kapitalisten seine Bilder und hängten sie zu Hause hin. Er ist eine gute Investition geworden. Das wusste er alles. Ich weiß nicht, wohin er gegangen wäre, wenn er die Wahl gehabt hätte. Ich kann es nur vermuten: tiefer und tiefer in die Wälder. So etwas vielleicht."

Am Haus Savignyplatz 5 in Charlottenburg hängt eine Gedenktafel für George Grosz, ziemlich verdeckt von Büschen. Grosz ist, Pfeife rauchend bei der Arbeit, mit den für seine Zeichnungen typischen Figuren eingraviert. Die Tafel enthält folgenden Text:

> In diesem Hause starb
> GEORGE GROSZ
> Zeichner und Maler
> 1893 – 1959
>
> Text auf der Gedenktafel in der Trautenaustraße 12 in Wilmersdorf:
> Hier lebte von 1928 bis 1933
> GEORGE GROSZ
> 26.7.1893 – 6.7.1959
> Maler und Graphiker. Bedeutender Satiriker,
> kämpfte gegen Militarismus, Obrigkeitsstaat
> und Untertanenmentalität
> Seine Bilder wurden von den Nationalsozialisten als
> „entartete Kunst" verboten. Emigration 1933,
> seit 1938 amerikanischer Staatsbürger

Georg Grosz und seine Frau Eva, die ein Jahr nach ihm starb, sind auf dem Friedhof an der Heerstraße neben dem Olympiastadion in Berlin-Charlottenburg begraben. Das Ehrengrab liegt im Feld 6 B 19.

Das Grab von Georg Grosz und seiner Frau Eva auf dem Friedhof an der Heerstraße in Berlin-Charlottenburg, Foto von 2008

Helmut Newton

Mit Vollgas durchs Leben

Unterschiedliche Kneipen, unterschiedliche Regeln. Eine gilt in allen gleichermaßen: Kein Gast hat irgendetwas hinter der Theke zu suchen. Es sei denn, der Gast heißt Helmut Newton und die Kneipe „Diener."

Grolmanstraße in Charlottenburg. An der Bahntrasse lehnt sich ein rotsteiniger Gründerzeitbau gegen die Gleise. „Tattersall" steht über dem Eingang. Tattersall war ein Engländer, der Mitte des 18. Jahrhunderts in London Stallungen und Reitbahnen eröffnete, die um Gesellschaftsräume erweitert wurden – eine Idee, die bald Schule machte und ganz Europa eroberte. Und immer gehörten kleine Kneipen dazu.

Fast zwei Jahrhunderte später pachtet Franz Diener die Kneipe „Tattersall des Westens". Der ehemalige Profi-Boxer hängt seinen Namen über die Tür und umgibt sich mit Filmschauspielerinnen, Theater-Legenden, Musikern, Autoren und Journalisten. Rasch wird das „Diener" West-Berlins berühmteste Künstlerkneipe. Zumal alle Promis Bilder von sich mitbringen, die Franz Diener an die Kneipenwände hängt.

Helmut Newton, seit ewigen Zeiten Stammgast im „Diener", feiert in der Künstlerpinte kurz nach der Jahrtausendwende mit seiner Frau June das Erscheinen seiner Autobiografie. Er schiebt die Ärmel seines Silber-Blousons hoch und fragt Lilo: „Darf ich?" Das Unglaubliche geschieht. Liselotte Wirthwein, seit über dreißig Jahren Chefin im „Diener" mit eisernen Grundsätzen, nickt mit dem Kopf. „Du darfst, Helmut. Ausnahmsweise." Und so passiert es, dass Helmut Newton, der begnadete Fotograf schöner Frauen, im „Diener" am heiligen Platz hinter der Theke steht und Bier zapft. Das erste, aber nicht das letzte Mal. Es wird ein Dauer-Privileg für Helmut Newton.

Von June Newton geschossenes Foto aus der Berliner Künstlerkneipe „Diener", das die Kneipenchefin Liselotte Wirthwein mit Helmut Newton an dessen 80. Geburtstag am 31. Oktober 2000 zeigt – mit handschriftlicher Widmung: „Ein weiteres Souvenir von June. Helmuts Geburtstag 31/10/00", Foto von 2019

Wann immer Newton in der Stadt ist, trinkt er Bier und Korn im „Diener" und bestellt Handkäs. Auf dem runden Stammtisch steht dann ein Wimpel mit Newtons Name, erinnert sich Rolf Honold, der Partner von Lilo. „Irgendwann war der Wimpel weg. Geklaut", sagt Honold. Am Stammtisch trifft sich Helmut Newton mit Freunden aus aller Welt. Darunter Heinz Berggruen, der legendäre Kunstsammler. An Lilos Privattisch neben dem Tresen unterhält der weltmännische Fotograf die Stammgäste mit seinen Geschichten.

Heute erinnert ein Foto an die Freundschaft zwischen der „Diener"-Chefin und dem Star-Fotografen. Das Bild hängt über der roten Sitzecke am Privattisch in einem goldenen

Rahmen. Auf dem Foto himmelt Lilo „ihren“ Helmut an. Aufgenommen hat es June Newton am 31. Oktober 2000 – zum achtzigsten Geburtstag von Helmut Newton. Gefeiert hat er den Tag und den Abend mit Freunden und Bekannten an anderen Orten. Erst ist er bei der Ausstellung, die ihm zu Ehren in der Neuen Galerie eröffnet wird. Später lässt er sich anderswo hochleben. Der letzte Weg in dieser Nacht aber führt ihn ins „Diener“. An solch einem Tag allemal.

Der Junge, der 1920 in der Innsbrucker Straße 24 in Schöneberg geboren wird, heißt Helmut Neustädter und ist ein Sonntagskind. Seine Mutter Klara erzählt ihm später, dass es den ganzen Tag geregnet habe. Aber um halb zwölf, als er zur Welt kommt, scheint die Sonne. Die Familie der Mutter ist begütert, Vater Max ein erfolgreicher jüdischer Knopffabrikant. Jahre später, unter den Nazis, hat die Konfession natürlich Folgen.

„Meine Mutter war ein bisschen versnobt“, schreibt Newton in seiner Autobiografie. „Sie sah auf alle herab, die den Ansprüchen weltstädtischer Berliner Lebensart nicht genügten. Wir hatten eine große Wohnung in der Innsbrucker Straße, im dritten Stock eines turmartigen Gebäudes. Unsere Wohnung war so geräumig wie ein Haus. Sie hatte ungefähr zehn Zimmer, die alle von einem langen Flur abgingen. Ich hatte ein eigenes Zimmer und ein Kindermädchen, das sich ausschließlich um mich zu kümmern hatte. Ich wurde nach Strich und Faden verzogen. Mir wurden alle Wünsche erfüllt. Ich war unausstehlich, aber ich war auch süß. Wenn ich etwas haben wollte, bekam ich es.“ Nicht nur die Mutter ist versnobt. Wenn die Familie aus den Ferien zurückkommt, muss das Hauspersonal antreten und ein Schild hochhalten: „Willkommen zu Hause“. Ohne Schild wird der Vater böse und die Urlaubserholung hat sich erledigt.

Helmuts Eltern machen sich ständig Sorgen wegen der Bazillen. Der Junge darf kein Geländer anfassen, kein Geld in die Hand nehmen, keine Fremden umarmen. Der Starfotograf gesteht: „Davon ist mir bis heute etwas geblieben.

Ich habe immer noch eine Scheu davor, ein Geländer anzufassen, und es ist mir zuwider, mich von anderen berühren zu lassen. Ich war eine schreckliche Memme. Ich hatte Angst vor allem und jedem. Ein Chauffeur in Uniform brachte mich zur Schule und holte mich wieder ab. Keiner außer mir hatte einen Chauffeur."

Der Chauffeur kann den Jungen zur Schule bringen und abholen. Gegen die miesen Zensuren ist er machtlos. „Nichts habe ich in meinem Leben so verabscheut wie die Schule. Ich war ein miserabler Schüler, aber das war mir egal." Helmut fliegt vom Heinrich-von Treitschke-Realgymnasium und sein Vater meldet ihn auf der American School an. Eine noble Privatschule am Nollendorfplatz, die von zahlungskräftigen Eltern lebt. Trotzdem: Helmut ist auch hier untragbar. Sein Vater ahnt Schlimmes: „Junge, du wirst in der Gosse landen. Du denkst immer bloß an Mädchen und Fotos." Da ist was dran. Sohn Helmut hat seine Leidenschaft fürs Fotografieren entdeckt. Seine erste Kamera bekommt er mit zwölf Jahren, eine Agfa Box Tengor. Sein erstes gelungenes Bild ist der Funkturm. Beim Baden am Halensee findet er die Mädchen-Motive, die ihn reizen.

Wenn Jungs ihre Mütter nicht hätten! Helmut ist sechzehn und die Mutter besorgt ihm eine Lehrstelle bei der bekannten Berliner Fotografin Yva. Eigentlich heißt sie Else Simon. Yva macht Modefotos und Porträts von Ballett-Tänzerinnen, Schauspielern und Schauspielerinnen. „Es war wahrscheinlich die glücklichste Zeit meiner Jugend in Berlin", schreibt Newton. Yva hat ein Atelier in der Schlüterstraße 45. Newton findet es „fantastisch". Das Haus in der Schlüterstraße hat eine wechselvolle Geschichte. 1911 als Wohnhaus gebaut. In der vierten und fünften Etage das Atelier von Yva. Unter den Nazis enteignet, Sitz der Reichskulturkammer. Nach dem Zweiten Weltkrieg umgebaut zu einem Hotel, das später „Bogota" heißt. Die Eigentümer müssen 2013 aufgeben. Nach einem Umbau zieht erst Modedesigner Wolfgang Joop in die Räumlichkeiten von

Gedenktafel für Helmut Newton am Haus Innsbrucker Straße 24 in Berlin-Schöneberg, der hier als Helmut Neustädter geboren wurde, Foto von 2018

Yva. Heute arbeitet eine Rechtsanwaltskanzlei dort, wo Helmut Newton lernt, mit einer Kamera umzugehen.

Jeden Donnerstag überlässt Yva ihren Mitarbeitern das Atelier nach Büroschluss. „Dann konnten wir unsere Freunde fotografieren, Übungsaufnahmen machen. Ich schleppte alle meine Bekannten hin. Ich machte Fotos von meinen Freundinnen in den Kleidern und Hüten meiner Mutter. Sie hatte natürlich alle Modejournale abonniert. Ich imitierte die Fotos. Ich wollte Vogue-Fotograf werden." Nach etwa sechs Monaten ruft Yva bei Helmuts Mutter an. „Wissen Sie, Helmut macht sich so gut, Sie brauchen mir kein Lehrgeld mehr zu zahlen. Zum Zeichen unserer Wertschätzung werden wir ihm sogar ab sofort ein kleines Taschengeld geben."

Nach den Novemberpogromen 1938 will die Familie Neustädter nur noch weg aus Berlin. Der Vater ist längst vom

Direktorenposten seiner eigenen Firma abgesetzt und durch einen sogenannten Arier ersetzt worden. Mutter Klara verkauft ein Auto und beschafft Schiffspassagen. Für die Eltern nach Südamerika. Für Helmut sucht die Mutter China aus. Andere Plätze sind nicht zu bekommen. Mit achtzehn Jahren, im Dezember 1938, besteigt der junge Mann im Bahnhof Zoo einen Zug nach Triest, wo das Schiff ablegen soll: „Der Zug war voller Juden, die aus demselben Grund wie ich nach Triest wollten. Ich fand mein Abteil und winkte zum Abschied, als der Zug aus dem Bahnhof fuhr. Vor der Abreise gab mir mein Vater noch einen guten Rat mit auf den Weg. Mein Junge, auch wenn du keinen roten Heller in der Tasche hast, sobald du deine Bruchbude verlässt, musst du aussehen wie ein Millionär, sagte er. Meinen Vater habe ich nie wieder gesehen."

Auch das Schiff ist voller jüdischer Flüchtlinge. Keiner will an die ungewisse Zukunft denken. Jeder amüsiert sich, so gut er kann. Alles tanzt und trinkt. Der Junge aus Berlin fängt eine Affäre mit einer Wienerin an, die mit ihrem Mann reist. Sie kommt oft zu ihm, wenn er die Kabine am Nachmittag für sich hat. Gleichaltrige Mädchen interessieren ihn nicht besonders. Er hält sich an die Älteren, die verheirateten Frauen um die dreißig. Sie haben den ganzen Sexappeal und Glamour. Darauf kommt es ihm an.

Kurz vor Weihnachten legt das Schiff für einen halben Tag in Singapur an. Mit der Möglichkeit, hier von Bord gehen zu können und nicht nach China reisen zu müssen. Vorausgesetzt, ein Komitee stimmt zu. „Ich war jung und unverheiratet, sprach Englisch und hatte meine Kameras bei mir – lauter Pluspunkte. Schließlich verkündete das Komitee seine Entscheidung. Ich wurde ausgewählt. Jemand aus dem Komitee sagte mir, er könne mir eine Stellung als Fotograf bei der *Straits Times* besorgen, der wichtigsten Zeitung in Singapur."

Bei der *Straits Times* fotografiert Helmut Neustädter für die Gesellschaftsspalten. Sie schicken ihn auf Teepartys im

Government House. Der Schweiß tropft aufs Objektiv der Rolleicord, während er versucht, die Kamera aufzubauen. Es klappt nicht. Die Fotos sind unsäglich. Das Fiasko wiederholt sich. Der Junge bringt nie etwas zustande, was die Zeitung verwerten kann. Oft sind überhaupt keine Bilder auf dem Film. Nach zwei Wochen wird er gefeuert.

Josette Fabien, eine Frau, die zum Komitee gehört, das sich auf dem Schiff für den Fotografen entschieden hatte, kümmert sich um ihn. Sie zahlt teure Anzüge und edle Hemden, beschenkt ihn, lässt ihn in ihrem Haus wohnen. Er nennt sich Marquis und sie hilft ihm, ein kleines Studio einzurichten. „Aus mir war ein Gigolo geworden", stellt Newton später fest. „Mir wurde klar, wie weit ich von meinem Ziel entfernt war, Vogue-Fotograf zu werden." Die wenigen Porträt-Aufträge, die er ergattert, sind nicht, was er sich vorgestellt hat.

Er lässt seinen Pass verfallen und wird von Singapur in ein Internierungslager nach Australien verschifft, nicht weit von Melbourne entfernt. Zwei Jahre bleibt er in dem Lager. Danach meldet er sich als Freiwilliger für die australische Armee. „Ich war fünf Jahre Soldat. Der Militärdienst war recht angenehm. Ich hatte gelernt, mich erfolgreich vor der Arbeit zu drücken."

Nach der Entlassung aus der australischen Armee ist wieder der Wunsch da, ein berühmter *Vogue*-Fotograf zu werden. Zuerst ändert er seinen Namen. „Ich wollte nie wieder Neustädter heißen, auch nicht in meinen Gedanken. Als Nachnamen wählte ich Newton, eine plausible Übersetzung von Neustädter." Den Vornamen Helmut behält er, um nicht alle Brücken zu seiner Kindheit und seiner Familie abzubrechen. Als ihm die australische Staatsbürgerschaft angeboten wird, nimmt er sofort an. Auf die Frage, welche Stadt als Geburtsort in den Pass eingetragen werden sollte, gibt es für Helmut Newton nur eine Antwort: Berlin.

Er eröffnet in Melbourne ein kleines Atelier. Hier trifft er seine große Liebe. June Brunell, Schauspielerin, Fotografin,

Helmut Newton, Foto von 1967

eine schöne, kluge Frau, die ihn zu nehmen weiß. Er warnt sie vor der Hochzeit 1948: „Meine Arbeit steht immer an erster Stelle.“ Sie lässt sich nicht einschüchtern, wird sein Modell und er ihres. Es ist mühsam. Sie leben von Gelegenheitsarbeiten und von Auftragsfotografie für Babywäsche bis Hochzeiten.

Newton kniet sich in die Arbeit, arbeitet als Mode- und Theaterfotograf. Sein Name bekommt einen ersten Glanz. Mitte der Fünfzigerjahre veröffentlicht er Fotos in der australischen *Vogue*. Es folgen die französische, italienische, amerikanische und die deutsche Ausgabe, international führende Modemagazine wie *Elle*, *Marie Claire* oder *Jardin des Modes*. Seine Modefotos verändern die Szene. Keiner lässt wie er Models provozierend posieren. Er entwickelt für die Magazine eine völlig neue Ästhetik. Newton holt die Welt des Geldadels und des Jetsets ins Modemilieu, lässt die geschminkten, oft mit nichts als Schmuck bekleideten Models selbstbewusst in edler Kulisse agieren.

Der Art Director der französischen *Vogue* schickt Newton Anfang 1963 nach Berlin. Er will einen Fotoroman mit Mauer-Szenario haben. Newton denkt sich die Geschichte einer schönen russischen Spionin aus. Sein Model heißt Brigitte Schilling. Der Fotoroman beginnt damit, dass sie Dokumente abfotografiert. Er endet mit der Verhaftung durch zwei Berliner Polizisten. Auf einem der Fotos steht das Model auf einem Aussichtsturm an der Mauer.

Newton übersieht Gedenktafel und Kreuz für Peter Fechter, einen jungen Ostberliner, der über die Mauer flüchten wollte, von Grenzsoldaten angeschossen wurde und elendig verblutete. Kaum ist die Fotogeschichte veröffentlicht, löst sie einen internationalen Skandal aus. Mit entsprechenden Überschriften in deutschen Zeitungen. „Ein Fotograf ‚verkauft' Berliner Modelle" – „Berlin empört: Mauer als Modekulisse" – „Berlin über Mode-Photos an der Mauer entrüstet" – „Geschmackloser Bildbericht benutzt die Mauer als Modekulisse" – „Senat: Völlig ohne Instinkt". Die deutschen Firmen, die in der französischen *Vogue* Anzeigen schalten, kündigen sämtliche Verträge. Brigitte Schilling, damals ein Supermodel in Deutschland und Europa, bekommt in Deutschland keine Arbeit mehr. Die beiden Polizisten, die auf Newtons Fotos posiert hatten, werden entlassen. „Es dauerte rund zwei Jahre, bis einigermaßen Gras über die Sache gewachsen war und ich mich in Berlin wieder blicken lassen konnte. Meine Berliner Freunde nannten mich nur noch Mauer-Helmut."

Newton stilisiert sich zum bösen Jungen der Fotografie. Sein Markenzeichen wird eine offensiv zur Schau gestellte Nacktheit. Er zeigt nicht die fügsamen, unterwürfigen Frauen, die er in den etablierten Modemagazinen seiner Zeit findet. Newton dreht die Erwartungen an die Geschlechterrollen um. Frauen sind jetzt stark, gefährlich, dominieren und sind für ihre Sexualität verantwortlich. Die Männer sind unterwürfig gegenüber Newtons herrischen Göttinnen, wenn sie überhaupt auftreten.

Immer wieder ist Berlin Inspirationsquelle für Newton. Hier lebt er seinen Hang zum Zwielichtigen aus. „Es war eine Welt, die mich ungeheuer anzog, also ging ich oft hin. Aber ich erzählte niemandem davon.“ Er schlenderte in Bars, Varietés und Kneipen, die Kamera in der Tasche. „Da gab es zum Beispiel das Chez Nous, eine wilde Schwulenbar mit einem phantastischen Showprogramm. Ich saß an der Bar, trank ein paar Drinks, sog die sündige Berliner Atmosphäre in mich ein und sprach zwischen den Darbietungen mit den Männern. Als ich einmal June mitnahm, war sie entsetzt, dass ich mit diesen Leuten so freundschaftlich verkehrte.“

Ein anderes Mal entdeckte er auf seinen Streifzügen ein Bordell in der Knesebeckstraße, nicht weit vom Kurfürstendamm. „Es war eine dieser riesigen Berliner Wohnungen mit endlos langen Fluren, mindestens zehn Zimmer und einem Wohnzimmer, fast so groß wie ein Tanzsaal. Im großen Zimmer war eine Bar, und man konnte trinken – man musste nicht mit einem der Mädchen aufs Zimmer, wenn einem nicht danach war.“

Auf Drängen seiner Frau June stellt sich Newton seiner Berliner Vergangenheit. Künstlerisch diesmal, indem er seine provozierenden Models in der Stadt seiner Kindheit fotografiert. Damit findet er sein originäres Setting, die üppigen Berliner Boudoirs, heruntergekommene Hotelzimmer, dunkle Straßen.

Berlin Nude heißt die Serie. Nicht sein erstes Buch. Ein Jahr zuvor, 1976 – da war er sechsundfünfzig –, erschien *White Women*. Seine *Big Nudes* werden ein großer Erfolg und schließlich *Sumo*, das Riesen-Buch. Immer neue Foto-Bücher mehren seinen Ruhm. Helmut Newton ist einer der höchstdotierten Fotokünstler der Welt mit Tagesgagen von

Helmut Newton, auf ein Exemplar des *Sumo*-Buches gestützt, April 2000

fünfzigtausend Dollar und mehr. David Bowie, Catherine Deneuve oder Leonardo DiCaprio lassen sich von ihm porträtieren, Liz Taylor, Paloma Picasso, Caroline von Monaco, Karl Lagerfeld, Salvador Dalí.

Newton wird zum Zirkusdirektor stilvoller Fantasien, ein Foto-Künstler, dafür bekannt, dramatische, erotische Layouts zu schaffen. Seine bekanntesten Arbeiten in den wichtigsten Modemagazinen zeigen langbeinige Models mit hohen Absätzen und dunklem Lippenstift, denen er oft übernächtigte Augenringe schminken lässt. Die Frauen posieren lasziv in den Schwimmbädern der Riviera, an Waschmaschinen im Keller, an Stränden und in Parks. Die Kulissen sind dunkle

Straßen, elegante Villen und große Hotels, in denen Frauen herrschen und von Gigolos bedient werden. Newton stilisiert eine ungebrochene Dekadenz, als seien seine Bilder einem mysteriösen erotischen Film entrissen.

Längst sucht er sich genau aus, mit welchem Frauentyp er arbeiten will. Heidi Klum drängt ihren Agenten Peyman Amin, Newton ihr Modelbuch zu schicken. Sie will unbedingt für ihn posieren. Ein Bote bringt das Buch zu Newton. Drei Wochen lang keine Antwort. Irgendwann fragt Amin nach. Newton bekommt er nicht ans Telefon. Der lässt lediglich mitteilen: Der Bote kann das Buch wieder abholen. Keine Erklärung, nichts.

Helmut Newton zieht mit June von Paris nach Monaco, weil er nicht siebzig Prozent Steuern zahlen will und weil es dort immer warm ist. Das Apartment nennt er „langweilig". Er ist viel unterwegs, es lässt sich aushalten. Den Winter verbringt das Ehepaar über fünfundzwanzig Jahre in Los Angeles, im „Chateau Marmont Hotel" in den Hügeln Hollywoods, einem türmchengekrönten weißen Bau. Es gilt als legendär, Humphrey Bogart und Greta Garbo stiegen hier ab.

Freitag, 23. Januar 2004, mittags gegen zwölf Uhr. Helmut Newton steigt vor dem Hotel am Sunset Boulevard in seinen silberfarbenen Cadillac SRX, Baujahr 2004. Er rollt langsam vom Parkplatz. Doch statt auf die Straße zu biegen und sich in den Verkehr einzufädeln, tritt er aufs Gas. Das Auto macht plötzlich einen Satz nach vorne. Der Caddi rast über die Marmont Lane, springt auf der anderen Seite über einen niedrigen Bordstein und knallt ungebremst gegen eine Mauer, vor der Sträucher stehen. Auf dem Bürgersteig vor der Hoteleinfahrt sind Fußgänger unterwegs. Sie haben Glück.

Eine davon ist Ann Johansson, freie Fotografin aus Los Angeles. Das Auto verfehlt sie nur knapp. Sie erlebt, wie Helmut Newton von Feuerwehrmännern aus dem Wagen geholt wird. Ein Hotelangestellter sieht, dass Helmut

Bundeskanzler Gerhard Schröder, vorn links, und neben ihm der Regierende Bürgermeister von Berlin, Klaus Wowereit, folgen June Newton bei der Beisetzung der Urne von Helmut Newton auf dem Friedhof Stubenrauchstraße in Berlin-Schöneberg, 2. Juni 2004

Newton stark im Gesicht blutet. Er wird ins Cedars-Sinai Medical Center in Los Angeles gebracht. Hier erliegt er wenig später seinen schweren Verletzungen. Helmut Newton ist dreiundachtzig Jahre alt. Er stirbt, wie er gelebt hat. Mit Vollgas. Ein Foto von Ann Johansson zeigt den Cadillac nach dem Unfall. Die gesamte Front des Wagens ist eingedrückt. Freunde vermuten später, daß Helmut Newton einen Herzinfarkt erlitten und die Kontrolle über das Auto verloren hat.

Newtons Beisetzung auf dem Friedhof in der Stubenrauchstraße in Schöneberg, drei Gräber neben Marlene Dietrich, ist mehr Erinnerung als Trauerfeier. Neunzig Gäste aus der halben Welt sind geladen. Darunter der damalige Bundeskanzler Schröder, Ex-Bond Roger Moore, Regisseur

Ehrengrab des Landes Berlin für Helmut Newton auf dem Friedhof Stubenrauchstraße in Berlin-Schöneberg, Foto von 2018

Volker Schlöndorff, Heinz Berggruen, der Kunstsammler. Sie nehmen Abschied von einem Mann, der für übermäßig pietätvolle Zeremonien wenig übrighatte.

Während der Trauerfeier in der Friedhofskapelle regnet es, wie schon den ganzen Tag. Beim Gang zum Grab scheint kurz die Sonne. Fast wie damals bei der Geburt von Helmut Neustädter. Wenn es wichtig wird, klart der Himmel auf. June Newton hat sich beim Bestattungsunternehmer Heinz Grieneisen eingehakt, der die Urne aus hellem Kirschholz trägt. Musikanten mit Klarinetten und Geigen gehen voran und spielen die Moritat von Mackie Messer als flotten Dixie.

Am Grab haucht die Witwe über die Hand einen letzten Kuss für ihren verstorbenen Mann. Dann legt sie einen Fotoapparat auf die Urne – eine Mju II von Olympus, die Lieblingskamera ihres Mannes. Trauergäste erzählen später Reportern, sie habe damit auch während der Trauerfeier fotografiert.

Helmut Newton stirbt, bevor er erleben kann, wie sich ein großer Traum erfüllt. Er hat sein Archiv der Stadt Berlin vermacht, die ihm dafür ein Museum in der ehemaligen Kunstbibliothek am Bahnhof Zoo einrichtet. Es wird wenige Tage nach der Beisetzung eröffnet. Hier residieren die Helmut Newton Stiftung und das Museum für Fotografie.

In dem wilhelminischen Prachtbau hängen seit Eröffnung des Museums immer wieder die berühmten Fotos von Helmut Newton. Ist das Kunst, was er macht? Er gibt damals in der Künstlerkneipe „Diener", als er seine Autobiografie feiert, eine knappe Antwort. „Nein! Ich bin kein Künstler! Sie brauchen nicht zu suchen, Sie finden keinen tieferen Sinn in meinen Bildern." Und er wiederholt sein Credo: „Ich bin ein Auftragskiller – ein Gun for hire."

Der blieb Helmut Newton bis zum Schluss. Berlin, Paris, Monte Carlo, Los Angeles und am Ende wieder Berlin. Die Eckpfeiler seines Lebens. Er hat das Leben geliebt. Und Berlin liebt Helmut Newton.

Karl Ludwig von Hinckeldey

Am Ende ein verlorenes C

Auf den ersten Blick wirkt Berlin etwa in der Mitte des 19. Jahrhunderts beschaulich. Paare schlendern untergehakt vom Brandenburger Tor die Linden entlang, vorbei am Zeughaus und an der Oper. Am Schloss verharren sie eine kleine Weile und setzen ihren Müßiggang schließlich fort.

Nach der blutigen März-Revolution 1848 ist in Berlin Schluss mit der friedlichen Idylle. Blaurockige Konstabler beherrschen die Straßen, wippen in ihren Stiefeln, pressen die Hände hinter dem Rücken zusammen und drangsalieren die Leute. Sie verhindern, dass Journale ausgerufen werden und nicht mehr als drei Personen nebeneinanderstehen, Musik erklingt oder etwa gesungen wird. Wer es eilig hat, muss damit rechnen, angebrüllt zu werden. Schnelles Gehen ist verboten. Ein Spaziergang in Berlin unterscheidet sich kaum von den Freigängen im Gefängnis der Stadtvogtei unter Aufsicht der Wärter.

Der Mann, der das alles zu verantworten hat, ist Karl Ludwig Friedrich von Hinckeldey, seit November 1848 Polizeipräsident in Berlin. Einen Barrikaden-Aufstand wie im März will König Friedrich Wilhelm IV. nicht noch einmal erleben. Hinckeldey ist der richtige Mann für den König. Treu ergeben, stockkonservativ, Jurist mit Beamtenlaufbahn aus thüringischem Adel und vom König dazu berufen, für Ruhe und Ordnung zu sorgen. Hinckeldey gilt als extrem ehrgeizig, skrupellos und hochmütig. Er verschärft die Theater- und Pressezensur und beschlagnahmt Zeitungen. Er lässt alle Reisenden und jeden, der in die Stadt zieht, überprüfen. Bismarck muss sich kontrollieren lassen, er zwingt Ferdinand Lassalle und Hans Victor von Unruh, Präsident der preußischen Nationalversammlung, die Stadt zu verlassen. Hinckeldey ordnet rücksichtslose Hausdurchsuchungen an, baut ein ausgedehntes Spitzelwesen auf und lässt selbst falsche Zeugen aussagen. In einem Prozess um gestohlene Depeschen kommt heraus, dass der Polizeipräsident auch Prinz Wilhelm von Preußen heimlich beobachten lässt.

Hinckeldey überwacht die subversiven Elemente in den Reihen der Polizei und baut sein Büro zu einem Zentrum polizeilicher Überwachung aus. Damit Redakteure nicht etwa übermütig werden, schickt er der Berliner Presse von Zeit zu Zeit eine Liste von Einrichtungen und Maßnahmen, deren Besprechung ihm „nicht wünschenswert" ist. Hinckeldey gründet den Polizeiverein der deutschen Länder mit dem Ziel der „Ausspähung, Prävention und Bekämpfung jeglicher oppositionell erachteter Bestrebungen". Erstmals tauschen die Polizeichefs der Länder alphabetische Fahndungslisten vor allem politischer Straftäter aus. Unnachsichtig lässt er Liberale und Republikaner verfolgen.

Seit August 1854 ist Hinckeldey Generalpolizeidirektor und damit sogar Vorgesetzter des Berliner Bürgermeisters. Unzensierte Plakate in der Stadt passen ihm schon lange nicht. Mit dem Drucker Ernst Litfaß schließt er einen Vertrag über hundertfünfzig Reklamesäulen. Damit kann Hinckeldey die Zettelwirtschaft besser kontrollieren. Dreißig der Litfaßsäulen sollen als Urinale, sogenannte „Einmann-Pissoirs" dienen, werden aber nicht gebaut. Die Berliner nennen ihren Polizeipräsidenten deshalb gerne Pinkel-Bey und spotten:

> Ach, lieber Vater Hinckeldey,
> mach uns für unsre Pinkelei
> doch bitte einen Winkel frei.

Hinckeldey und sein Adlatus Wilhelm Stieber, den Friedrich Engels einen „der elendsten Polizeilumpen des Jahrhunderts" nennt und den Hinckeldey selbst als „dieses verkommene Subjekt" bezeichnet, inszenieren die angebliche Entdeckung von deponierten Waffen und Munition in einer Maschinenfabrik im Osten der Stadt. Sie behaupten,

Karl Ludwig Friedrich von Hinckeldey, Lithografie von Eduard Kretzschmar, 1856

Verschwörer hätten eine neue Revolution vorbereitet. Beim Prozess werden sechs Angeklagte zu mehrjährigen Zuchthausstrafen verurteilt.

Nicht nur Bürger, auch den Adel nimmt sich Hinckeldey vor, ohne Rücksicht auf Rang und Namen. Die Junker schäumen vor Wut. Aus dem ohnehin gespannten Verhältnis zur Polizeitruppe und ihrem Chef wird ein ständiger Kleinkrieg. Offiziere und Konstabler geraten bei Passkontrollen regelmäßig aneinander. Zu einem Ball, den Hinckeldey für fünfhundert Personen gibt, erscheint kein einziger Offizier. Die heranwachsende Tochter des Polizeipräsidenten – eines von sieben Hinckeldey-Kindern – wird in der Gesellschaft als „Konstabler-Göre“ gemieden. Keiner der jungen Leutnants tanzt mit ihr.

Immer wieder setzt sich der kleine Diktator über das Gesetz hinweg und immer wieder verzeiht man ihm. Zumal Hinckeldey in seinem Amt ein tatkräftiger und durchaus progressiver Mann ist. Nicht nur in politischer Hinsicht räumt er auf. Hinckeldey schickt Alexander von Humboldt nach London und Paris, um sich dort nach Möglichkeiten umzusehen, den stinkenden, „jämmerlichen Rinnsteinen“ Berlins ein Ende zu bereiten. Gemeinsam mit einem englischen Unternehmen lässt er die neue Berliner Kanalisation bauen, „lebendige Adern der Reinlichkeit“. Vor dem Stralauer Tor lässt er das erste Wasserwerk der Stadt bauen. Unter Hinckeldey entstehen Volksküchen, Gesindeherbergen, Bade- und Waschanstalten. Nach dem Brand in einem Theater beginnt Hinckeldey konsequent mit dem Aufbau einer Berufsfeuerwehr. Er sorgt für eine schnelle und direkte Verbindung zur Polizei, was in der Folge viele Menschenleben rettet. Er ernennt Bauinspektor Ludwig Scabell zum königlichen Branddirektor. Scabell erfindet die optischen und akustischen Signale der Feuerwehr. Hinckeldeys Reformen werden im täglichen Leben Berlins fühlbar. Obwohl er sie drangsaliert, mögen ihn die Berliner so sehr, dass sie für ihn im Krollschen Etablissement ein Ehrenfest veranstalten.

Polizeipräsident Hinckeldey wird jederzeit vom König empfangen. Friedrich Wilhelm IV. vertraut ihm und hört ihm zu. Doch als Hinckeldey seinen König dringend braucht, schweigt der Regent. Das Todesurteil für Hinckeldey.

Hinckeldeys Ehrgeiz, seine Polizei dem Militär gleichzusetzen, ruft schon lange den Hass der adligen Offiziersclique um Prinz Wilhelm hervor, dem späteren Kaiser Wilhelm I. Die Polizeikonstabler grüßen die Offiziere nicht mehr – ein unerhörter Affront gegen den preußischen Adel. Die Gardeoffiziere planen eine kalte Rache.

Der Anlass bietet sich, nachdem der König seinen Polizeipräsidenten aufgefordert hat, gegen einen illegalen Spielclub vorzugehen. In Preußen ist es ein offenes Geheimnis, dass in Berlin Spielclubs existieren, in denen junge Offiziere und Beamte aus dem preußischen Hochadel Unsummen verspielen. Eine große Gesellschaft trifft sich meist im Anschluss an Pferderennen. Die bevorzugten und meist geheimen Spielclubs locken die Berliner Zocker ins „Savoy-Hotel" in die Dorotheenstraße, ins Café „Josty" am Potsdamer Platz, ins Restaurant von Philipp Albrecht in die Mohrenstraße, zu „Hecht" in die Jägerstraße, in die „Eremitage" in die Jägerstraße, zu „Knoop" in die Potsdamer Straße oder zu „Wittkopp" in die Kleine Mauerstraße.

Eine der edelsten Spielhöllen ist der „Jockey-Club" im „Hotel du Nord", Unter den Linden 35. Seine Mitglieder gehören dem höchsten Adel an. Der Mann an der Spitze des Clubs ist Hans von Rochow, Mitglied des Herrenhauses, Premierleutnant und Landwehroffizier. In der Nacht vom 23. zum 24. Juni 1855 verschafft sich Polizeileutnant Damm mit einer Truppe von Konstablern Zugang zum „Jockey-Club". Hintergrund: Herzog Wilhelm von Mecklenburg, ein Neffe des Königs, hat im Spiel gegen zwei Offiziere viel Geld verloren. Diese beiden Offiziere will der König aus der Stadt haben. Aufzeichnungen belegen, dass der König gegenüber Hinckeldey unmissverständlich ist: „Wenn Sie die Herren nicht aus Berlin schaffen, jage ich Sie fort, Herr von Hinckeldey." Also setzt der Polizeipräsident seinen Polizeileutnant in Marsch. Doch die Aktion gerät außer Kontrolle. Die beiden Gesuchten sind nicht da. Dafür werden einige Offiziere verhaftet, müssen aber gleich wieder freigelassen werden. Das Militär tobt. Nach der Razzia im „Jockey-Club" erscheint Rochow bei Hinckeldey, um sich über die Polizeiaktion zu beschweren. Der Polizeipräsident gibt zu, dass sein Polizeileutnant nicht richtig gehandelt habe, beruft sich im Übrigen aber auf den Befehl des Königs. Rochow notiert nach dem Gespräch sorgfältig, was Hinckeldey gesagt hat.

Später will Hinckeldey von diesem Befehl des Königs nichts mehr wissen. Er habe lediglich die Möglichkeit andeuten wollen, dass der König eine solche Anweisung hätte treffen können. Hinckeldey leugnet seine vorherige Äußerung, um den König zu decken. Rochow fühlt sich verleumdet. Er besteht darauf, den Satz richtig aufgeschrieben zu haben. In einer Beschwerde beschuldigt er Hinckeldey, „amtlich eine Lüge ausgesprochen" zu haben. Nicht nur das. Er zeigt seine Notizen jedem, der sie sehen will, und macht sie damit öffentlich.

Ein Lügner genannt zu werden, das kann Hinckeldey nicht auf sich sitzen lassen. Die Affäre wird Hauptthema des Berliner Gesellschaftsklatsches. Hinckeldey fordert Rochow zum Duell. Allein deshalb ein bemerkenswerter Vorgang, weil der Polizeichef, dessen Aufgabe es unter anderem ist, Duelle zu verhüten, selbst zur Waffe greifen will, um sich Satisfaktion zu verschaffen.

Am 1. März 1856 erfährt König Friedrich Wilhelm IV. vom geplanten Duell. Ein Wort des Königs hätte genügt, den gesetzwidrigen Zweikampf zu verbieten. Doch der König schweigt. Später gibt er zu: „Ich wußte seit mehreren Tagen, dass es auf die Tötung Hinckeldeys abgesehen war." Am 5. März legt Hinckeldey seine Ämter vorübergehend nieder. Es ist natürlich nicht möglich, dass ein Polizeipräsident öffentlich gegen geltende Gesetze verstößt.

Der Tag des Duells ist Montag, der 10. März 1856. Die Männer, die sich weit vor den Toren Berlins in der Jungfernheide gegenüberstehen, sind Karl Ludwig Friedrich von Hinckeldey, an diesem Tag fünfzig Jahre alt, und Hans Wilhelm von Rochow, zweiunddreißig.

Hinckeldey war nie Soldat, hat nie schießen gelernt, ist so kurzsichtig, dass er „uff zwölf Schritte keen Scheunentor" treffen kann, wie die Berliner sagen. Die *Vossische Zeitung* formuliert es feiner: Er „verstand nicht mit der Pistole umzugehen und war überdies durch ein sehr schwaches Gesicht behindert". Ihm bleibt der Versuch, schießen zu lernen. Drei Tage übt Hinckeldey bei seinem Freund, dem Strafanstaltsdirektor von Rummelsburg. Er trifft eine Ringscheibe am

Zaun der Strafanstalt bei allen Versuchen nicht ein einziges Mal. Heinrich von Hinckeldey, Königlicher Oberförster, schlägt seinem Bruder dringlich vor, zum Duell eine Brille aufzusetzen. Der Polizeipräsident lehnt ab. Tage nach dem Duell lässt Heinrich von Hinckeldey verlauten: „Nicht im Entferntesten zeigte aber mein Bruder durch Wort oder Tat eine vorherrschende Absicht, seinen Gegner im Duell zu töten." Hans von Rochow dagegen, Hinckeldeys Kontrahent, gilt als vorzüglicher Schütze.

Als seinen Arzt bestellt Hinckeldey Ludwig Hassel, praktischer Arzt und Operateur, Ritter des Roten Adlerordens. Sie treffen sich um acht Uhr morgens in der Grabenstraße 3 beim Geheimen Oberregierungsrat Freiherr von Münchhausen, Adjutant von Hinckeldey. „Hinckeldey gab mir durch den herzlichen Händedruck zu erkennen, daß er sein festes Vertrauen in meine Hände legte", berichtet Hassel später. Der Polizeipräsident trinkt zwei Glas Rotwein und isst ein Viertel eines Butterbrötchens.

„Kein Wort wurde weiter verloren", schreibt Hassel zwölf Tage später auf. „Hinckeldey setzte sich mit Münchhausen in einen Wagen und ich sollte in meinem Wagen folgen – wohin, wußte ich nicht."

Die Kutschen rollen in Richtung Schloss Charlottenburg. Ungefähr in der Mitte der Berliner Straße – heute Otto-Suhr-Allee – hält Hinckeldeys Wagen. Der Charlottenburger Polizeidirektor Maaß tritt an die vordere Kutsche heran. Hinckeldey, der im Wagen seine Polizeiuniform mitführt, um sich gleich nach dem Duell wieder zum Dienstantritt zu melden, glaubt nun, das Veto des Königs werde überbracht. Er soll in diesem Moment den Stoßseufzer „Gott sei Dank!" getan haben. Als Maaß aber lediglich grüßt, wird Hinckeldey bleich und lehnt sich zurück.

Schloss und Schlosspark auf der linken Seite, rollen die Kutschen über die damalige Berlinische Brücke – heute heißt sie Schlossbrücke – und die Eisenbahn hinweg durch den Sandweg am Forsthaus Königsdamm vorbei. Die Wagen halten am Rand der Jungfernheide, die Kutscher bleiben zurück. Sie dürfen keine Zeugen sein. Hinckeldeys Adjutant Münchhausen geht voran durch den Wald, der Polizeipräsident vier Schritte hinter ihm, dann nach weiteren fünf Schritten Hassel. Der Arzt trägt einen Instrumentenkoffer mit Verbandszeug und Medikamenten. „Ein schwerer Gang. Es herrschte eine wahrhaft heilige Stille. Keiner von uns sprach ein Wort." Hinckeldey geht langsam und kraftlos. Er ist offenbar am Ende seiner Nervenkraft.

Die Gegner begrüßen sich, den Regeln entsprechend, in einer Entfernung von etwa zwölf Schritten. Münchhausen unterhält sich leise mit Hinckeldey, spricht auch mit der Gegenpartei. Der Polizeipräsident stützt sich an einen Baum und starrt auf den Boden. Alle warten auf den Unparteiischen Bernhard Freiherr von der Marwitz, der sich verspätet. Nach seinem Eintreffen lehnen beide Kontrahenten einen letzten Versöhnungsversuch wortlos ab.

Auf etwa zwölf Schritte Entfernung stehen sich Hinckeldey und Rochow gegenüber. Mit erhobenen Pistolen gehen sie langsam aufeinander zu. Hinckeldey hat als Beleidigter den ersten Schuss. Er drückt ab – nichts, die Waffe versagt. Sofort lässt Rochow seine Pistole sinken und wartet, bis Hinckeldey eine Ersatzwaffe gereicht wird.

Wieder gehen beide aufeinander zu. Sie schießen fast gleichzeitig. Rochow bleibt unverletzt.

„Ich hoffte, daß auch Hinckeldey nicht getroffen oder doch nur durch einen leichten Streifschuß verwundet sei", erinnert sich der Arzt des Polizeipräsidenten. „Ich hatte mich getäuscht."

Hinckeldey verliert das Gleichgewicht, stürzt aber nicht zu Boden, sondern dreht sich langsam halb herum. Hassel und Münchhausen fangen ihn auf und lassen ihn zu Boden gleiten. Hinckeldey verdreht die Augen. Aus seinem Mund fließt arterielles Blut. Das Projektil ist nicht ausgetreten und steckt in der Lunge. Er stirbt ohne Bewusstsein innerhalb kurzer Zeit nach letzten stöhnenden Seufzern und Atemzügen. Der Arzt verkündet „Moribundus, brevi tempore moritur, mortuus est“ – sterbend, in Kürze sterbend, tot. Hassel untersucht den Körper und entdeckt den Einschuss auf der rechten Seite zwischen der vierten und fünften Rippe.

Rochow und seine Begleiter verlassen den Platz, sobald der Ausgang des Duells feststeht. Münchhausen holt die Kutschen. Ein Diener Hinckeldeys fällt neben der Leiche auf die Knie, küsst die noch blutende Wunde, die Stirn und die Augen seines Herrn. Hassel will mit dem toten Polizeipräsidenten in Berlin kein Aufsehen erregen, zumal dessen Wagen bekannt ist. Er schlägt vor, Hinckeldey in seinen Wagen zu setzen, ihm gegenüber sein Diener, der ihn aufrecht halten soll. Der Leichnam wird erst zum Charlottenburger Polizeidirektor Maaß und am Abend dann nach Berlin gebracht.

Münchhausen und Hassel fahren zum Schloss Charlottenburg, um König Friedrich Wilhelm IV. vom Ausgang des Duells zu unterrichten, das er mit einem einzigen Befehl hätte verhindern können. Als er hört, was passiert war, läuft der König weinend im Zimmer auf und ab: „Gott, welches Unglück. Mein Freund! Mein Ratgeber!“

Hans von Rochow fährt von der Jungfernheide zur Königlichen Kommandantur und meldet, dass er den Generalpolizeidirektor im Duell erschossen habe. Er gibt sein Ehrenwort, die Stadt nicht zu verlassen. Abends wird er vom Polizeidirektor Stieber verhaftet, bei einer Feier mit anderen Junkern bei Austern und Champagner, wie in Berlin erzählt wird. Am nächsten Morgen kommt Rochow wieder frei und wird dem Militärstrafrecht unterstellt. Später verurteilt ihn das Gericht zu vier Jahren Festung. Nach neun Monaten wird er aus der recht freizügigen Haft in Magdeburg entlassen. Hinckeldeys Witwe Karoline, auf die offenbar Druck ausgeübt wird, bittet ausgerechnet am Todestag ihres Mannes den König um Gnade für Rochow. Der König muss sich nicht zweimal bitten lassen. Rochow wird noch am selben Tag entlassen. 1888 wählt ihn das Herrenhaus zu

Grabstätte von Karl Ludwig Friedrich von Hinckeldey auf dem St. Marien- und St. Nikolai-Friedhof I, Foto von 2006

seinem Vizepräsidenten. Er stirbt 1891 im Alter von siebenundsechzig Jahren.

Hinckeldeys Tod beschäftigt die Berliner heftig. Das Wort vom politischen Mord macht die Runde. Zur Beisetzung des Polizeipräsidenten, der in Berlin noch nie so populär war wie nach seinem Tod, kamen mehr als einhunderttausend Personen. Am Grab auf dem Alten Friedhof der St.-Marien- und St.-Nikolai-Gemeinde an der Prenzlauer Allee stehen fast alle Kabinettsmitglieder, der sechsundachtzigjährige Alexander von Humboldt und als einer der wenigen Militärs General Friedrich von Wrangel, 1848 Hinckeldeys unmittelbarer Vorgesetzter. Selbst der König kommt zur Beerdigung.

Der Industrieerbe August Julius Albert Borsig und andere reiche Bürger sammeln Geld für die Familie des Getöteten. Zwanzigtausendsechshundert Taler kommen zusammen – eine für damalige Verhältnisse erstaunliche Summe.

Gedenkstein für Karl Ludwig Friedrich von Hinckeldey. Ein steinernes Kreuz befand sich seit 1856 am Ort des Duells 300 Meter nördlich des Forsthauses Königsdamm (etwa: Heckerdamm/ Kurt-Schumacher-Damm). Seit 1956 steht es am Ostrand des Volksparks Jungfernheide. Auf dem Kreuz ist der Name ohne „c“ geschrieben, Foto von 2018

1856 wird ein Kreuz östlich des alten Tegeler Wegs an der Stelle aufgerichtet, an der Hinckeldey im Duell erschossen wurde. Die Inschrift lautet: „L. v. Hinkeldey, + den 10. März 1856.“ Im Namen fehlt das „c“. Hinter dem Kreuz steht cine Eiche.

1869 ist das Kreuz von einem Acker umgeben und der Zugang nicht immer möglich.

1904 hat sich direkt neben dem Kreuz eine Mülldeponie breitgemacht.

1939 steht ein eisernes Gitter um das Kreuz. Um die Eiche herum sind jüngere Bäume gepflanzt. Dicht daneben liegen Schrebergärten.

1945 steht das Steinkreuz frei in einem verwüsteten Gelände, hat aber nur kleinere Schäden.

1952 wird der Tegeler Weg begradigt und verbreitert. Der Stein ist im Weg. Er wird provisorisch zwischen den beiden neuen Fahrbahnen aufgestellt.

1954 lässt die Gartenbauverwaltung das Gedenkkreuz durch die Bildhauerin Maria Pauli restaurieren und an den Rand des Volksparks Jungfernheide versetzen. Im Jahr zuvor ist die vorbeiführende Straße in Hinckeldeydamm umbenannt worden. 1956 erhält sie den Namen Kurt-Schumacher-Damm. Seit ihrem Ausbau zur Autobahn steht das Kreuz unmittelbar hinter dem Schutzgitter zur Autobahn an einem Fußgänger- und Radweg.

Das „c" im Namen fehlt immer noch.

Kühnemund von Arnim

Der süßeste runde Apfel

Vermutlich spürt der Junge keine Schmerzen. Einen dumpfen Schlag vielleicht, als der Kopf aufschlägt. Dann wird er kurz ohnmächtig. Seine Freunde ziehen ihn aus dem Wasser. Es ist Dienstag, der 23. Juni 1835, nachmittags. Ein Sommertag an der Spree in Berlin.

An diesem Tag ist Kühnemund von Arnim achtzehn Jahre und drei Monate alt. Seine jüngste Schwester Maximiliane, genannt Maxe, schwärmt von ihm. Ein herrlicher Mensch, „Urbild eines deutschen Jünglings. Groß und schlank gewachsen, mit schönen, edlen Zügen und kühnen Augen", sieht er aus wie sein Vater Achim von Arnim in jungen Jahren. „Ein Meister im Turnen und Schwimmen, war er zugleich geistig und auch dichterisch hoch begabt."

Wie schon oft will Kühnemund seine Freunde beeindrucken. Vielleicht erkennt er das Risiko nicht, vielleicht will er es nicht sehen. Er klettert auf ein Gerüst, bleibt einen Augenblick stehen, zögert kurz und springt kopfüber in den Fluss. Das Wasser ist an dieser Stelle viel zu flach. Er prallt mit dem Kopf auf einen Stein. Als die Freunde ihn ans Ufer ziehen, ist er hilflos. Kühnemund spürt seinen Körper nicht. Er kann nicht laufen, er kann nicht einmal mehr stehen.

Die Freunde bringen den Jungen nach Hause. Ein mühsamer Weg von der Spree bis zur Wohnung. Kühnemund muss getragen werden. Es dauert.

Unter den Linden 21. Hier, dicht an der Friedrichstraße, lebt die Schriftstellerin Bettina von Arnim mit ihren Kindern. Kühnemund ist ihr jüngster Sohn. Die Freunde legen ihn in ihre Arme. Sie bettet ihn und weicht nicht mehr von seiner Seite. Sie streichelt seinen Kopf, sie kühlt ihm die Stirn. Die Mutter trägt ihren Sohn mit ihrer Fürsorge und ihrer Liebe bis zum letzten Augenblick in die Unsterblichkeit ihrer Erinnerungen.

Bettina von Arnim, Zeichnung von Wilhelm Hensel, 1819, und Achim von Arnim, Gemälde von Eduard Ströhling, 1804

Bettina von Arnim ist eine zierliche und dabei resolute Frau. Sieben Kinder hat sie geboren. Vier Jungen hintereinander, dann drei Mädchen. Die meiste Zeit ihrer Ehe lebt sie vom Mann getrennt. Er auf dem Gut Wiepersdorf, gut achtzig Kilometer von Berlin entfernt, sie mit den Kindern in der Stadt. Sie ist fünfzig Jahre alt und Witwe. Ihr Mann Achim von Arnim ist seit vier Jahren tot. Mit ihren Kindern hat sie alles durchgemacht, was eine Mutter durchmachen kann. Fast immer ist eines der sieben krank und muss gepflegt werden. Viel Arbeit für Bettina, Mühe und Plackerei.

Selbst als die Cholera in Berlin wütet, bleiben die Kinder unbeschadet. In einer Zeit hoher Kindersterblichkeit außergewöhnlich. Bettina fördert die Gesundheit ihrer Söhne und Töchter mit damals noch unüblichen Mitteln. Sie kauft immer ein paar Scheffel Äpfel extra und sorgt dafür, dass sich die Geschwister viel bewegen.

Dazu gehört, dass die Kinder unbedingt schwimmen lernen. „Hier in der Wohnung durchaus notwendig, Kühnemund ist zweimal in den Graben gefallen“, schreibt sie ihrem Mann, nachdem Bettina wieder einmal umgezogen ist und für eine Weile am Schiffbauerdamm direkt am Wasser wohnt. Eine riskante Lage für Kinder, wenn sie nicht schwimmen können.

Trotz allem, was Bettina über Krankheiten und ihre Behandlungen weiß, bei Kühnemunds Verletzungen ist auch sie machtlos. Ohnmächtig liegt der Junge neben ihr, ohnmächtig muss Bettina erleben, wie Kühnemund den Kampf um sein Leben verliert.

In der Nacht wacht er noch einmal auf. Er sieht die Mutter neben sich und versucht, sie zu trösten. Er spricht ihr Mut zu. Bettina ist verzweifelt. „Mutter, du siehst mich zum letzten Mal, denn ich sterbe.“ Fast heiter soll er geblieben sein. Bis sich sein Zustand immer mehr verschlechtert. Am Morgen des 24. Juni 1835, gegen halb sechs, stirbt Kühnemund von Arnim in den Armen seiner Mutter.

Aus heutiger Sicht lässt sich vermuten, dass er nicht an einer Hirnverletzung und wahrscheinlich auch nicht an einer Blutung im Schädelinnenraum gestorben ist. Bei dieser Art der Verletzung wäre Kühnemund vermutlich sofort und anhaltend bewusstlos gewesen. Eher wahrscheinlich ist, dass der Junge beim Aufprall eine Querschnittslähmung im Halsteil des Rückenmarks erlitt. Fast immer kommt es dabei zu einem Bruch des vierten oder fünften Halswirbelkörpers. Das Rückenmark wird gequetscht. Dadurch sind die Nerven für die Atemmuskeln schwer betroffen. Die Tatsache, dass Kühnemund nicht sofort an einer Atemlähmung starb, spricht dafür, dass die Rückenmarksregion in Höhe des vierten Wirbelkörpers schwer geschädigt, aber nicht vollständig zerstört war. Durch die einsetzende Schwellung des Rückenmarks im Laufe der Nacht wird dem Jungen das Atmen immer schwerer gefallen sein. Dann wäre Bettinas Sohn qualvoll erstickt.

Einen Tag lang nehmen die Mutter und die Geschwister Abschied von Kühnemund. Am nächsten Tag laden die

Das Grab von Kühnemund von Arnim im Schlosspark Wiepersdorf. Auf der Grabplatte steht ein falscher Sterbemonat: Kühnemund ist nicht am 24. Mai, sondern am 24. Juni 1835 gestorben, Foto von 2014

Brüder seinen Leichnam auf einen Wagen. Sie bringen ihn auf der holperigen Landstraße über Ludwigsfelde, Trebbin und Jüterborg nach Wiepersdorf, dem Familiengut. Fast einen Tag dauert die Kutschfahrt.

Am Tag nach dem Unfall informiert Karl Hartwig Gregor von Meusebach die Brüder Grimm in Göttingen. Der Jurist und Bibliophile ist sowohl mit Bettina von Arnim als auch mit Jacob und Wilhelm Grimm befreundet. „Ich komme eben von der sehr betrübten Frau von Arnim, und da ich glaube, daß in dem Gewirr der Trauer vielleicht niemand daran denkt, Ihnen zu schreiben, so will ich's tun." Er schildert den Grimms, was passiert ist. „Meiner Frau ist bange für Bettinas eigenes Leben; ich glaube, mit Unrecht, wenn sie gleich wie jetzt ganz aufgelöst aussah.

Sie erzählte doch gern von dem Verstorbenen und die Teilnahme tat ihr wohl."

Meusebach bittet Jacob und Wilhelm Grimm, an die richtige Adresse zu denken, wenn sie Bettina schreiben wollen: „Geborene Brentano, Unter den Linden 21, zwei Treppen hoch. Denn Ihr letzter Brief war bei allen möglichen Frauen und Gräfinnen von Arnim gewesen, ehe er an die rechte gekommen."

Das Palais Unter den Linden 21 gehört dem polnischen Grafen Athanasius Raczynski, einem Adligen mit Kunstverstand. Hierher war Bettina erst kurz vor Kühnemunds Unfall mit ihren Kindern gezogen. Nach dem Einzug ist Tochter Maximiliane begeistert: „Unser neues Heim in dem vornehmen Haus ... mit Blick auf die Linden und ihr elegantes Leben war ganz nach unserem Geschmack; zumal in den Jahren unseres Hoflebens war es für uns ein großer Spaß, den König, die Prinzen und so viele Offiziere täglich vorüberfahren und -reiten zu sehen und die Grüße unserer Tänzer und speziellen Freunde entgegenzunehmen."

An diesem Juni-Tag, nachdem die Freunde den schwer verletzten Kühnemund vorsichtig und mühsam in den zweiten Stock tragen und der Junge am nächsten Morgen stirbt, ist von der Fröhlichkeit im Hause nichts zu spüren.

Der Tod ihres Sohnes ist neben Arnims Tod der schwerste Schicksalsschlag in Bettinas Leben. Das Zimmer, in dem der Junge starb, bleibt unberührt und darf von niemandem betreten werden. Der junge Offizier August von Cohausen besucht Bettina zwei Monate nach Kühnemunds Tod. Er schreibt später seinen Eltern: „Sie sah sehr leidend, so sanft aus, der Tod ihres Sohnes hatte sie sehr angegriffen." Bettina erzählt leise von ihrem Sohn und zeigt auf ein Bett. „Da ist er geboren und gestorben. Die Treppe mag ich nicht hinab gehen, die er herauf und hinab getragen, es ist mir, als schnitt ich dann seinen Lebensfaden noch einmal durch." Noch vier Jahre nach dem Unfall schreibt Bettina von Arnim an Wilhelm Grimm von einem Tisch „mit vielen Schubfächern, der in dem Zimmer von meinem lieben Sohn Kühnemund steht, vor dem ich mich bis jetzt gefürchtet habe, ihn anzurühren, weil es mich sehr traurig macht".

Als Bettina elf Jahre später König Friedrich Wilhelm IV. um die Begnadung eines polnischen Freiheitskämpfers bittet, nennt sie als Motiv für diese Bitte den immer wieder auftauchenden Schmerz um ihren Sohn, der „so edel und rein von Fehler am Leib, und voll großer Eigenschaften der Seele und des Geistes war, wie es dem Vater meiner Kinder Ehre bringt … Seitdem durchfährt mich's, so oft ein schweres Leid andere betrifft, und ich fühle herzzerreißend mit ihnen."

Der preußische Protestant Achim von Arnim, der als Dichter bereits einen Ruf genießt, und Elisabeth Brentano, die sich selber Bettine nennt und meist auch so unterschreibt, Katholikin aus Frankfurt am Main, heiraten 1811. Für damalige Verhältnisse sind die Brautleute recht alt. Er dreißig, sie knapp sechsundzwanzig. Die Religion ist nicht der einzige Unterschied. Achim ist groß und blond, Bettina klein, schmal und dunkel. Er ein adliger Berliner, der auf dem Gut seiner Großmutter aufwächst, sie Tochter eines reichen Kaufmanns. Er introvertiert und still, sie eine temperamentvolle Frau und eine, die sich gerne über die Regeln hinwegsetzt. Beide verlieren früh die Mutter. Was sie verbindet, ist die Liebe zur Kunst.

Als junges Mädchen lernt Bettina in Frankfurt Goethes Mutter Elisabeth kennen. Bettina besteht darauf, den fünfunddreißig Jahre älteren Goethe zu besuchen. Der zögert. Sie droht, sich als Junge zu verkleiden und zu Fuß nach Weimar zu laufen, sollte ihr der Wunsch verwehrt werden. Im April 1807 verbringt sie einige Stunden mit Goethe in Weimar. Dabei will sie mit ihm eine flüchtige erotische Szene erlebt haben. Er soll ihr das Mieder geöffnet und ihren blanken Busen geküsst haben.

Kaum verheiratet, schreibt Bettina an Goethe. Sie will ihn wiedersehen. Er lädt sie zu sich ein. Bettina ist mit dem ersten Sohn schwanger. Sie ist unwohl und die geplante Abfahrt aus

Weimar verzögert sich. Bettina verbringt mehr Zeit als gedacht im berühmten Haus am Frauenplan. Das führt zu Spannungen mit Goethes Frau Christiane Vulpius. Auf einer Gemäldeausstellung des Goethe-Freundes Johann Heinrich Meyer kracht es zwischen den beiden. Bettina, heißt es im Weimarer Klatsch anschließend, spricht abfällig vom „Kunschtmeyer". Daraufhin reißt ihr Christiane die Brille von der Nase. Bettina beleidigt die zwanzig Jahre ältere und leicht füllige Frau Geheimrat als „wahnsinnige Blutwurst". Ende der Freundschaft. Goethe verbietet Bettina und ihrem frisch angetrauten Ehemann Achim von Arnim das Haus. „Ich bin sehr froh", schreibt er, „daß ich die Tollhäusler los bin."

Gut zwei Jahre nach der Hochzeit ist Bettina Mutter der Söhne Freimund und Siegmund. Die Familie zieht nach Wiepersdorf. Achim von Arnim muss die ererbten, finanziell angeschlagenen Güter Bärwalde und Wiepersdorf selber bewirtschaften. Der Kontrast zwischen dem Frankfurter Geschäftshaushalt und der protestantischen Nüchternheit des märkischen Wiepersdorf hätte kaum größer sein können. Bettina bekommt die sogenannte Arnimarmut zu spüren. Der dritte Sohn wird geboren, Friedmund. Sie versucht alles, aber sie hält es auf dem Land nicht lange aus. Nach drei Jahren zieht sie mit den Kindern zurück nach Berlin. Die Distanz des Paares führt in zwanzig Jahren Ehe zu einer wahren Flut an Briefen zwischen Wiepersdorf und Berlin. Seine Besuche in Berlin und ihre in Wiepersdorf werden mit den Jahren immer seltener. Auch wenn Achim sich freut: „Komme ich aber zurück, so soll mich nichts abhalten, geradezu unter Deine Bettdecke zu fahren."

Kaum ist Bettina in Berlin, wird der vierte Sohn geboren: Kühnemund. Sie ist ganz vernarrt in den Jungen. Begeistert schreibt sie ihrem Mann: „… und der Kleinste, der süßeste runde Apfel, der Kerl gefällt mir so gut, daß ich ihn nachts wecken muss, daß er mich nur einmal anlächelt".

Seltene Augenblicke puren Glücks für Bettina von Arnim. Normalerweise stresst sie ihr Alltag. „In diesem Augenblick stehen sie um mich her", berichtet sie dem Vater ihrer Kinder, „und schreien, daß mir Hören und Sehen vergeht. ... Heut ist die Reihe an Siegmund, der schreit als ob er am Spieß stäke; ich gestehe, daß es eine große Schwäche von mir ist, aber wenn ich manchmal so vierundzwanzig Stunden habe Geduld haben müssen, wenn das Kleine denn noch an der Brust liegt, wenn das Essen noch verbrennt oder verdorben ist, wo ich denn keine Milch für das Kind habe, dann denk ich auch an die Zeit, wo man schläft und nicht wieder aufwacht."

1827 hat die mittlerweile Zweiundvierzigjährige sieben Kinder zu versorgen. Neben den vier Söhnen gehören jetzt Maximiliane, Armgart und Gisela zur Familie. Da fast immer mindestens ein Kind krank ist, gehen der ebenfalls kränkelnden Bettina die Themen für die Briefe an ihren Mann nicht aus. Dabei regt sie sich über die zeitgemäß verwanzten Kinderbetten weniger auf als über die angeblich zu „wenig ausgewaschene und gesalzene" Butter, die Achim, mit vielen anderen Lebensmitteln, seiner stattlichen Familie regelmäßig zukommen lässt. In ihren Briefen zeigen sich Achim und Bettina oft unromantisch: „Kauf Dir doch um Gotteswillen einen Hosenträger und bring den Kindern Äpfel mit."

Je nach Saison rumpeln die Frachtwagen aus Wiepersdorf nach Berlin, gelegentlich alle paar Wochen. Achim notiert, was er seiner Familie schickt. Zum Beispiel sechzig Pfund Brot, vierzehn Pfund Butter, neun Metzen Graupen – eine Metze sind knapp dreieinhalb Liter –, drei Metzen Mehl, zwei Metzen Hirse, ein halbes Schock Käse – dreißig Stück –, Rehbraten, Rehkeule, sechzehn Pfund Kalbsfleisch, ein dreiviertel Pfund Eier.

Bettina, von den Krankheiten der Kinder, eigener Migräne, von Sorgen um das Wirtschaftsgeld und Kummer mit den Dienstboten bedrückt, fühlt sich nicht wohl. „Sonst lebe ich wie in der Bastille", lässt sie ihren Mann wissen, „nur mit mehr Sorgen und Unbequemlichkeit wie die Gefangenen." In den letzten Ehejahren sind die Briefe für Bettina oft nur noch Gelegenheit, sich gegen Achims Aufrufe zu größerer Sparsamkeit zu wehren oder den Ehemann um mehr Fleisch, Butter, Brot oder Speck zu bitten.

Kühnemund ist der wildeste der Söhne. Das weiß auch der Vater im fernen Wiepersdorf, obwohl er kaum in Berlin bei seiner Frau und den Kindern ist. Er schreibt an Bettina: „Ermahne recht ernstlich den Kühne zur Ordnung, er hat von allen die meiste Unbesonnenheit."

Schwester Maxe erinnert sich: „Kühnemund stand unserem Herzen am nächsten. Mit ihm spielten und tollten wir in unseren Kitteln im Garten und wagten sogar den hohen Sprung vom Balkon der ersten Etage hinunter auf den Lohehaufen, der vor dem Eselstall lag." Im Nachbargarten geht Adelheid, die zarte Tochter des Geheimrats Belitz, „in ihren spitzenbesetzten weißen Höschen sittsam mit der Mama auf dem Kiesweg auf und ab. Wenn Adelheid dann, damit kein Nachtlüftchen ihr schade, ins Zimmer musste, legten wir erst recht los, kletterten im Schutze der Dunkelheit über alle Zäune, bis wir auf den großen Holzplatz kamen, wo wir uns auf den langen Balken bis zu schwindelnder Höhe schaukelten." Kühnemund immer vorneweg und mit frischer Gesichtsfarbe, „weil er sich täglich beim Fahren mit den Eseln die Haut verbrennt."

In Berlin kämpft Bettina alleine mit den Widrigkeiten des Alltags. Sie schildert ihrem Mann die lebensgefährlichen Erkrankungen ihrer Söhne an Hirnhautentzündung: „Ich musste Tag und Nacht Umschläge auf den Kopf von kaltem Wasser und Salmiak machen, das Fantasieren zwang mich, sie auseinander zu legen, nämlich den Siegmund in Dein Zimmer ... Siegmund hat einen sehr starken Durchfall ... Freimund leidet an Verstopfung, Kühnemund ist am abgespanntesten ... Das Zeichen der Hirnhautentzündung ist fortwährende Übelkeit bis zum Erbrechen und Schwindel, so daß alles im Drehen ist, worüber Freimund immer weinen musste und endlich in Ohnmacht fiel. Dies alles macht mir in manchen Augenblicken bang, ich kam in fünf Tagen in kein Bett ..., es konnte sich keiner regen, nicht einmal den Kopf emporheben, und noch jetzt muss ich sie tragen auf den Nachttopf und von einem Bett ins andere."

Wenig später erkrankt Kühnemund an Scharlach. Damals gibt es kein wirksames Gegenmittel. Nathanael, der jüngste Sohn des Theologen Friedrich Schleiermacher, stirbt innerhalb von drei Tagen an der Infektionskrankheit. Die Familien von Arnim und Schleiermacher sind gut miteinander bekannt. Schleiermacher hatte Kühnemund eingesegnet. Bettina schafft es auch diesmal, ihren jüngsten Sohn nicht zu verlieren. Mit dem vor Schmerzen wimmernden Kühnemund in Berlin allein, verbringt Bettina ein unglückliches Weihnachten, während Achim mit den anderen Kindern recht vergnügt feiert. Nach aller Anstrengung wird sie selber krank.

Immer versucht Bettina, Freimunds Fleiß, Siegmunds Lerneifer, Friedmunds Talente und Kühnemunds Sportlichkeit bei Achim zu rühmen. Doch der Vater ist selten zufrieden. Für ihn sind die Söhne Exempel der „Nachlässigkeit, Unordnung und Unreinlichkeit", ihr Lernen „Stümperei ohne Aussicht", und was aus den Mädchen werden soll, „weiß der liebe Himmel".

Aus einem Ferienaufenthalt der „ziemlich talentlosen" Kinder zieht er das Resümee: „Die Kinder sind schrecklich faul und unwissend, ich quäle mich jeden Tag und Nacht, wie ich es bessern soll, dabei kann ich sie wegen der Plumpheit ihres Betragens keinem anständigen Besuche vorstellen, ja, nicht einen Bissen wissen sie in gesitteter Weise zum Mund zu bringen und in ihrem Zimmer hausen sie wie die Schweine."

Achim von Arnim befürchtet, seine Frau füttert die Kleinen mit zu vielen Butterbroten und zu viel Zucker. Bettina ermahnt den Ehemann, die Kinder ordentlich zu kämmen, wenn sie bei ihm sind. Einig sind sich die beiden immer, wenn es um die Bekämpfung der Kinderkrankheiten geht. Den vier Jungen und drei Mädchen wird zur Stärkung Bier oder Wein verabreicht.

Achim von Arnim erlebt nicht, wie seine Kinder immer mehr heranwachsen. Er stirbt 1831 völlig überraschend fünf Tage vor seinem fünfzigsten Geburtstag an einem Schlaganfall.

Der berühmte Dichter der Romantik wird an der Kirche im Schlosspark von Wiepersdorf begraben. Kühnemund wird neben ihm beigesetzt. Später findet auch seine Frau hier ihre letzte Ruhe.

Auf dem steinernen Sarkophag für den Sohn liegt eine Metallplatte. Darin eingraviert:

Hier ruht
Kühnemund
Freiherr von Arnim
geboren
den 24. Maerz 1817
gestorben
den 24. Mai 1835.

24. Mai 1835? Es war der 24. Juni. Daran besteht kein Zweifel.

Auf den Gräbern von Kühnemund und seiner Mutter Bettina herrscht erhebliche Verwirrnis. Nicht nur der Todesmonat des Jungen stimmt nicht. Auf der Grabplatte für Bettina von Arnim ist ihr Geburtsjahr mit 1788 angegeben. Tatsächlich wurde sie 1785 geboren.

Den kleinen Friedhof, wie er heute zu sehen ist, hat Maler-Enkel Achim von Arnim angeregt. Er stirbt 1891. Der Friedhof wird ein Jahr später fertig. Wer für die falschen Daten verantwortlich ist, lässt sich offenbar nur mit viel Mühe feststellen. „Es ist wohl eine komplizierte Geschichte", nennt es Norbert Baas vom Freundeskreis Schloss Wiepersdorf. Das passt dann schlussendlich auch zur Ehe von Achim und Bettina von Arnim.

Bettina von Arnim wohnt zum Schluss In den Zelten 5 an der Spree in einer Zehnzimmerwohnung mit „einem

Die Kirche im Schlosspark von Wiepersdorf, davor die Familiengräber derer von Arnim, Foto von 2014

großen Saal im pompejanischen Rot". In diesem Saal steht das Gipsmodell des Denkmals, das sie Jahre zuvor für Goethe entworfen hat. Als Bettina immer schwächer wird, schieben die Kinder ihr Bett vor das Goethe-Denkmal. Gegenüber hängt ein Bild von Achim von Arnim. „Immer schaute sie von einem zum anderen, den beiden leuchtenden Sternen ihres Lebens." Hier stirbt sie am 20. Januar 1859 im Alter von dreiundsiebzig Jahren an den Spätfolgen eines Schlaganfalls.

An dieser Stelle steht heute das Haus der Kulturen der Welt. In der Eingangshalle hängt sehr versteckt auf der linken Seite eine Erinnerungstafel. Der Weg an der Spree entlang trägt ihren Namen: Bettina-von-Arnim-Ufer. Seit 1903 heißt ein Platz an der Schivelbeiner Straße in Prenzlauer Berg Arnimplatz. In der Mitte steht seit 1996 eine Bronzeskulptur des Bildhauers Michael Klein. Achim und Bettina sitzen sehr lässig auf einem Sockel. Rockstars der Romantik.

Achim und Bettina von Arnim, Bronzeskulptur von Michael Klein auf dem Arnimplatz in Berlin-Prenzlauer Berg (1996), Foto von 2019

Max Stirner
Kein geistiges Kleingeld

Das Insekt ist ihm lästig. Ein Griff in den Nacken, ein Schlag mit der flachen Hand an den Hals. Auf der Haut brennt es ein wenig. Max Stirner wird sich kaum Gedanken darüber gemacht haben. Eine Fliege, eine Mücke, was immer. Er vergisst es sofort. Er hat andere Sorgen in diesen Mai-Tagen das Jahres 1856. Existenzielle Sorgen. Wieder einmal. Er weiß nicht, wie es weitergeht, er hat keine geregelten Einkünfte und nicht die geringste Aussicht auf Besserung seiner ärmlichen Situation. Wenn da die Witwe Weiß nicht wäre, bei der er seit drei Jahren in der Philippstraße 19 in der Nähe der Charité wohnt. Eine Frau mit gütigem Herzen. Im ersten Stock des Hauses lebt er in zwei Zimmern, die vom Flur abgehen. Das größere hat das zweite und dritte Fenster rechts von der Straße aus gesehen, das kleinere liegt über dem Torbogen. Durch die Fenster sieht Stirner auf den Platz der Anatomie hinaus, damals nur von Bäumen bestanden. Im Berliner Adressbuch von 1853 findet sich nur ein Name Weiß in der Philippstraße. Der des Steuerbeamten Theodor Weiß. Es wird seine Witwe sein, bei der Max Stirner wohnt.

Im Mai 1856, ein paar Tage nach dem lästigen Insektenstich, blüht in Stirners Nacken ein hässlicher Pickel, der schnell wächst. Das sieht nicht nur böse aus, die Beule schmerzt auch. Und sie wächst. Aber Stirner macht sich erst ernsthaft Gedanken, als der Furunkel so groß wie die Fläche seiner Hand ist. Das ist nicht mehr die harmlose Folge eines Insektenbisses, sondern eine massive Entzündung der Haut. Am 23. Mai, einem Freitag, konsultiert Max Stirner endlich einen Arzt. Sein Gesicht glüht, ihm ist heiß. Seit Tagen isst er kaum etwas, fühlt sich schlapp und ausgelaugt, liegt die meiste Zeit im Bett. Der Doktor stellt fest, was nicht zu übersehen ist. Sein Patient hat hohes Fieber. Ein Nervenfieber, diagnostiziert der Arzt. Damit ist nicht zu spaßen. Er

Philippstraße in Berlin-Mitte. In der Nr. 19 (drittes Haus von links) starb Max Stirner, Foto um 1900

verschreibt Stirner Salben und andere Mittel und verordnet Bettruhe. Tatsächlich hilft die Behandlung. Auf der Haut bildet sich eine Eiterfläche, das Fieber verschwindet und Max Stirner bekommt auch wieder Appetit. Für kurze Zeit kann der Kranke sogar das Bett verlassen.

Die hässliche Angelegenheit nimmt einen guten Verlauf, der Patient kommt langsam zu Kräften. Doch dann verreist der Arzt. Jemand anderes mit medizinischen Kenntnissen übernimmt. Mit fatalen Folgen. Vielleicht ist ein Diätfehler die Ursache, vielleicht eine veränderte und völlig falsche Behandlung. Stirner erleidet einen schlimmen Rückschlag. Die vereiterte Fläche am Hals breitet sich aus, befällt andere Regionen des Körpers. Völlig geschwächt quält sich der Mann in seinem Bett. Das Fieber steigt rasant an, noch höher als beim ersten Mal. Eiter fließt gleich an mehreren Stellen in die Blutbahn. Max Stirner hat keine Chance mehr. Er stirbt am Mittwoch, dem 25. Juni 1856, gegen sechs Uhr abends in seiner Wohnung an „allgemeiner Geschwulst" und Nervenfieber, Folgen der Eiterungen an seinem Körper. Er ist 49 Jahre und acht Monate alt.

Am Tag nach Stirners Tod klopft sein Freund Bruno Bauer an die Tür der Mansardenwohnung des Malers

Ludwig Pietsch in der Straße Am Karlsbad. Bruno Bauer ist Theologe, Bibelkritiker und trinkfester Mitdiskutant beim Debattierzirkel der „Freien“ in Hippels Weinstube. Er bittet um einen Freundschaftsdienst, um eine Zeichnung vom toten Max Stirner. Ein Honorar kann er allerdings nicht zahlen. Pietsch ist dennoch einverstanden. Beide laufen in die Philippstraße und Ludwig Pietsch zeichnet den Kopf, in dessen charaktervoller Formation sich für den Maler die geistige Bedeutung des Verstorbenen ausdrückt. Für Pietsch ein interessanter und zeichnenswerter Gegenstand. Von der Zeichnung fehlt heute jede Spur.

Drei Tage nach seinem Tod, am 28. Juni, ebenfalls abends um sechs Uhr, wird Max Stirner auf dem Kirchhof der Sophien-Gemeinde an der Bergstraße in Berlin-Mitte beerdigt. Er bekommt ein Grab zweiter Klasse, das einen Taler und zehn Silbergroschen kostet. Es liegt in der elften Abteilung des Kirchhofs, in der neunten Reihe, und trägt die Nummer dreiundfünfzig. Nur wenige seiner alten Freunde begleiten ihn auf dem letzten Gang. Unter ihnen Bruno Bauer und Ludwig Buhl, Übersetzer und Journalist und auch einer der „Freien“. Madame Weiß, die hilfreiche Vermieterin Stirners, die auch die Identität des Toten bezeugt hatte, folgt dem schlichten Sarg.

Max Stirner ist zeit seines Lebens ein stiller Mann. Ein Zurückhaltender, einer, der im wilden Vormärz-Getöse der „Freien“ bei Hippel meist ruhig dabeisitzt und sich nur zu Wort meldet, wenn er wirklich etwas zu sagen hat. Selten beteiligt er sich an leidenschaftlichen Diskussionen, nie verfällt er in die zynischen, lauten Redensarten, mit denen sie oft enden. Nie hört jemand ein heftiges oder gemeines Wort von ihm. Er lächelt leise, „behaglich“, wie ein „Genussmensch“ sitzt er am Tisch, wirft ab und zu eine treffende Bemerkung in die Unterhaltung oder macht einen Scherz, beweist, wie genau er zuhört, und sieht dem Rauch seiner Zigarre nach. Er raucht viel, fast den ganzen Tag. Der einzige Luxus, den er sich gönnt, bis zum Schluss. Er lebt zufrieden in der anerzogenen Einfachheit. Ein Mann ohne Leidenschaft, ohne Ehrgeiz, ohne Feinde und auch ohne enge Freunde. Einer, der die Zügel seines Lebens oft locker hält und die Tage meist laufen lässt, wie sie wollen.

Er ist kaum mittelgroß, schlank, fast hager, in jeder Weise unauffällig. Er kleidet sich stets mit peinlicher Sorgfalt und achtet auf Sauberkeit. Nie vernachlässigt er sich, wenn er auch später, als Not und Vereinsamung ihn bedrängen, nicht mehr die alte Genauigkeit auf sein Äußeres verwandt haben mag. Vielmehr hat er etwas von einem höheren Lehrer besserer Art an sich. Ein Eindruck, der durch die dünne Stahlbrille mit den kleinen Gläsern verstärkt wird, die einen starken Einschnitt über der Nase hinterlässt, wenn er sie kurz abnimmt und mit den Fingern seinen Nasenrücken presst. Hinter der Brille blicken helle, blaue Augen ruhig und sanft, weder träumerisch noch durchbohrend. Den feinen, schmallippigen Mund umspielt oft ein freundliches Lächeln. Er trägt einen kurzen Backen- und Schnurrbart, das Kinn stets glattrasiert. Das blonde, ins rötliche spielende, kurzgeschnittene Haar lässt die mächtige, gewölbte, auffallend hohe Stirn völlig frei. Die Stirn, die ihm seinen Namen gab. Er benutzt ihn seit ersten journalistischen Arbeiten.

Max Stirner. Der Mann, der durch ein einziges Buch berühmt wurde. *Der Einzige und sein Eigentum* erscheint 1844, da ist Stirner achtunddreißig Jahre alt, im Verlag von Otto Wigand in Leipzig, ein unerschrockener Verleger der meisten und bedeutendsten radikalen Erscheinungen jener Zeit. Die erste Ausgabe des *Einzigen* ist eines der bestgedruckten Werke seines Verlages, ein stattlicher Band von fast fünfhundert Seiten, auf feinem Papier mit breitem Rande und in großer, klarer Schrift gedruckt. Es ist eine philosophische Auseinandersetzung zur Frage des Egoismus.

Stirner ist ein stiller Denker. Verlockungen des schnellen Ruhms holen ihn nicht aus seiner philosophischen Einsamkeit. Sein Hauptwerk genügt ihm, er hat seine Gedankenwelt aufgeschrieben. Er ist alles andere als produktiv, er ist kein Journalist, er hat kein geistiges Kleingeld zu verteilen.

Stirner gilt als Klassiker der Ablehnung moralisch hergeleiteter Normen und propagiert die absolute Reduzierung des Menschen aufs nackte Ich. Er ist gegen Kapitalismus und Kommunismus, er ist gegen alles, nur nicht gegen sein heiliges Ego. „Mir geht nichts über mich", schreibt er. „Was die Religion den Sünder nennt, das nennt die Humanität den Egoisten. Nur die Freiheit, die du dir nimmst, kann zu deiner Selbstbefreiung führen."

Stirner attackiert den politischen, sozialen und humanen Liberalismus seiner Zeit als die letzten Ausläufer des Christentums. Staat, Freiheit, Gesellschaft, Vernunft und Humanität seien zum Gott erhoben worden. Genau diesen Gedanken weisen ihm Marx und Engels als entscheidenden Fehler nach. Statt Gott, Mensch, Staat sage Stirner eben Ich, Eigenheit, Eigner, der Einzige, und er meint doch nichts anderes als eine „fixe Idee, von der er so hübsch zu reden weiß".

Wie zu erwarten, wird das Buch unterschiedlich aufgenommen. Für die einen ist es der Beginn einer neuen Zeit des Denkens und der Autor ein Genie. Andere empören sich über den Unsinn. Was an den „Grundpfeilern alles sittlichen und sozialen Lebens" zu rütteln wagt, kann nur Unsinn sein. Wieder andere halten es anfangs mit seiner scharfen Absage gegen den Idealismus für eine lustige Verspottung aller Philosophie überhaupt.

Stirner sieht juristische Auseinandersetzungen um sein Buch voraus. „Mag ein Volk der Pressfreiheit entbehren, ich suche mir eine List oder Gewalt aus, um zu drucken – die Druckerlaubnis hole ich mir nur von mir und meiner Kraft." Die Zensurbehörde der Kreisdirektion Leipzig beschlagnahmt das Buch unmittelbar nach Erscheinen. Wenige Tage später hebt das Innenministerium die Anordnung wieder auf. Das Werk sei „zu absurd", um gefährlich zu sein. In Preußen wird der *Einzige* noch vor Weihnachten verboten, ebenso in Kurhessen und Mecklenburg-Schwerin. Natürlich wird es trotzdem besonders von Studenten gelesen. Mit Zensurbehörden hat Stirners Verlag Ärger, er selber mit der Polizei nie. Sie führt nicht einmal Akten über ihn. Wenn sie ihn gelegentlich in Unterlagen anderer erwähnt, schreibt sie seinen Namen nach Gehör. „Styrna" steht da mit verblüffendem Ypsilon.

Er heißt nicht Styrna, er heißt nicht Max Stirner. Er wird als Johann Caspar Schmidt am 25. Oktober 1806 in Bayreuth geboren. Vater Albert Christian Heinrich Schmidt aus Ansbach ist Flötenbauer, ein „blasender Instrumentenmacher", seine Mutter Sophia Eleonora Schmidt stammt aus Erlangen. Der Junge bleibt das einzige Kind der Eltern. Der Vater stirbt sechs Monate nach der Geburt des Sohnes mit siebenunddreißig Jahren. Die Mutter heiratet ein zweites Mal, zieht mit ihrem neuen Mann, einem Apotheker, und dem Jungen nach Culm in Westpreußen. Johann Caspar Schmidt studiert in Erlangen, Königsberg und Berlin.

Hier bewirbt er sich 1834 mit achtundzwanzig Jahren unter der Adresse Neuer Markt 2 mit seinem Curriculum Vitae für die Zulassung zum höheren Schulamtsexamen. Er wird zugelassen und in den alten Sprachen, in Deutsch, Geschichte, Philosophie und Religion geprüft. Außerdem „in den übrigen Gegenständen". Selbst für die damalige Zeit ein ungewöhnliches Paket. Der Mann hat Selbstvertrauen. Am Ende wird Schmidt bedingte Facultas Docendi erteilt, ein Lehrauftrag an einer höheren Schule. Kein glänzendes Prüfungsergebnis, aber zufriedenstellend. Trotz bestandener Prüfung wird Schmidt nie Gymnasiallehrer. Er hat auch nie promoviert. Was ihn nicht hindert, den Doktortitel bei Gelegenheit seinem Namen hinzuzufügen.

Trotz der bestandenen Prüfung studiert Schmidt ab 1833 wieder, hat mit der unehelichen Tochter seiner Vermieterin ein Verhältnis und heiratet sie im Dezember 1837. Die junge Frau ist bereits schwanger und stirbt am 29. August 1838 im Kindbett an einer zu frühen Entbindung. Sie ist zweiundzwanzig Jahre, neun Monate und drei Tage alt. Schmidt

Max Stirner, Ausschnitt aus einer Karikatur von Friedrich Engels, 1842

wohnt weiter bei seiner Schwiegermutter, bis zu seiner zweiten Hochzeit. Er muss Geld verdienen und unterrichtet in den nächsten fünf Jahren an der „Lehr- und Erziehungsanstalt für höhere Töchter".

Johann Caspar Schmidt nennt sich jetzt Max Stirner und verkehrt im Kreis der „Freien", die sich als emanzipierte anarchistische Revolutionäre sehen, ein zwangloser Club radikaler Geister. Die führenden Köpfe sind Bruno Bauer, der scharfsinnige Bibelkritiker, sein Bruder Edgar, ein Theologe, und der Schriftsteller Ludwig Buhl. Wenn Buhl nicht irgendeine Gefängnisstrafe absitzen muss, die er sich durch radikale Schriften oder Auseinandersetzungen mit der Polizei einhandelt, hockt er immer bei Hippel, einer der treuesten Besucher und einer der lautesten. Senior der „Freien" neben Bruno Bauer ist der Gymnasiallehr Carl Friedrich Köppen. Der Literat Eduard Meyen sitzt mit am Tisch, neben ihm der Journalist Friedrich Saß, wegen seiner Körpergröße von fast zwei Metern der „lange Saß" genannt.

Sie und andere treffen sich abends bei Hippel in der Friedrichstraße 94, eine ebenerdige Weinstube in einem geräumigen schmucklosen Zimmer, spielen Karten am langen Tisch in der Mitte, rauchen, trinken, streiten, foppen fremde Gäste. Für gewöhnlich steht der alte Hippel wortkarg in seiner Ecke, beobachtet und nimmt die Bestellungen auf. Wenn der Wirt tatsächlich mal wieder Geld sehen will und den „Prinzen aus Genieland" keinen Kredit mehr gibt, rennt die Truppe auf die Straße, bettelt die Leute an, bis genug Taler in den Hüten liegen, um weitertrinken zu können. Auch Frauen sind dabei. Frauen in Männerkleidung.

Eine dieser Frauen ist Marie Dähnhardt, eine betuchte Apothekerstochter aus Gadebusch bei Schwerin in Mecklenburg. Sie liebt Tabak, raucht die lange Pfeife auf Studentenbuden, trinkt das Münchener Bier, das gerade in Mode kommt, aus schweren Seideln, spielt mit den Männern Billard um die Wette und macht sämtliche Verrücktheiten mit, auch die wildesten. Marius Dähnhardius wird sie mit einigem Respekt genannt. Sie ist eine anmutige Blondine mit voller Gestalt, trägt ihre Haare wie damals üblich in geringelten Locken, die ihre Schläfen bedecken. Sie hat ein energisches Wesen, redet oft mit, ist aber ohne besondere geistige Begabung. Sie übt durch ihre natürliche Frische eine gewisse Anziehung auf Männer aus.

Max Stirner und Marie Dähnhardt – unterschiedlicher kann ein Paar kaum sein. Der Stille und die Schrille. Und doch finden sie nicht nur Gefallen aneinander, sie heiraten sogar. Max Stirner verewigt sie. „Meinem Liebchen Marie Dähnhardt" steht in seinem *Einzigen* als Widmung. Über die Wortwahl sind nicht wenige überrascht. Zumal „das Liebchen" bei der Veröffentlichung längst seine Ehefrau ist.

Sie heiraten am 21. Oktober 1843. Ein Sonnabend. Der Ort ist die Wohnung des Bräutigams, Neu Kölln, Am Wasser 23. Klingt wie der heutige Berliner Bezirk Neukölln. Tatsächlich ist Neu Kölln – in allen denkbaren Schreibweisen – ein langgestrecktes, schmales Gebiet in Berlin-Mitte, das im Norden vom Spreekanal und im Süden von der Wallstraße begrenzt wird. Neu Kölln, Am Wasser heißt heute Märkisches Ufer.

Die Hochzeit wirbelt Staub auf. Nicht nur in Berlin. Als Pfarrer schlägt „Freien"-Freund Bruno Bauer den Konsistorialrat Samuel Marot von der Neuen Kirche Berlin vor. Ein evangelischer Theologe und Freimaurer, der liberale Grundsätze vertritt. Kurz vor dem Mittagessen kommt der Pfarrer in die geräumige Wohnung. Trauzeugen und Gäste warten bereits im großen Salon. Später wird erzählt, einige mussten erst aus der Kneipe geholt werden. Fest steht, dass nicht gerade eine besonders feierliche Stimmung herrscht. Als Trauzeugen fungieren Bruno Bauer und Ludwig Buhl. Unter den Gästen sind der Dichter Wilhelm Jordan, der Journalist Julius Faucher, ein Assessor, dessen Name nicht überliefert ist, eine junge Engländerin, Freundin der Braut, und andere Freunde und Bekannte. Als der Pfarrer kommt, werden immerhin die Spielkarten zur Seite gelegt und Ludwig Buhl muss überredet werden, seine Hemdsärmel herunterzukrempeln und wenigstens sein schäbiges Alltagssakko anzuziehen.

Die Braut lässt auf sich warten, sie hat in der Küche zu tun. Als sie endlich kommt, ist Pfarrer Marot ein wenig erstaunt. Marie Dähnhardt trägt ein schlichtes Kleid, ohne Brautschmuck, ohne Myrtenkranz und Schleier. Marot fragt nach der Bibel. Es gibt keine in der Wohnung von Max Stirner. Eine Trauung ohne Bibel ist damals nicht üblich. Pfarrer Marot kürzt ab, soweit er kann und beschleunigt die Feier. Statt seiner dürren und nüchternen, den Umständen angepassten Rede zu lauschen, sehen die Gäste lieber zum Fenster hinaus auf den Spreearm.

Die nächste Irritation ruft die Frage des Pfarrers nach den Trauringen hervor. Auch die gibt es nicht. Niemand hat an die Ringe gedacht. Die sollen noch beim Goldschmied liegen. Vielleicht. Vielleicht auch nicht. Leichte Unruhe beim Pfarrer, dem Brautpaar und den Gästen. Lässig löst Bruno Bauer das kleine Problem. Er zieht seine längliche, gehäkelte Geldbörse aus der Tasche, wie sie damals üblich war. Er schüttet ein paar Kupfermünzen auf den Tisch, schiebt sie zur Seite, zieht die beiden Messingringe seines Portemonnaies ab und reicht sie Pfarrer Marot: „Das hält die Ehe manchmal besser zusammen, als der goldene Trauring." Aber auch nur manchmal. Max Stirner und Marie Dähnhardt werden mit den Messingringen getraut. Ende der nicht nur für damalige Verhältnisse sehr ungewöhnlichen Zeremonie.

Das Brautpaar lädt den Pfarrer zum Essen und zur Bowle ein, die danach ausgeschenkt werden soll. Samuel Marot dankt freundlich und verlässt die Feier. Für alle anderen geht das Fest erst los. Es nimmt den fröhlichen Verlauf anderer Hochzeiten. Die jungen Eheleute verschwinden nicht zu einer Hochzeitsreise, sondern bleiben mit ihren ausgelassenen Gästen noch lange zusammen.

Die Geschichte mit den Ringen verbreitet sich schnell in Berlin. Viele bauschen sie zu einer beabsichtigten Demonstration gegen die Kirche und einer unerhörten Beschimpfung heiliger Institutionen auf. Andere sehen darin eher eine gewisse Gleichgültigkeit gegenüber alten Traditionen.

Einige Zeit später berichtet die französische Zeitung *Gazette de France* unter der Überschrift „Eine atheistische Ehe" über die seltsame Hochzeit in Berlin. Es ist eine überzogene Satire und wird in Preußen dennoch ernst genommen. August Werner von Meding, Oberpräsident der Provinz Brandenburg, will von Berlins Polizeipräsidenten Eugen von Puttkamer wissen, wo man die Zeitung bekommen kann, was es mit dem Bericht auf sich hat und welche Rolle der Konsistorialrat Marot dabei spielt. Die Zeitung gibt es in Preußen nur zweimal. Ein Exemplar hat König Friedrich Wilhelm IV., das andere sein Geheimes Zivilkabinett. Pfarrer Marot wird befragt und berichtet von der ungewöhnlichen Eheschließung und dass nichts „vorgekommen ist, was ihn als Geistlichen hätte berechtigen können, die Trauung überhaupt zu verweigern". Alles in schönster Ordnung also.

Ganz und gar nicht in Ordnung sind die finanziellen Verhältnisse des Ehepaares, nach dem die Geschichte mit der Ziegenmilch grundfalsch gelaufen ist. Zehntausend Taler bringt Stirners „Liebchen" mit in die Ehe, sagen die einen, andere wollen von dreißigtausend wissen. Echte Not herrschte zu Beginn folglich nicht. Von dem Geld lebt das Paar und überlegt, wie das Vermögen geschickt anzulegen und zu vermehren ist. Da taucht im Frühjahr 1845 die unselige Idee auf, die Berliner mit frischer, gesunder Milch zu versorgen.

Bis dahin schleppen Bauern aus den Dörfern vor der Stadt blecherne Kannen mit ihrer frischen Milch aus den Ställen, hieven sie auf kleine Wagen und lassen sie von Hunden ins große Berlin ziehen. Dort wird die frische Milch dann verkauft. Das soll, so der Plan der Stirners, auch weiterhin so sein. Mit dem entscheidenden Unterschied, dass Stirner in Berlin eine Niederlassung aufbauen will, von der aus die Milch erst in engen und dann in immer größeren Kreisen den Bedarf der Berliner decken soll. Den Hausfrauen soll die Milch bis an die Tür gebracht werden. Im Umfeld von Bruno Bauer gibt es einen Charlottenburger Schullehrer, der sich um die logistischen Probleme kümmert. Der redliche, aber geschäftlich wie Stirner völlig ahnungslose Mann namens Rohlfs ist keine wirkliche Hilfe.

Max und Marie Stirner ziehen auf die umliegenden Dörfer. Sie reden mit Bauern und Pächtern darüber, wie die Milch nach Berlin kommen und dort von ihnen verkauft werden könnte. Von einem bestimmten Tage an sollte jeder eine ausgemachte Menge liefern. Sie mieten sich in der Köthener Straße kühle Kellerräume für die Lagerung der Milch und darüber Räume für das Büro. Um nicht nur von der Lieferung der Bauern abhängig zu sein, pachtet das Paar in der Oranienburger Chaussee Ställe und hält dort eigene Ziegen und Kühe für die Milchproduktion. Stirner rechnet mit erheblichen Gewinnen. Sogar eigene Wagen mit entsprechenden Einrichtungen für die Milchkannen werden gebaut.

Im Sommer 1845 ist es dann soweit. Die Lieferungen treffen in Berlin ein. An vieles denken die Firmengründer, nur an Werbung nicht. Die erwarteten Käufer wissen nichts von der neuen Berliner Frischmilch und bleiben natürlich aus. Das Projekt, so wird schnell klar, ist nicht bis in alle Einzelheiten durchdacht. Der Verkauf der Milch ist ein mühsames Geschäft. Im geräumigen Salon der ehelichen Wohnung sind immer häufiger Krisengespräche zu hören. Marie Stirner wird wütend, wenn wieder saure Milch auf die Straße gekippt werden muss, weil sich das Produkt nicht ewig lagern lässt. Sie ist erzürnt über nachlassende Produktionen in den Ställen, in eigenen und denen der Bauern auf dem Land. Dazu taucht auch noch Konkurrenz auf und die Preise geraten unter Druck. Maries Geld versickert im märkischen Sand.

Dabei ist die Idee grundsätzlich richtig. Dreißig Jahre später setzt sie der gewiefte Geschäftsmann Carl Bolle um. Erst lässt er Milchmädchen mit Milchkarren durch die Stadt rollen, später von Pferden gezogene Milchwagen, auf denen die Kutscher mit einer lauten Glocke läuten. Bimmel-Bolle wird eine Berliner Institution.

Max Stirner und seine Marie aber sind grandios gescheitert. Noch einmal will Stirner mit einem verzweifelten Versuch retten, was nicht zu retten ist. Er denkt sehr ernsthaft darüber nach, an der Börse zu spekulieren. Diesmal allerdings erkundigt er sich vorher eingehend bei einem Bekannten, was man über den Börsenhandel wissen muss. Der Bekannte rät ihm dringend davon ab, auch das letzte Geld zu riskieren. Stirner und seine Frau befolgen den Rat.

Die prekäre Situation bessert sich nicht. Immer häufiger streitet das Ehepaar. Es geht meistens um Geld. Ganz sicher ist das aber nicht der einzige Grund. Auf Dauer vertragen sich die beiden verschiedenen Naturen nicht. Marie Dähnhardt ist eine eher oberflächliche Frau, die sich an ein Leben voller Entbehrungen nicht gewöhnen kann. Daneben Max Stirner mit seiner sensiblen, intellektuellen Art. Ein durch und durch genügsamer Mann. Andere hätten vielleicht gemeinsam einen Weg aus dem Dilemma gefunden. Diese beiden nicht. Dazu sind sie sich innerlich zu fremd. Als sie heiraten, ist Stirner vorübergehend eine Tagesberühmtheit. Mit dem Verblassen seines Ruhmes erlischt auch bei ihr jedes Interesse für ihren Mann.

Es wird keine friedliche oder freundliche Trennung. Im Gegenteil. Der Ton wird rüde und schroff. Den ersten Schritt macht die Ehefrau. Max Stirner wird sie nicht traurig, sondern mit gewohnter Gelassenheit angehört haben, als sie ihm wenig behutsam und noch weniger liebevoll die Trennung vorschlägt. Für Marie ein Weg ohne Umkehr. Sie nimmt sogar ihre Ringe von seinen Fingern, erzählt sie Jahrzehnte später. Geschenke, die sie ihm nicht lassen will. Anfang April 1846, nach zweieinhalb Jahren Ehe, verlässt die achtundzwanzigjährige Marie Dähnhardt ihren Mann und reist unmittelbar darauf nach London. Stirner bleibt in Berlin zurück. Vier Jahre später werden sie geschieden. Marie Dähnhardt hat in London ein Verhältnis mit dem preußischen Offizier und Revolutionär Adolf Techow, wandert mit ihm und einer größeren Gruppe nach Australien aus, kehrt zurück nach London, wird fromme Katholikin und spricht nur selten über ihre Zeit in Berlin. Gegen Ende ihres Lebens bekennt sie, sie habe ihren Mann niemals geliebt oder auch nur geachtet. Marie Dähnhardt stirbt Ende 1902.

Nach dem Auszug seiner Frau kann Stirner die große Wohnung nicht mehr halten. Er zieht in die Hirschelstraße 14, heute Stresemannstraße. Seine praktischen Versuche, zu Geld zu kommen, sind gescheitert. Er kämpft um seine Existenz. Mit seinem Namen kann er nach der Veröffentlichung seines Egoisten-Buches alle Bemühungen um Anstellung als Lehrer vergessen. Und auch mit großangelegten literarischen Arbeiten – wie der Übersetzung französischer und englischer Nationalökonomen – wird er sich den Lebensunterhalt nicht verdienen können. Da hilft nur die Flucht nach vorne. Im Sommer 1846 lässt er in der *Vossischen Zeitung* eine Anzeige drucken, die sein ganzes wirtschaftliches Elend deutlich macht:

„Ich sehe mich in die Notwendigkeit versetzt, ein Darlehen von 600 Taler aufnehmen zu müssen, und bitte deshalb einen oder mehrere, wenn sie zusammenschießen wollen, mir dasselbe auf 5 Jahre in dem Falle zu gewähren, daß sie mir persönlichen Kredit zu geben geneigt sind. Max Stirner."

Sofort sind Stimmen zu hören, die spöttisch an den von Stirner in seinem *Einzigen* propagierten Egoisten erinnern, der Recht und Pflicht verneint hatte, und sie nun erwartet und verspricht.

Max Stirner ist gerade vierzig, hat noch viel Leben vor sich und ist am Ende. Er zieht in den nächsten Jahren sehr oft um, seine Gläubiger hetzen ihn von Wohnung zu Wohnung. Mehrfach sitzt er im Schuldgefängnis, bis er schließlich bei der Witwe Weiß seine letzte Bleibe findet.

In den Jahren der Not versucht er, die spärlichen Einnahmen durch journalistische Arbeiten zu verbessern. Wenn er Texte verkaufen kann, zeichnet er sie nicht mehr mit seinem Namen. Im Sommer des Revolutionsjahres 1848 wird er Mitarbeiter beim *Journal des österreichischen Lloyd*, dem Zentralorgan für Handel, Industrie, Schifffahrt und Volkswirtschaft, das in Triest erscheint. Im Herbst des Jahres werden Redaktion und Verlag nach Wien verlegt. Damit endet auch Stirners Tätigkeit.

Stirner lebt in seinen letzten Jahren sehr zurückgezogen. Vor allem, weil er kein Geld hat. Er lebt von mühsamen Vermittlungsgeschäften, geht nur selten aus, die alten Freunde sehen ihn lediglich ab und zu. Er entschwindet denen, die ihn lange Zeit umgeben haben, immer mehr. Er ist wie eine Gestalt, die durchs Leben schreitet und sich nicht mehr fassen lässt. Ohne Gepolter betrat er die Bühne der Öffentlichkeit, ohne Lärm tritt er wieder ab.

Heute wüssten nicht viele vom Lebensweg Max Stirners. Wäre nicht der Journalist John Henry Mackay, ein Schotte mit deutscher Mutter, im Sommer 1887 bei Studien im Britischen Museum in London über Max Stirner und sein Buch *Der Einzige und sein Eigentum* gestolpert. Das Werk fesselt ihn und er recherchiert über den längst vergessenen Autor. 1892 findet er Stirners verschollenes Grab auf dem Sophien-Friedhof. Er kauft die Stelle für dreißig Jahre und sammelt

Das Grab von Max Stirner auf dem Friedhof der Sophien-Gemeinde in Berlin-Mitte, Foto von 2016

bei Freunden, Bekannten und Gönnern vierhundertneunundsechzig Mark. Damit finanziert er die Grabplatte und eine Gedenktafel an Stirners Sterbehaus Philippstraße 19. Der Text auf der Gedenktafel lautet:

> In diesem Hause
> lebte seine letzten Tage
> Max Stirner
> (Dr. Caspar Schmidt, 1806–1856)
> der Schöpfer des unsterblichen Werkes
> „Der Einzige und sein Eigentum".
> 1845

Als John Henry Mackay die Tafel 1892 anbringen lässt, weiß er noch nicht, dass Max Stirner nie promoviert hat. In der Erstausgabe seiner Biografie über Stirner von 1889 ist der angebliche akademische Grad noch enthalten. Mackay korrigiert sich mit der zweiten Auflage von 1910. Eine dritte Fassung publiziert er 1914 im Eigenverlag. Durch die Arbeit des Schotten rückt Max Stirner mit seiner Philosophie in den Fokus der Fachwelt. *Der Einzige und sein Eigentum* wird schließlich in sieben Sprachen übersetzt.

Die Granitplatte für Stirners wiedergefundenes Grab ist wegen eines kleinen Fehlers ein Gelegenheitskauf. Allerdings ist sie zu groß. Nachdem der Gemeindekirchenrat die Platte ablehnt, lässt Mackay sie auf 1,75 mal 0,95 Meter verkleinern. Als einzige Aufschrift trägt die Platte den Namen Max Stirner in Versalien. So liegt sie heute noch auf dem Friedhof. Am Kopfende der rote Stein mit dem Berliner Bären, der die Stelle als Ehrengrab des Senats ausweist. Wer das Grab besuchen will, hält sich vom Eingang aus immer links an der Wand entlang. Irgendwann liegt dann rechts die Granitplatte. Sie ist nicht zu übersehen.

Melli Beese
Fliegen ist notwendig – Leben nicht

Am letzten Sonntag in ihrem Leben, am 20. Dezember 1925, rieselt den ganzen Tag über dichter, körniger Schnee vom Himmel. Ein scharfer Wind fegt ihn zu Haufen zusammen. Abends taut es. Aus dem Schnee wird schlüpfriger, vereister Matsch. In der Zeitung steht: „Wer spätabends die Straße passieren musste, ruinierte sich nicht nur die Kleider, bekam nasse Füße, sondern befand sich auch in höchster Gefahr." Die Berliner machen sich Hoffnungen auf weiße Weihnachten.

Melli Beese hat keine Hoffnung. Nicht für sich, nicht für ihre Ehe, nicht für ihre Zukunft. Ihre Hoffnung war der Himmel. Erfunden für Menschen, denen die Erde nichts mehr bietet. Für Melli ist der Himmel ihr Leben. Statt Wind unter ihren Flügeln zu spüren, zerrt die Wirklichkeit sie zu Boden. Da will sie nicht sein. Sie weiß um die Herrlichkeit des Himmels. Sie war die erste deutsche Pilotin. Das will sie wieder. Fliegen.

Amelie Hedwig Beese steht im Taufregister, geboren an einem Montag, am 13. September 1886 in Dresden-Laubegast. Sternzeichen Jungfrau. Der Vater ist erfolgreich und wohlhabend. Steinmetz, Architekt, Baumeister und Chef der Spiritus-Glühlicht-Gesellschaft „Phöbus". Seine Lieblingstochter wächst am Ufer der Elbe auf, mit weitem Blick auf Mulden und wilde Böschungen. Melli verfolgt den Flug der dicken Elbmöwen über den träge dahinfließenden Fluss. Alle Kinder wünschen sich, fliegen zu können.

Melli ist ein Kind mit vielen Begabungen. Sie zeichnet, spielt verschiedene Instrumente, wie selbstverständlich auch Klavier, sie lernt sieben Sprachen. Im Prämienbuch der Klasse VIII b steht sie an erster Stelle. Sie besucht die Schule für höhere Töchter und eigentlich liegt ihr Lebensweg wie auf dem Reißbrett des Vaters gezeichnet vor ihr. Standesge-

Gedenktafel für Melli Beese am Haus Sterndamm 82 in Berlin-Johannisthal, Foto von 2018

mäße Hochzeit, Führen eines gediegenen Haushalts, Beaufsichtigen der Kinder. Alles richtig. Nur nicht für Melli.

Melli Beese will Bildhauerin werden. An deutschen Kunstakademien ist das nicht denkbar. Frauen werden nicht ausgebildet. Sie findet einen anderen Weg. Mit zwanzig geht sie nach Schweden, studiert an der Königlichen Akademie zu Stockholm Bildhauerei. Sie lernt, das Richtige wegzuschlagen, um die Figur freizulegen. Sinn für Kunst und eine hohe technische Begabung helfen ihr. Auch, dass sie im Wortsinne zupacken kann. Drei Jahre bleibt sie in Stockholm. Mit Erfolg. Ihr Bildhauerstudium bringt ihr „Auszeichnungen und 1. Preise“ ein, schreibt sie.

Das Studium reicht ihr nicht. Sie erkämpft sich zusätzlich eine Ausbildung als Hochseeseglerin und nimmt an Regatten teil. Technik, Maschinen und Natur. Mellis Elemente. In Stockholm liest sie über die Brüder Wilbur und Orville Wright und ihre verbesserten Motorflieger. Flugzeuge. Fliegen. Der Himmel. Mellis Überlegungen bekommen eine neue Richtung.

Sie packt Koffer und Skulpturen und zieht nach Dresden zurück. Frau Schwibs, Hausmädchen bei Familie Beese, ist dabei: „Melli kam im Herbst aus Schweden zurück, wo sie Figuren oder Plastiken hergestellt hat, die dann in großen Kisten in Dresden ankamen." Im folgenden Winter nimmt Melli ihre Schwester Hertha zum Skifahren mit. Statt im Gebirge wie andere simple Schneemänner zu bauen, formt sie lebensgroße Figuren. Das Hausmädchen erinnert sich: „Die wurden damals viel bewundert, und auch in der Zeitung schrieb man von ihr. Ihre Mutter kam eines Tages freudestrahlend zu mir in die Küche und zeigte mir den Artikel."

Alles schön und gut, aber ein Nichts gegen ihren Traum vom Fliegen. Mellis Entschluss steht fest. Aviatiker werden die Leute genannt, die sich mit der Fliegerei beschäftigen, die dem Himmel näher sind als der Erde und zu deren Alltag Bruchlandungen und Todesstürze gehören. In Deutschland sind es ausnahmslos Männer. Bisher. Melli Beese, die Tochter aus wohlbehütetem Haus mit dem ausgeprägten Hang zu Abenteuern und neuen Herausforderungen, will die erste Frau sein, die ein Motorflugzeug fliegt.

Sie will wissen, wie es ist, abzuheben von der Erde, frei zu sein wie ein Vogel, wie eine der Elbmöwen ihrer Kindheit. Sie will den Himmel streicheln. Dazu braucht sie Grundwissen. Als Hospitantin hört sie an der Technischen Hochschule Dresden Vorlesungen in Mathematik, Schiffsbau, Flugzeugtechnik und Flugzeugmechanik. Mit ihrem technischen Interesse ahnt sie die Dimensionen, die in der Fliegerei stecken.

In Deutschland gibt es einen speziellen Ort, an dem Motorflieger ausgebildet werden. Johannisthal bei Berlin. In „glücklicher Ahnungslosigkeit", wie sie es nennt, taucht sie im beginnenden Winter 1910 vor dem umzäunten Flugfeld auf. Sie weiß nicht, worauf sie sich einlässt.

„Im Grunde genommen lief ich ja doch nur vor mir selbst davon." Wovor? Vor ihrer unstillbaren Neugierde und Abenteuerlust?

„November war's, ein stürmisch kalter, regnerischer Spätnachmittag. Ich hatte wohl die Entfernung von Berlin unterschätzt, war auch wiederholt irregegangen – denn damals wiesen noch keine weithin sichtbaren Schilder an wohlgepflegten Zufahrtsstraßen den Weg –, und so war es schwarze Nacht geworden, in die nur ab und zu rotglühende Öllämpchen vor den naßglänzenden Kiefernstämmen blakten, als ich mit vorgehaltenem Regenschirm am hohen Palisadenzaun entlang mich mühsam durch Sturm und fußhohen Schlamm kämpfte, dem Eingangspförtchen der Albatros-Werke zu." Albatros ist eigentlich nicht ihr Ziel. Sie will zu den Wright-Werken. Einmal rund um das Flugfeld mit einhundert Hektar. Das ist in dieser Nacht nicht zu schaffen. „Ich wollte fliegen lernen! – das war aber auch alles, von dem ich wußte, daß ich es wollte …"

Sie versucht es dann doch zuerst bei Albatros. Der Direktor winkt ab. Er zweifelt an den fliegerischen Fähigkeiten einer jungen Dame und schickt sie zu Wright. Für deren Chefpilot ist es ausgeschlossen, dass eine Frau mit Flugapparaten umgehen kann. Immerhin gibt er ihr einen Tipp. Sie soll es bei der „Ad Astra Fluggesellschaft" versuchen.

Einer der beiden Inhaber ist Robert Thelen, ein Diplomingenieur, der seinen Mund nur aufmacht, um eine Zigarette hineinzustecken, wie die Flieger lästern. Er hört sich Melli Beese an und akzeptiert sie als Schülerin. Vor allem, nachdem klar ist, dass Mellis Vater die exorbitanten Ausbildungsgebühren in Höhe von viertausend Mark bezahlen kann.

Melli fährt nach Hause und erzählt von ihren Plänen. Die Mutter ist entsetzt, der Vater zögert erst, dann stimmt er zu. Melli kann ihren Traum leben. Beim Abschied ist es das letzte Mal, „daß ich meines Vaters gütige Hand in meiner hielt".

In Johannisthal mietet Melli ein möbliertes Zimmer am Rand eines Kiefernwäldchens mit Blick auf das Flugfeld. Sie hofft, schon in wenigen Wochen, „sportlich trainiert wie ich war, hoch über allem Sterblichen meine Kreise zu ziehen". Daran ist nicht zu denken. Vor allem, weil die Männer mit allen Mitteln versuchen, ihre unwillkommene Konkurrentin am Fliegen zu hindern. Deren Ego droht ein Infarkt, wenn eine Frau schafft, was längst nicht allen von ihnen gelingt.

Sie merkt schnell, dass man in Johannisthal nicht eben auf sie wartet. „Es gibt Berufe, die gelegentlich die Physis eines Mannes brauchen", hört sie. „Eine Frau in Hosen", schütteln sich die Kerle. Kaiserin Auguste Viktoria empört sich nicht nur über Melli: „Diese Leute versuchen Gott!"

Geflogen wird nur, „wenn ein entfaltetes, in die Luft gehaltenes Taschentuch sich nicht bewegt". Geduld ist die wichtigste Eigenschaft der Piloten. Flugschüler sitzen manchmal wochenlang in den Hallen des Flugplatzes, beschäftigen sich mit Konstruktionen und Technik und warten, bis sich eine Gelegenheit zum Aufstieg ergibt. In den wenigen Stunden der Windstille drängen sich Schüler um die Maschinen. „Daß ich dabei die ganze männliche Korona geschlossen gegen mich hatte, war selbstverständlich."

Sie schlägt Krach bei ihrem Ausbilder Robert Thelen und darf endlich zum ersten Mal aufsteigen. Im Passagiersitz, weniger als ein provisorischer Stuhl. Die Maschine stößt und holpert über den Boden. Eiskalt peitscht der Luftstrom von vorne. Ein letzter Ruck. Das Holpern hört auf. Die Erde sinkt schnell zurück. Rechts und links weitet sich der Horizont. Der Doppeldecker fliegt. Der Wind dröhnt lauter als das Gebrüll des Motors in den Ohren, zerrt an der Kappe, fetzt durch die Lederjacke. Kalt, bitterkalt. Hinter der Fliegerbrille reißt sie die Augen auf. Die Schau von oben, die Freiheit im Raum. „Wenn ich immer fliegen könnte."

Ihre zweite Flugstunde endet fast in einer Katastrophe. Der Motor des Wright-Doppeldeckers setzt wenige Augenblicke nach dem Start aus. Die Maschine stürzt mit Fluglehrer und Schülerin aus rund zwanzig Metern Höhe ab. Thelen ist unverletzt, Melli bleibt mit einem fünffachen Beinbruch, Rippen- und Nasenbeinbrüchen liegen. Wegen ihrer starken Schmerzen behandelt man sie mit Morphin. Es wird eine lebenslange Sucht.

Wenige Tage nach dem Unfall im Dezember stirbt ihr Vater an einem Herzinfarkt. Trotz ihrer Verletzungen reist sie nach Dresden. „Tot – die klugen Augen, die das Tun und Treiben seines Mädels stets mit so liebevollem Verständnis verfolgt hatten, für immer geschlossen, und ich selbst – von meiner lieben Mutter gestützt – hielt mich nur mühselig an Krücken aufrecht, mit schwer gebrochenen Gliedern."

Im Januar 1911 kehrt Melli Beese nach Johannisthal zurück. „Jetzt konnte mich nichts mehr halten." Obwohl sie immer noch ihre Gehhilfen benötigt, sitzt sie am nächsten Tag wieder in der Maschine. „Ich war sicher, das Flugzeug schon nach wenig mehr Flügen in der Hand zu haben, und mein Lehrer wußte es auch – mußte es wissen." Robert Thelen will es nicht wissen. Aberglaube? Angst, noch einmal sehen zu müssen, wie sich seine Schülerin die Knochen bricht? Er weigert sich, sie weiter zu unterrichten. Für ihn ist die Bruchlandung der Beweis, dass „Frauen im Flugzeug eben Unglück bringen".

Zu stolz, um von Thelen eine Erklärung zu verlangen, wartet Melli Beese vier Monate, bevor sie sich von der Gesellschaft trennt. In diesen vier Monaten wird der Flugplatz ihre Heimat. Sie sperrt „Augen und Ohren auf, um vom Bau der mannigfachen Flugzeugtypen ringsherum zu lernen, was irgend zu lernen war". Zu einer Zeit, da noch fast jeder Pilot auch selbst Konstrukteur und Erbauer seiner Flugmaschine ist.

Sie fliegt bei einem Piloten mit, der beim Sachsen-Rundflug mitmachen will und einen Flugbegleiter braucht. Robert von Mossner überlässt ihr beim dritten Flug die gesamte Steuerung. Sie ist hingerissen: „Zum ersten Male

Leben und Tod in der eigenen Hand – in einer Unmittelbarkeit, wie es bei keinem anderen Sport der Fall ist. Ich konnte kein Ende finden – immer wieder ließ ich die Maschine steigen, fallen, wieder steigen, nach links herumschwenken, immer engere Kurven. Die Wright-Maschine folgte ja so herrlich leicht dem kleinsten Steuerdrucke."

Zurück in Johannisthal steht sie immer noch ohne Fliegerpatent da. Sie bittet den Direktor des Flugplatzes um Hilfe. Major Georg von Tschudi erkennt das Potenzial. Wenn er zu einer der nächsten Flugwochen die erste fliegende Frau in Deutschland am Start präsentiert, kann das ein Publikumsrenner werden. Er lässt seine Verbindungen spielen. Im Frühjahr unterschreibt Melli einen neuen Schulungsvertrag bei den Rumpler-Werken. Hellmuth Hirth, der Fluglehrer, ist von der Idee wenig begeistert, muss sich aber dem Druck der Direktion beugen. Mellis Kampf geht weiter. Jedes Mal, wenn sie an der Reihe ist, gibt es „technische Probleme" oder es sitzt bereits ein anderer Schüler im Flugzeug „nach dem Grundsatz: jedermann der Reihe nach – aber die Frau nach uns allen". Um fünf kurze Schulflüge zu absolvieren, braucht sie fast anderthalb Monate.

Ende Juli 1911 fliegt sie das erste Mal alleine. „Ich stieg auf 100 m Höhe – was eigentlich mehr als das Doppelte des Erlaubten war! – und flog ruhig meine zwei Runden. Jetzt sollte die Landung kommen! – Ich ging niedriger; um erst einmal die Gleitgeschwindigkeit zu erproben, umflog ich den Platz noch einmal und setzte dann vor dem Wright-Schuppen zur Landung an, die etwa 1200 m lange Gerade der Längsseite vor mir. Mit abgedrosseltem Motor berührte ich glatt und leicht den Erdboden und rollte aus, ohne weitere Sprünge zu machen, wie sie die Folge zu harten Aufsetzens sind."

Die Meldung im *Berliner Tageblatt* dazu ist eine Frechheit. Nicht nur, weil der Name falsch geschrieben ist: „Auf dem Flugplatz Johannisthal legte heute Vormittag zum ersten Mal eine Dame, Fräulein Böse, eine Probe ihrer Flugkunst ab. Die Dame flog ohne ihren Lehrer zweimal um den Flugplatz

Melli Beese auf ihrem Eindecker, um 1912

und konnte auch, ohne den Apparat zu beschädigen, wieder landen." In der *Berliner Börsen-Zeitung* steht die Nachricht fast wortgleich. Immerhin mit richtigem Namen.

Kurz vor ihrer Prüfung häufen sich die Sabotagen. Mellis männliche Kameraden tauschen neue gegen verrußte Zündkerzen und kappen Bremsschläuche. Lebensgefährlich wird es bei ihrem ersten Prüfungsflug. Kaum ist sie in der Luft, setzt der Motor aus. Sie muss die Prüfung sofort abbrechen und stellt nach der Landung fest, dass der Benzintank beschädigt ist und das Benzin ausgelaufen war.

Ohne ausreichende Flugerfahrung meldet sich Melli Beese wieder zur Prüfung an. Diesmal sucht sie sich einen Tag aus, an dem ihr Lehrer nicht in Berlin ist. Sie startet sehr früh am Morgen. Fast alle Flugschüler schlafen noch. Zwei Fluglehrer sind die vorgeschriebenen Sportzeugen. Die Prüfung besteht aus drei geschlossenen Rundflügen von mindestens fünf Kilometern Länge. Nach jedem Flug muss vorschriftsmäßig gelandet und der Motor ausgeschaltet werden. Die Landung hat punktgenau zu erfolgen, bei einer Toleranz von maximal einhundertfünfzig Metern.

Sie schafft die Prüfung ohne Probleme. „Als meine Mitschüler und Lehrer an diesem Morgen auf dem Flugplatz eintrafen, war das Unglück geschehen, und – ich war Pilot.“ Melli Beese ist die erste fliegende Frau in Deutschland. Ihre Fluglizenz hat die Nummer 115. Es ist der 13. September 1911. Ihr Geburtstag. Melli ist an diesem Tag fünfundzwanzig Jahre alt.

Sie hatte Edmund Rumpler, dem Besitzer der Rumpler-Werke, versprochen, an den Johannisthaler Herbstflugwochen für ihn zu starten. Wieder gibt es Krach. Zwei seiner Meisterflieger wollen nicht starten, wenn eine Frau im Werksteam mitfliegt. Wieder hilft Flugplatzdirektor Georg Tschudi. Er fürchtet um seine Attraktion, überzeugt Rumpler und Melli startet.

Sie fliegt großartig. Mit achthundertfünfundzwanzig Metern, und damit fast doppelt so hoch wie die alte Bestmarke, stellt sie einen neuen Höhenweltrekord für Pilotinnen mit Passagier auf. Ihre nächste Bestleistung sind zwei Stunden und neun Minuten, neuer Dauerweltrekord für Frauen. Nach dem vierten Tag liegt sie bei vierundzwanzig Teilnehmern auf Rang zwei.

Diesmal verbeugt sich die Presse. „Alle Achtung! Was das kleine Fräulein auf ihrer Rumpler-Taube leistet, konnte manchem ihrer männlichen Berufskollegen zur Ehre gereichen“, steht in der *B.Z.*

Alarm bei den Männern. Am fünften Tag darf Melli nicht mehr starten. Wegen des schlechten Wetters ist „das Fliegen nunmehr einer Frau nicht mehr zuzumuten“. Dummes Zeug. Melli kann nichts machen. Sie wird am Ende fünfte, kassiert aber immerhin 2499 Mark Flugpreis.

Sieger der Herbstflugwoche wird Alfred Pietschker, Enkel von Werner von Siemens. Er ist ein enger Freund von Melli. Wenige Wochen nach seinem Triumph auf der Flugwoche stirbt der Vierundzwanzigjährige beim Einfliegen eines

Melli Beese und Charles Boutard, um 1911

neuen Flugzeugtyps. Gerüchte tauchen auf. Er soll freiwillig in den Tod gegangen sein, weil Melli Beese seine Liebe nicht erwiderte.

Ihre große Liebe wird Charles Boutard, ein französischer Konstrukteur und Pilot, den sie 1911 trifft. Er wird Teilhaber der Melli-Beese-Flugschule GmbH. Mellis Mutter schießt Geld in die Firma. Karl Lingner, der „Odolkönig" aus Dresden, wird stiller Teilhaber. Wie Hermann Reichelt, Konstrukteur und Pilot aus Dresden. Obwohl die Arbeit kein Ende nimmt, wird die Zeit zwischen Januar 1912 bis August 1914 die glücklichste in Mellis Leben. 1913 wird geheiratet. Das Paar zieht in Johannisthal in den zweiten Stock einer Fachwerkvilla. Melli und ihr Mann sind keine Abenteurer.

Das Geschäft ist hart. Sie konstruieren und bauen neue Flugzeuge des Typs „Taube“ und melden Patente für ein zerlegbares, ein Leicht- und ein Wasserflugzeug an. Charles wird Chefpilot, in der Flugschule lernen vierzehn Schüler fliegen. Melli schreibt über diese Zeit: „Es gehört große Liebe zur Sache und noch größere Energie dazu, um in sieben Monaten von zwölf überhaupt kaum Zeit zum Schlafen zu finden und dennoch seine volle Arbeitskraft und Begeisterung zu bewahren.“

Der Beginn des Ersten Weltkrieges 1914 wird der Anfang vom Ende. 1. August 1914, nachmittags 16:40 Uhr allgemeine Mobilmachung in Frankreich, zwanzig Minuten später in Deutschland. „Nun ist die Kugel aus dem Lauf“, steht in der Zeitung. Und sie saust auf Melli Beese und Charles Boutard zu. Melli hat seit der Hochzeit die französische Staatsbürgerschaft. Sie und Charles werden noch am selben Tag zu Feinden Deutschlands erklärt. Das „Fliegende Boot“, das schon in Warnemünde liegt und gezeigt werden soll, wird zerstört. Das Ehepaar verliert seine erfolgreiche Flugschule, Lehr- und Geschäftserlaubnis werden entzogen. Charles Boutard wird zunächst in Holzminden interniert, ab 1917 sind beide in Wittstock in Arrest. Lange, eisige Winter, nasse, dunkle Erde. Er stirbt fast an einer doppelseitigen Lungentuberkulose. „Wir mußten viele Wochen ohne Nahrung bleiben und nur von dem leben, was uns mitleidige Bauern heimlich für horrende Preise abließen, weil die Gemeindeverwaltung alle Einwohner mit Gefängnis bedrohte, die feindliche Ausländer durch Obdach und Nahrungsabgabe unterstützten … Erst die Revolution befreite uns aus unserer Qual. Wir standen jedoch vor einem zertrümmerten Leben, krank, aller eigenen Mittel und Besitztümer beraubt. Man hat uns buchstäblich zugrunde gehetzt.“

Am Ende des Krieges ist Melli zweiunddreißig Jahre alt. Sie erstreitet 80 000 Mark Entschädigung für Fabrik und Flugzeuge. Das Geld zerrinnt zwischen den Fingern. Ihr Versuch, in die Automobilbranche einzusteigen, scheitert.

Melli-Beese-Anlage in Berlin-Halensee mit der Skulptur *Taube* von Annelise Rudolph (1971), Foto von 2018

Die Inflation schluckt den Rest. Sie kann das alte Leben nicht verteidigen. Nicht den Lorbeer, die Verheißung, aber auch nicht die Entbehrungen und die Abstürze. Die Ehe zerbröselt. Trotzdem plant sie mit ihrem Mann einen gemeinsamen Flug um die Welt in zwei Maschinen. Lange suchen die beiden nach Geldgebern. Die Fokker-Werke zeigen vorsichtiges Interesse. Letztlich scheitert das Projekt an der unzureichenden Finanzierung.

Mellis Fluglizenz ist abgelaufen. Sie muss neue Flugstunden mit Lehrer nehmen. Ihr letzter Flug auf dem neuen Berliner Flughafen in Staaken endet mit Looping und Bruchlandung. Da wohnt Charles schon wieder in Johannis-

Ehrengrab für Melli Beese auf dem Friedhof Schmargendorf, Foto von 2018

thal und Melli im Dachgeschoss Friedrichsruher Straße 30 in Halensee. Hier erschießt sie sich am 21. Dezember 1925, nachmittags um 16:45 Uhr. Ein Montag. Wie der Tag, an dem sie geboren wurde. Als sie den Revolver auf ihr Herz setzt und abdrückt, steht Charles unten auf der Straße. Sie wollten zusammen spazieren gehen. In Mellis Wohnung liegt ein Zettel. Darauf steht: Fliegen ist notwendig. Leben nicht.

Melli Beese liegt auf dem Friedhof Schmargendorf, L-2-73. Seit 1975 hat sie ein Ehrengrab der Stadt Berlin. Unweit ihrer letzten Wohnung in der Friedrichsruher Straße heißt eine Grünfläche Melli-Beese-Anlage, Storkwinkel, Ecke

Schwarzbacher Straße. Darauf steht seit 1971 die Skulptur *Taube* der Bildhauerin Annelise Rudolph als Denkmal für die erste deutsche Fliegerin. Die Fachwerkvilla, in der Melli Beese mit ihrem Mann Charles Boutard lebte, steht noch immer in Johannisthal, Sterndamm 82. Am Haus ist eine Gedenktafel angebracht.

Paul Cassirer
Ein Lebensspieler

Erste Szene

Eine junge Frau geht die Stufen einer kleinen Stadtvilla an einem Platz empor, den es in Berlin-Schöneberg immer noch gibt, ebenso wie die Villa. Heute heißt die Adresse Genthiner Str. 30i. An diesem Abend des Jahres 1903 ist die dreiundzwanzigjährige Schauspielerin Ottilie Spiro mit ihrem Mann, dem Maler Eugen Spiro, unterwegs zu einer Abendgesellschaft des Kunsthistorikers Julius Meier-Graefe. Beim Gastgeber angekommen, hört sie hinter sich auf der Treppe die stampfenden Schritte eines Mannes. Wenig später steht der Kunsthändler Paul Cassirer neben ihr und wird von diesem Augenblick an das Leben der jungen Wienerin völlig durcheinanderwirbeln. Sie ist noch nicht einmal ein Jahr verheiratet und nennt sich auf der Bühne nach ihrer Großmutter Tilla Durieux. Sie wird sich wegen des Mannes mit den stampfenden Schritten unverzüglich scheiden lassen, wird mit ihm ein wildes, erfülltes und oft auch schmerzvolles Leben führen. Bis Paul Cassirer sie nach dreiundzwanzig Jahren wieder verlässt.

Letzte Szene

Tilla Durieux steht an einem kalten und schneelosen Berliner Januarsonntag des Jahres 1926 am Grab ihres Mannes Paul Cassirer auf dem Waldfriedhof Heerstraße in Berlin-Charlottenburg. Unter ihren Füßen eines der vier Bretter, mit denen die Ränder der frisch ausgehobenen Grube gesichert sind. Drei Metallbehälter voller Sand stehen bereit. Gerade wirft Tilla die erste Handvoll hinab, sie wird den Sand gleich leise poltern hören, gedämpft vom üppigen Rosengebinde, mit dem der Sarg bedeckt ist. Natürlich tritt die Witwe als Erste ans Grab. Die Trauergäste halten Abstand. Aber nicht nur aus Respekt. Viele, besonders die

Tilla Durieux bei der Beisetzung von Paul Cassirer auf dem Friedhof Heerstraße, Berlin-Charlottenburg, Januar 1926

Familie Cassirer, machen damit die große Distanz zur Witwe deutlich. Sie reichen ihr nicht einmal die Hand. Sie geben ihr die Schuld am Tod des Kunsthändlers und Verlegers Paul Cassirer. Daran, dass er sich umgebracht hat.

Szenen der Vergangenheit

Fünf Tage zuvor, es ist Dienstag, der 5. Januar 1926, später Nachmittag, sitzt das Ehepaar in den Räumen von Paul Cassirers Anwalt Dr. Alfred Friedmann in der Voßstraße 7 in Berlin-Mitte. Tilla Durieux kann und will diese Ehe nicht mehr kitten. Jetzt nicht mehr. Niemand ahnt die Tragödie, die sich anbahnt und die Paul Cassirer geplant hat.

Seit sie aus der gemeinsamen Wohnung ausgezogen ist, lebt sie in einem Hotel. Kürzlich klopft es an der Tür ihres Zimmers. Ein Bote bringt Pakete. Tilla denkt, es sind Versöhnungsgeschenke von Paul. In der Tat kommen die Pakete von ihrem Mann. Doch keine Spur von Versöhnung oder auch nur Freundlichkeiten. Alle Lieblingsgegenstände, die Tilla wichtig sind, hat er zerbrochen und zertrümmert und schickt ihr die Einzelteile. Sie liest Zeilen wüstester Beschimpfungen. Allen Dreck habe sie in sein Leben gebracht, sie, die böse und gewissenlose Heuchlerin, und alles nach zwanzig Jahren des Zusammenlebens. Das gibt den Ausschlag. Tilla Durieux ist fassungslos, wütend und zutiefst getroffen. Spätestens jetzt will sie nichts mehr von Versöhnung wissen. Sie verlangt die Scheidung. Sie will nur noch weg von diesem Mann.

Dr. Alfred Friedmann, Rechtsanwalt und Notar, hat die notwendigen Verträge ausgearbeitet. Sie liegen auf dem Tisch in seiner Kanzlei, an dem auch Suse Paret sitzt, Cassirers verheiratete Tochter aus erster Ehe. Es geht um Versorgung, Rente, Vermögen. Wenn die Papiere unterzeichnet sind, werden sie bei Gericht vorlegt. Der Scheidungstermin ist für den nächsten Tag angesetzt. Tilla Durieux und Paul Cassirer wollen sich trennen, ohne dass in der Gesellschaft viel Aufhebens davon gemacht wird. Das Ehepaar unterschreibt.

Unvermutet erhebt sich Paul, murmelt eine Entschuldigung und verlässt den Raum. Dann fällt ein Schuss. Tilla hat schon öfter Selbstmordversuche ihres Mannes erlebt. Natürlich springt sie auf und stürzt ins Nebenzimmer. Paul sitzt auf einem Stuhl. In der linken Brust blutet eine Wunde. „Nun bleibst du aber bei mir“, stöhnt er und verliert das Bewusstsein. Ein Krankenwagen bringt Paul Cassirer ins Elisabeth-Krankenhaus in der Lützowstraße. Der Chef der Klinik, Professor Felix Landois, stellt bei der Untersuchung fest, wie schwer sein Patient verletzt ist. Die Kugel ist an einer verhältnismäßig harmlosen Stelle in den Körper eingedrungen, von einer Rippe abgeprallt und in der Wirbelsäule stecken geblieben. Lunge und Rückenmark sind erheblich beschädigt. Wenn er überlebt, wird Paul Cassirer vermutlich querschnittsgelähmt im Rollstuhl sitzen.

Tilla Durieux bleibt in der Nacht bei ihrem ohnmächtigen Mann am Krankenbett, weicht nicht von seiner Seite.

Am nächsten Morgen, es ist Mittwoch, der 6. Januar 1926, halten die Ärzte den Zustand ihres Patienten für besorgniserregend, aber nicht für lebensgefährlich. „Der Zustand ist ernst, in den nächsten acht Tagen ist voraussichtlich mit keiner Veränderung des Befindens zu rechnen“, sagt Professor Landois. Knapp vierundzwanzig Stunden, nachdem er sich in die Brust geschossen hat, wacht Paul Cassirer am Nachmittag auf. Er erkennt Tilla an seinem Bett. Sie muss ihren Kopf neben seinen auf das Kissen legen. Er bittet sie für alles um Verzeihung, fleht sie an, bei ihm zu bleiben. Sie verspricht ihm, ihn nie mehr zu verlassen. Dann wird Paul Cassirer erneut bewusstlos.

Gegen Mitternacht stellt Professor Landois eine Lungenentzündung fest, die den Zustand völlig hoffnungslos macht. Cassirer kommt während der ganzen Nacht nur für kurze Augenblicke zu sich. Die Ärzte prüfen gegen vier Uhr morgens ein weiteres Mal die Möglichkeit einer Operation. Aussichtslos. Am nächsten Morgen um sieben Uhr stirbt Paul Cassirer sanft und ohne jeden Todeskampf. Unmittelbare Todesursache ist ein Lungenödem. Er wird vierundfünfzig Jahre alt. Es ist Donnerstag, der 7. Januar 1926. Der Scheidungstermin vom Vortag ist natürlich ausgesetzt. Paul Cassirer stirbt als Tillas Ehemann. So hat er seinen Willen am Ende durchgesetzt. Wie so oft in ihrem gemeinsamen Leben.

Ein wildes, ungestümes, extrovertiertes Leben eines Traumpaares in den Jahren des ausgelassenen Berliner Lebens vor dem Ersten Weltkrieg, als die Stadt zur Metropole wird. Die Schauspielerin Tilla Durieux, umschwärmter Star nicht nur auf Berliner Bühnen, und Paul Cassirer, der als Kunsthändler und Verleger gegen den Willen von Kaiser Wilhelm II. den Impressionismus in Berlin durchsetzt und mit Ausstellungen in seiner Galerie Erfolge feiert. Das Paar gehört zur Spitze der Berliner Gesellschaft. Cassirers Galerie in der Viktoriastraße 35 in Tiergarten – heute beherrscht die Philharmonie diesen Teil des Viertels – ist für Maler,

Bildhauer und Schriftsteller eine der wichtigsten Adressen in Europa.

Paul Cassirer dominiert die Kunstszene und ist Mittelpunkt vieler gesellschaftlicher Veranstaltungen. Auf einem der Kostümfeste der Berliner Secession mit dem Thema Französische Revolution taucht er zwischen Jakobinern, Sansculotten und lärmenden Trommlern als Napoleon auf. Wer, wenn nicht er?

Sein Kopf brauchte keine Maske. Er hat den runden, massiven Schädel eines rücksichtslosen Durchsetzers. Im bartlosen, großflächigen Gesicht kühler Spott, die ewige Zigarette im Mundwinkel, der dadurch etwas schief und schlapp aussieht. Kluge, wollüstige, frivole, zarte, gierige, skeptische, willensmächtige, leidenschaftliche Züge. Der kurze Hals sitzt auf einem breiten, gedrungenen, solide gebauten Körper. Eine breite Stirn wölbt sich unter dem reichlichen Haar. Das Auffälligste in diesem Gesicht sind die Augen. Sie halten auf Distanz. Auf provozierende Art. Er trägt seine besondere Stellung nach außen zwischen all den Künstlern, Gelehrten, Museumsmännern, Schriftstellern, Kunstfreunden und Snobs aus dem Berliner Westen.

Paul Cassirer, 1871 in Breslau geboren, stammt aus einer begüterten Familie mit dicht gewobenem Netzwerk. Seit dem Ende des neunzehnten Jahrhunderts gehören die assimilierten Cassirers zu den vermögendsten und einflussreichsten Familien Berlins. Pauls Vater, Louis Cassirer, gründet mit seinem Bruder Max und dessen Sohn Hugo 1896 in der Schönhauser Allee die Firma Dr. Cassirer und Co. AG Kabelwerke. Max Cassirer gehört als ehrenamtliches Mitglied zum Stadtrat der damals noch eigenständigen Gemeinde Charlottenburg, engagiert sich in der Kaiser-Wilhelm-Gesellschaft und wird vom Kaiser mit dem Verdienstkreuz für Kriegshilfe ausgezeichnet. Die Cassirers achten sorgsam auf eine kaufmännische Heiratspolitik. Geld muss zu Geld kommen oder zumindest bei Geld bleiben. Mit seiner ersten Ehe erfüllt Pauls Cassirer die Vorstellungen seiner Familie. Lucie Oberwarth stammt aus einer Breslauer Fabrikantenfamilie. Mit ihr hat er zwei Kinder, Tochter Suzanne und Sohn Peter. 1904 lässt sich das Paar scheiden. Da ist Paul Cassirer bereits mit Tilla Durieux liiert. Es lässt sich denken, welche Schwierigkeiten die Schauspielerin mit seiner Familie hat. Sie, die junge Österreicherin, Tochter eines Chemieprofessors mit hugenottischen und slawischen Wurzeln, ist fremd, verdächtig und völlig ohne jedes pekuniäres Polster. Die Liebelei mit ihr nimmt die Familie noch hin. Schließlich sind Pauls amouröse Abenteuer sattsam bekannt. Doch als das Paar zusammenzieht und später sogar heiratet, ist das für den großbürgerlich-akademischen Cassirer-Clan, dem alles Exzentrische verhasst ist, ein Problem.

Mit seinem Cousin Bruno Cassirer gründet Paul 1898 im Erdgeschoss Viktoriastraße 35 im feinen Tiergartenviertel eine Kunst- und Verlagsanstalt. Der Standort ist klug gewählt. Mitten in der bevorzugten Wohngegend der begüterten Familien. In Berlin herrscht Aufbruchsstimmung. Das aufstrebende Großbürgertum entdeckt den diskreten Charme eines kunstgeschmückten Privathauses. In schneller Folge werden Ausstellungen gezeigt, jeden Monat eine neue. Der Kreis verlässlicher Käufer wächst. Kunstsalons und Kunsthandlungen wie die von Bruno und Paul Cassirer haben eine revolutionäre Wirkung. Hier sieht das Publikum Kunstwerke, die sonst nicht gezeigt werden dürfen, weil sie Kaiser Wilhelm II. nicht gefallen, der ernsthaft glaubt, bestimmen zu können, was Kunst ist: „Eine Kunst, die sich über die von mir bezeichneten Grenzen und Schranken hinwegsetzt, ist keine Kunst."

Paul Cassirer unterläuft mit seiner Galerie geschickt die Ordre des Kaisers. In privaten Galerien hat der Staat keinen Zugriff. Überall gründen sich Secessionen. München, Wien, Stuttgart, Weimar. Und natürlich Berlin. Besonders gegen einen Galeristen giftet Wilhelm Zwo: „Dieser Cassirer, der die französische Dreckkunst zu uns bringen möchte." Der

Satz wirkt unvollendet. Dem Kaiser ist wohl vor Wut die Luft ausgegangen.

Cassirer hat eine untrügliche Witterung für Neues, das um die Jahrhundertwende überall in der Luft liegt. Freie Bahn für noch wenig bekannte Künstler. Zur Eröffnung der Galerie präsentieren die Vettern drei Künstler unterschiedlicher Nationalität, den Deutschen Max Liebermann, den Franzosen Edgar Degas und den Belgier Constantin Meunier.

In dieser Zeit droht die gerade erst gegründete Berliner Secession gleich wieder zu scheitern. Zwar wird auf dem Gelände Kantstraße, Ecke Fasanenstraße neben dem Theater des Westens eine neue Galerie gebaut. Doch es fehlt an Initiative, Fantasie und Engagement. Max Liebermann schlägt die beiden Cassirers vor. Sie werden Geschäftsführer der Berliner Secession und legen los. Ihnen reicht die administrative Kompetenz nicht. Sie wollen auch Bilder auswählen und bei der Präsentation der Arbeiten mitreden. Damals hängen die Bilder in Ausstellungen meist dicht an dicht in mehreren Reihen übereinander, bis an die Decke. Wobei die kleineren Bilder ganz oben an den Wänden kaum zu erkennen sind. „So hängt man Bilder kaputt", regt sich Paul Cassirer auf. Künstler und Betrachter werden gleichermaßen missachtet. „Das ist das Erste, was wir ändern müssen." Und es wird geändert. Mit der Eröffnungsausstellung der Secession am 20. Mai 1899 haben die Cassirers ihr Konzept durchgesetzt. In Berlin ist die erste Schlacht im Kampf um die Moderne gewonnen.

Der Cassirer-Salon in der Viktoriastraße trifft den Nerv des Publikums. Bruno und Paul Cassirer beweisen Mut. Sie stellen Édouard Manet aus, Claude Monet, Max Slevogt, Giovanni Segantini, Lovis Corinth und Paul Cézanne. Ihr Konzept wirkt. Trotzdem steigt Bruno Cassirer nach drei Jahren und heftigen Streitereien aus. Paul macht allein weiter. Mit seinem Kunstinstinkt präsentiert er 1902 Vincent van Gogh. Der Niederländer wird überhaupt erst das zweite

Die Jury der zweiten Ausstellung des Deutschen Künstlerbundes im Ausstellungshaus am Kurfürstendamm (Haus der Berliner Secession), v. l.: Paul Cassirer, Lovis Corinth, Fritz Klimsch, Max Liebermann, Max Slevogt, Hermann Hirzel, Leopold von Kalckreuth, März/April 1905

Mal in Deutschland gezeigt. Cassirers Ausstellungen sind kulturelle Ereignisse ersten Ranges, sein Salon Treffpunkt der künstlerisch tonangebenden Berliner Gesellschaft und des kunstinteressierten Finanzadels. Wie noch kein Kunsthändler vor ihm verbindet er Glamour und Kunstverstand. Längst gehört es zum Selbstverständnis des Berliner Großbürgertums, bei Paul Cassirer gekaufte Gemälde an die eigenen Wände zu hängen.

Und dann lernt er Tilla Durieux kennen.

Tilla hat schon als Kind kein liebliches Mädchengesicht. Die Augen sitzen schräg, der Mund ist breit und nicht herzig klein, dazu die bräunliche Hautfarbe und das schwarze Strähnenhaar. Koboldvisage, sagt die Mutter. Auch als junge Frau ist Tilla keine Schönheit mit ihrem großflächigen Gesicht, in dem die Backenknochen hervortreten, mit einer leicht gewölbten Stirn. Nichts Gefälliges ist darin, nichts Niedliches. Mit dem Gesicht – er verwendet den jiddischen Ausdruck Ponem – soll sie lieber kochen lernen, rät ihr erster Intendant am Theater in Olmütz. Und engagiert sie trotzdem. Wer zum Theater will, glaubt an Wunder. Tilla will unbedingt zum Theater. Sie spielt gerade in Breslau, als Max Reinhardt sie an das Kleine Theater Unter den Linden nach Berlin holt. Eines der eigenartigsten und bizarrsten Talente, die Reinhardt in dieser Zeit entdeckt. Sie hat erste Erfolge. Die Koboldvisage, das Ponem, das hässliche Entlein entfaltet eine außerordentliche Faszination auf der Bühne. Sie hat, was anderen Schauspielerinnen fehlt: den lebhaften Reiz einer schlanken, geschmeidigen Gestalt, eine besondere Begabung für den Tanz und eine starke erotische Ausstrahlung.

Als sich Tilla Durieux und Paul Cassirer das erste Mal sehen, an diesem legendären Abend 1903 bei Meier-Graefe, trägt Tilla eine knallrosa Scheußlichkeit von Bluse. Ein Geschenk ihrer Mutter. Schauspieler müssen in dieser Zeit ihre Bühnenkostüme selber bezahlen. Die junge Frau kann sich private Garderobe kaum leisten. Cassirers Blick fällt auf die Bluse. Er lässt ein langgezogenes „Ahh" hören. Tilla sucht nach einem Mauseloch, in dem sie sich verstecken kann. Dann sitzt sie neben ihm. Es entwickelt sich ein Gespräch, wie sie es noch nie gehört hat. Cassirer sprüht Kaskaden von Behauptungen und Gegenbehauptungen über die Gesellschaft. Wie eine Fontäne sprudelt das Gespräch in die Höhe witziger Bemerkungen, gleitet zurück auf den Grund tiefen Wissens, um sich wieder zu kühnsten und gewagtesten Folgerungen zu erheben. Tilla Durieux sitzt wie ein Kind vom Lande mit offenem Mund da, um kein Wort zu verpassen. Sie erlebt die zutiefst unruhige Natur Paul Cassirers an diesem Abend zum ersten Mal, wie sie ihn sehr oft noch erleben wird: brillant, schillernd und eloquent. Narzisstisch und von nervöser Intelligenz. Dynamisch, hektisch, motorisch, extrovertiert. Er braucht Publikum, ist immer in Bewegung, benötigt ständig neue Reize und wird ihrer gewöhnlich bald überdrüssig. Tilla Durieux verfällt diesem Mann vom ersten Augenblick an.

Sie schafft schnell klare Verhältnisse. Als das Ehepaar Spiro kurz nach der ersten Begegnung abends von einer Gesellschaft mit Paul Cassirer nach Hause kommt, nimmt Tilla ihren Mut zusammen, holt tief Luft und zählt bis drei. Dann sagt sie ihrem Mann die Wahrheit: „Ich muss dich verlassen, denn ich liebe einen anderen." Eugen Spiro ist fassungslos, seine Welt bricht zusammen. Er bittet, er bettelt, er kämpft, er steckt seine Frau sogar in eine Nervenheilanstalt. Aus der flieht sie und meldet sich sofort bei Cassirer. Sie nimmt sich eine kleine Wohnung ganz in der Nähe der Galerie. Im Berliner Adressbuch steht sie unter Durieux, allerdings als „Durieux-Spiro, Ottilie, Schauspielerin, W 9, Lennéstraße 6, III, T. IV 14899". Die Scheidung ist schnell vollzogen.

Paul sieht in ihr das Kunstwerk, dem er Leben einhauchen will. Ihre Wissbegierde begeistert ihn. Sie treibt ihn an und steigert sein Begehren. Er breitet seinen gesamten Wissensschatz vor ihr aus. Unablässig übt er mit ihr, um ihr den Wiener Dialekt abzugewöhnen. Gemeinsam gehen sie ihre neuen Stücke durch. Er hält ihr lange Vorträge darüber, nicht nur ihre Rollen zu lernen und die Stücke zu kennen, sondern sich intensiv mit der deutschen Literatur zu beschäftigen, um kulturelle Zusammenhänge zu verstehen. Er schickt sie zu einem Gesangslehrer, weil ihm ihre Stimme zu dünn ist. Und sie reiten zusammen im Tiergarten. Der erfolgreiche Perlenfischer Cassirer hat seine schönste Perle gefunden. Er ist Shaws Professor Henry Higgins, der sich des Blumenmädchens Eliza Doolittle annimmt. Tilla saugt alles auf: „Ich sehe anders und ich spiele anders, seit ich Cassirer kenne." Er ist seinerseits empfänglich für die Zauberwelt des Theaters. Cassirer, der Ästhet, achtet sogar auf die Theatergarderobe von Tilla Durieux. Er lässt ihre Kostüme von Künstlern wie Emil Orlik entwerfen.

Es klingt wie das große Liebesglück. Ist es aber nicht. Paul Cassirer legt viel Wert auf seine eigene Welt. Die will er behalten, darüber gibt es keine Diskussion. Wenn Tilla abends aus dem Theater kommt, geht sie meist alleine nach Hause in ihre kleine Wohnung. Nicht selten sitzt Paul mit Freunden zusammen. Oft am Stammtisch bei Frederich in der Potsdamer Straße. Eine trinkfeste Runde, die sich dort trifft. Corinth, Mosson, auch Slevogt und von Kardorff, manchmal auch Liebermann. Sie trinken und debattieren, nicht selten bis in die Morgenstunden. In diesem Winkel wird Tilla vergessen: „Gründlich, ganz und gar, als sei ich nicht auf der Welt." Verabredungen platzen, Lieblingsspeisen verbrutzeln. Eine traurige Frau wartet vergebens und geht schließlich mit verweinten Augen ins Bett.

Tilla ist grenzenlos naiv und glaubt, Untreue gibt es nur in der Ehe. Dabei lässt der Galerist keine Gelegenheit ungenutzt, um seinen Horizont zu erweitern. Erst nach und nach merkt sie, dass es bei Pauls nächtlichen Eskapaden nicht nur um Wein und Diskussionen geht. Tilla hat keinerlei Erfahrung, sie weiß nicht, wie sie damit umgehen soll. Sie erzwingt Aussprachen, er schwört, verspricht ihr das Blaue vom Himmel. Sie gibt nach, er reißt sich für kurze Zeit zusammen und macht dann weiter wie bisher. Es wird ein Kreislauf. Liebesbetrug, Leid, Wut, Anklagen, Versöhnung. Jedes Mal ein brüchiger Scheinfrieden. Tilla erkennt, dass Cassirer nicht an die kurze Leine zu nehmen ist. Er braucht viel Freiraum. Sie hingegen will nur ihn. In dieser Situation gibt es zwei Lösungen. Entweder sie zieht einen Schlussstrich oder sie nimmt ihn, wie er ist und stellt sich blind und taub für alle amourösen Abenteuer. Sie entscheidet sich fürs Bleiben.

1908 ist Paul Cassirer ein weit über Berlin hinaus anerkannter Kunsthändler. Er gründet einen Kunstverlag, lädt zu Kunstausstellungen und Vortragsreihen über Kunst und Literatur. Er organisiert Musikabende und Lesungen. Ständig schreiben die Zeitungen über ihn, seine Galerie und seinen

Verlag. Einflussreiche Journalisten wie Theodor Wolff, Max Osborn oder Julius Elias gehören zum Freundeskreis. Für das Verlagsunternehmen werden in der Viktoriastraße, gleich gegenüber vom Kunstsalon, Räume gefunden. Erstes Produkt ist die Halbmonatszeitschrift *Pan*, bei der Paul Cassirer als Mitherausgeber wirkt. Das reizt ihn – die erlesene Präsentation der besten literarischen Produktion seiner Zeit.

Schnell sind auch im Verlag Namen mit Klang vertreten. Liebermann, Slevogt, Barlach, Chagall, Kokoschka, sie alle sind mit Originalgrafiken und wichtigen Texten dabei. Cassirers Panpresse, eine Handpresse, stellt ab 1910 Luxusdrucke her. Heinrich Mann, Toller, Wedekind, Sternheim und später Bloch werden Autoren bei Paul Cassirer. Lassalle, Barlach und Lasker-Schüler sind mit ihrem Gesamtwerk vertreten. Cassirers Verlag gibt drei Bände Briefe von Vincent van Gogh an dessen Bruder Theo heraus und veranstaltet Lesungen in seinem Salon, um die von ihm vertretenen Autoren einem ausgesuchten Publikum vorzustellen.

Tilla Durieux und Paul Cassirer wohnen immer noch getrennt. Das will er ändern, beschließt den Umzug in eine prachtvolle Stadtvilla in der Margaretenstraße, die Galerie ist gleich um die Ecke. Ihre Wohnung ist bald der Salon von Berlin. Hier empfangen sie Gäste, laden ihre Freunde zu Soupers nach neuen Ausstellungseröffnungen. Alte, hohe, dunkle Mahagonistühle aus Holland, ein großer, runder Tisch, auf dem Barlachs Plastik *Drei singenden Frauen* steht, daneben der Steinway-Flügel. Das Speisezimmer ist mit Bildern der Impressionisten geschmückt: *Die Reiterin* von Manet, *Die rote Frau und der Mann mit dem schiefen Hut* von Cézanne, das große Bild *Mole mit Leuchtturm* von Manet, *Zwei Mädchen am Klavier* von Renoir heben sich von den lichtgrünen Wänden ab. Tillas Zimmer mit der großen Bibliothek, die bis zur halben Höhe die Wände bekleidet, enthält unter anderem die Kunstbücher, die Paul Cassirer als Nachschlagewerke braucht, und ist über den Bücherregalen mit einer blendend blauen Tapete beklebt. Die Räume sind alle groß und hell. Raumverschwenderisch wie in alten Häusern der Tiergartengegend üblich. Auch die Küche und das Mädchenzimmer

Sie führen ein gastfreundliches Haus. Sammler und Schriftsteller, Journalisten und politische Freunde, Theaterleute und Künstler kommen an den Rand des Tiergartens. Die Künstler nehmen eine bevorzugte Stellung ein. Barlach, dem Cassirer auch das Werkzeug kauft, hat ein Dachzimmer mit eigenem Aufgang. Er kann nach Belieben kommen oder gehen. Oskar Kokoschka zahlt er regelmäßig Geld unter der Voraussetzung, dass der Maler ihm keine Bilder unter dem bisherigen Niveau gibt. Cassirer versteht den kommerziellen Wert der Bilder. Sie steigen wie Aktien an der Börse. Einzelne Künstler liebt Cassirer. Wie August Gaul, den legendären Tierbildhauer, mit dem ihn eine enge Freundschaft verbindet. „Gaulchen“ und „Paulchen“ heißen sie in der Runde. Eine der bekanntesten Plastiken von August Gaul steht seit vielen Jahren im Rathaus Spandau. Ein Junge reitet auf einem Esel. Der Junge ist der Sohn von August Gaul, und den Esel haben ihm „Paulchen“ und Tilla zu Weihnachten geschenkt. Tilla Durieux mag August Gaul sehr. „Mit unendlicher Liebe arbeitet er an seinen Tierplastiken, feilt mit Bescheidenheit und Demut an ihnen herum.“ Der Bildhauer modelliert in seinem Leben viele Tiere. Aber nur einmal eine Katze. Eine Kleinplastik aus Bronze mit vergoldeten Augen, keine zwanzig Zentimeter hoch. Die Füße der Katze stehen eng nebeneinander, sie macht einen hohen Buckel. Der Schwanz ist aufgeregt erhoben, sie schaut konzentriert mit hochgestellten Ohren geradeaus. August Gaul schafft eine verblüffende Perfektion. Acht Monate vor seinem Tod schenkt Gaulchen seinem Paulchen zu dessen fünfzigstem Geburtstag einen verkleinerten Abguss – als Kühlerfigur fürs Auto.

Cassirer wird ein leidenschaftlicher Anhänger des Schriftstellers und Schauspielers Frank Wedekind, der mit seiner Frau Tilly nach Berlin gezogen ist. Die Paare verbringen lange Abende miteinander. Erst treffen sich die Männer abends um acht Uhr in einem Restaurant am Kurfürstendamm. Später kommen die Frauen hinzu. Tilly ist ebenfalls Schauspielerin. Die Diskussionen beginnen meist freundschaftlich und ruhig. Je weiter der Abend vorrückt, desto hitziger werden die Männer. Cassirer knurrt, zischt, faucht. Wedekind brummt, fängt mit der Oberlippe sein klapperndes Gebiss und spritzt Gift. Um drei oder vier Uhr morgens trennt man sich. Manchmal versucht Wedekind, dem anderen das „Du" anzutragen, aber Cassirer duzt sich mit niemandem.

Immer häufiger spricht Cassirer von Hochzeit. Schließlich steht der Termin fest: 24. Juni 1910, ein Freitag. Einerseits ist Tilla Durieux glücklich, Pauls Frau zu werden. Andererseits weiß sie, dass diese Ehe weder bequem noch leicht sein wird. Das geht schon am Tag der Trauung los. Tilla ist auf Tournee und bis zum Termin völlig ausgelastet. Den Polterabend feiert sie mit Kollegen, und in der Nacht vor der Hochzeit sitzt sie im Zug. Sie rechnet fest damit, dass Paul sie abholt. Als sie frühmorgens in Berlin ankommt, ist niemand auf dem Bahnsteig. Statt einer herzlichen Begrüßung erwartet sie ein fauchender Bräutigam in der Wohnung: „Mach dich rasch fertig, damit wir es hinter uns bringen." Tränen tropfen auf das Brautkleid. Tilla ist fassungslos. Die Trauzeugen, Pauls jüngerer Bruder Alfred und August Gaul, scheitern mit frostigen Scherzen an Pauls böser Miene. Das Standesamt ist nicht weit weg, sie gehen zu Fuß. Nach kurzer Zeremonie und wieder auf die Straße, zieht Paul seinen Bruder mit sich. „Ich gehe jetzt ins Büro." Mittags kommt er immer noch übel gelaunt nach Hause, findet plötzlich alle Bilder schlecht gehängt, reißt sie von der Wand und stellt sie kreuz und quer im Zimmer auf. Erst beim Empfang der Hochzeitsgesellschaft abends im Hotel „Esplanade" glänzt Paul Cassirer mit charmanter Liebenswürdigkeit. Den schönsten Tag ihres Lebens hatte sich Tilla wahrhaftig anders vorgestellt.

Paul Cassirer, Foto von 1912

Paul achtet penibel auf Ordnung. Die Wohnung muss stets in bestem Zustand sein. Tilla kann sich nicht über Langeweile beklagen. Sie steht fast täglich auf der Bühne, studiert Rollen und probt und muss gleichzeitig für einen perfekten Haushalt sorgen und Gäste bewirten. Paul will sie in der Wohnung immer neben sich haben. Sie darf nicht vor ihm ins Bett gehen, auch wenn sie sich kaum aufrecht halten kann vor Müdigkeit. Nachts steht sie oft in der Küche und kocht Kaffee oder Tee für die Besucher. Sie will die Hausmädchen nicht in deren Nachtruhe stören.

Werden keine Gäste erwartet, geht es auf nächtliche Streifzüge durch die Tanzlokale von Berlin. Gerade ist der Onestepp aufgekommen. Man dreht sich im Rhythmus neuer Schlager. Der Übermut füllt Berlin bis zum Platzen. Überall ist Geschrei, Gelächter und Wirbel. So geht es im Galopp durch die Nacht. Tilla hat das Gefühl, „als ob jeder noch in einer unbewussten Angst dazu drängt, das Leben zu genießen, zu lachen, zu tollen", bevor das Entsetzliche hereinbricht.

Im Zentrum der Ehe stehen für beide die beruflichen Erfolge. Aus diesen Quellen bezieht das Paar seine Energie. Tilla Durieux wird immer begehrter als Schauspielerin. Es häufen sich Rollenangebote für Gastspielreisen nach München, Wien, Prag, bis nach Sizilien. Paul Cassirers Einfluss auf das künstlerische Leben Berlins wächst weiter. Sein Kunstsalon und die von ihm organisierte Berliner Secession befruchten sich gegenseitig und wirken zunehmend auch im Ausland. Der Kunstkritiker Robert Breuer vergleicht Paul Cassirer in Berlin mit den Medici in Florenz.

Tilla Durieux gehört mit ihrer Bühnenkunst zu den magisch-anziehenden, hochbegabten Frauen jener Zeit. Sie ist die am häufigsten abgebildete Schauspielerin Berlins. Max Liebermann, Emil Orlik, Lovis Corinth, Olaf Gulbransson, Franz von Stuck, Hermann Haller, Oskar Kokoschka, Ernst Barlach, Georg Kolbe – sie alle malen oder modellieren sie.

Für Auguste Renoir ist ihr Porträt das letzte große Werk. Zwei Wochen arbeitet er im Juli 1914 kurz vor Ausbruch des Ersten Weltkrieges in seinem Pariser Atelier am Boulevard Rochechouart mit Tilla Durieux. Cassirer hat den Maler darum gebeten. Renoir ist ein Wrack. Er sitzt im Rollstuhl, eine Pflegerin bindet ihm Pinsel und Palette an seine gichtgekrümmten Finger. „Der Kopf hob sich, und ein blaues, großes, strahlendes Auge sah mich an, das andere blieb verschlossen." Das Durieux-Porträt von Renoir, auf dem Tilla das Bühnenkleid aus dem vorletzten Akt von *Pygmalion* trägt, zählt heute zu den Hauptwerken des Impressionismus im Metropolitan Museum of Art, New York.

Heinrich Mann, der von Cassirer als Verleger stark unterstützt wird, schreibt über die Schauspielerin: „Sie ist eins der fortgeschrittensten Menschenwesen, die heute über die europäischen Bühnen gehen, ja man kennt für das, was modern heißt, keine vollkommenere Vertreterin. Sie hat alles, was modern heißt: Persönlichkeit, erarbeitet und wissend, nervöse Energie und die weite Schwungkraft des Talents."

Zu Kriegsbeginn meldet sich Paul Cassirer mit dreiundvierzig Jahren als Freiwilliger, wird als Benzinleutnant eingesetzt und muss Offiziere durch Belgien und Nordfrankreich kutschieren. Tilla Durieux lässt sich in Buch bei Berlin beim Roten Kreuz ausbilden. Paul schreibt bitterböse Briefe. Ihm gefällt nicht, was sie macht, er ist eifersüchtig auf Ärzte und Kollegen, mit denen Tilla zusammenarbeitet und von denen sie ihm wie abgesprochen berichtet. Er macht ihr grundlos Vorwürfe. Sie denkt erstmals an eine Scheidung. Vielleicht ist es Zeit für jeden, eigene Wege zu gehen. Tilla redet mit ihrem Schwager darüber. Fehler. Schon vor dem Morgengrauen am nächsten Tag ist Paul zurück, stürzt in ihr Schlafzimmer und will sie und sich erschießen. Auf der Stelle. Damit endlich Schluss ist mit diesem Doppelspiel von Verrat und Vertrauen. Ein für alle Mal. Paul rast und Tilla begreift kein Wort.

Er hat keinen Einfluss mehr auf seine Frau. Der Künstler ohne sein Werk. Das trifft ihn schmerzlich. Ärger hat Paul auch im Geschäft. Es läuft nicht, wie er sich das vorstellt, wenn er nicht da ist. Er fühlt sich als Versager, sieht nur Misserfolge.

Tilla kehrt nach Berlin zurück. Sie braucht Erholung. Cassirer steigert sich immer weiter in seine Eifersucht. Eines Abends stürzt er ins Musikzimmer, zerschlägt mit der Faust den Teller von Tillas Abendbrot, zieht ein Glasröhrchen aus der Tische, schreit, er werde jetzt Gift nehmen, schluckt es tatsächlich und bricht ohnmächtig zusammen. Tilla ruft einen Arzt, Paul überlebt.

Kurz darauf wird er erst dienstuntauglich zurückgestellt, dann doch wieder nach Rathenow einberufen. Er weigert

Tilla Durieux posiert mit ihren Haustieren, Foto von 1916

sich zu essen. Paul ist schwach, bleich, abgemagert und völlig verändert. Der Lazarettarzt weist ihn in ein Nervensanatorium ein. In der Nacht rennt Paul auf den Flur oder reißt das Fenster auf und will sich hinunterstürzen. Tilla weiß nicht, was sie machen soll. Diesmal wird Paul Cassirer endgültig dienstuntauglich geschrieben.

Den Rest der Kriegszeit wohnt das Paar in der Schweiz. Viele aus dem Berliner Kreis sind da. Julius Meier-Graefe, Hofrätin Berta Zuckerkandl, Henry van de Velde und Karl Walser, Annette Kolb und Else Lasker-Schüler, der Komponist Paul Graener, Stefan Zweig und seine Freundin und spätere Frau Friderike von Winternitz, August Gaul und viele Literaten und Kunsthistoriker. Statt in Berlin halten die Cassirers jetzt Hof in Zürich. Sie mieten mehrere Zimmer im Hotel „Schwert" und schmücken die Wände mit den Bildern großer Impressionisten. Der Dichter Franz Werfel kommt ins „Schwert", woraufhin Else Lasker-Schüler sofort in heißer Liebe zu ihm entbrennt und sich aus lauter Bewunderung eine Nacht vor seine Zimmerschwelle legt.

Die heitere Stimmung in der neutralen Schweiz überwiegt. Dennoch hat Paul immer wieder Selbstmordgedanken. Einmal will er aus dem Fenster springen, ein anderes Mal sich aufhängen. Ein Nervenarzt rät Tilla dringend, Paul niemals alleine zu lassen, schon gar nicht bei schlechten Stimmungen. Dann ist das Schlimmste zu befürchten. Sie kann aber nicht immer bei ihrem Mann sein. Sie muss Verträge erfüllen, hat Gastspielauftritte.

Zurück in Berlin, nach der Novemberrevolution von 1918 und nachdem Kaiser Wilhelm II. nach Holland geflüchtet ist, kommt Paul Cassirer an seine Akte, die von der Überwachungsstelle angelegt worden war. Eigenhändige Randbemerkung des Kaisers: „Also doch wahnsinnig."

Im Verlag arbeitet eine neue Lektorin. Grete Fischer ist vierundzwanzig Jahre alt, Paul Cassirer siebenundvierzig. Sie wird ihm vorgestellt, bekommt einen schlaffen Händedruck und mag ihn nicht. Seine Eleganz schüchtert sie ein, seine Arroganz empört sie. Sie gewöhnt sich an Cassirers Gesicht, dauernd eine Zigarette im Mund. Die merkwürdigen Augen, scharf, mit einem Faltenkranz, uralt. Das Profil, das sie mit den aufwärts gezogenen Nüstern an einen Hahn erinnert.

Grete Fischer lernt Tilla Durieux kennen. Die Hausherrin ist großzügig, schenkt gern, gibt Kindergesellschaften für arme Kinder und wird von ihren Dienstleuten vergöttert. Sie kann sticken und kochen, fast so gut, wie sie auf der Bühne oder auf dem Klavier spielt. Manchmal, wenn sie ein neues Stück spielt, bringt sie Karten für Grete Fischer. Sie setzt sich auf deren Schreibtisch und plaudert vertraulich. Grete findet Tillas hässliche Schönheit in der Nähe so zwingend wie auf der Bühne. Ihre schlanke Figur, die Glätte der Haut, die brutalen, ausdrucksvollen Hände.

Im Frühjahr 1919 trifft Grete Fischer ihren Chef auf der Treppe. Eilig. Er ist etwas heiser. „Heute Nacht hat sich mein Sohn erschossen.“ Kein Wort weiter, nichts, was man hätte sagen können. Peter Cassirer ist neunzehn Jahre alt geworden.

Wieder wird sie zu Cassirer ins Büro gerufen. Er zieht sie in ein Gespräch und sie genießt es. Ihr wird leicht und warm. Da steht Cassirer auf und küsst sie auf den Mund. Sie rennt raus, fährt nach Hause und schreibt ihm einen wütenden Brief. Für Grete steht fest: Ein Chef, der seine Assistentin küsst, ist ein Wüstling. Cassirer hält sich für ein paar Tage zurück, dann küsst er sie wieder. Sie will um keinen Preis mit ihm schlafen, sagt aber: „Ich war viel zu hochmütig, um mir die kleinen Liebeleien zu verbitten.“ Er wird zudringlicher und sie muss sich immer häufiger wehren.

An einem anderen Tag klingelt das Telefon und er zieht sie zu sich auf die Knie, weil er sie nicht gehen lassen will. „Warte, das ist München“, sagt er und hält den Hörer mit dem gleichen Arm wie Grete. „Meine Frau ist krank.“ Er hört zu, nickt, sagt wenig, legt den Hörer auf. „Es geht ihr schlecht. Sie ist operiert worden.“ Dabei fängt er an, die Frau auf seinem Schoß zu streicheln. Grete springt auf und schreit: „Ihre Frau ist schwer krank. Haben Sie überhaupt kein Herz?“ Er verzieht den Mund. „Das verstehst du nicht. Du bist gut. Und sie ist böse, böse.“

Professor Ferdinand Sauerbruch operiert Tilla Durieux in München nach einer schweren Bauchfellentzündung. Sie ist drei Tage bewusstlos, danach drei Monate so schwach, dass sie wie ein Kind gefüttert werden muss. Paul kommt einmal kurz zu Besuch, reist schnell wieder ab. An zwei Stöcken kommt sie in ein Sanatorium nach Tutzing. Erst als sie sich kräftig genug fühlt, reist sie nach Berlin.

Währenddessen ordnet Cassirer an, dass Grete Fischer ein neues Büro bezieht, im Bereich seiner Privaträume im Haupthaus. Sie ist in diesem Zimmer meistens allein. Auch, als Cassirer eines Spätnachmittags die Geduld verliert und zudringlich wird. Er versucht es mit Gewalt. Die Wachheit der Frau kann er nicht besiegen. Sie sieht alles. Sieht sich in die Ecke gedrückt. Sie schämt sich für die Lächerlichkeit der unschicklichen, peinlichen Situation. Sie schlägt um sich wie ein kleines Tier.

Endlich kündigt Grete Fischer. „Haben Sie denn eine andere Stelle?“, fragt er. „Nein“, sagt sie, „aber machen Sie sich keine Sorgen um mich. Ich bin jung, ich kann noch alles anfangen.“ Der Mann von fast fünfzig Jahren scheint ihr alt wie die Welt. Er leidet an einer Angina pectoris. Als er im folgenden Jahr krank wird, denkt sie, er wird sterben. Sie bedauert ihn nicht.

Tilla Durieux findet Berlin verändert. Die Rentenmark ist eingeführt, die Inflation beendet. Das macht sich auch auf dem Kunstmarkt bemerkbar. Paul gleitet vom Mäzen und Sammler zum reinen Händler ab. Damit kann er sich nicht abfinden. Der Kämpfer hat nichts mehr zu kämpfen, nur Geld zu verdienen macht ihm keinen Spaß. Seine Stimmung wird immer schlechter. Das Herz macht ihm zu schaffen. Sein Verhalten gegenüber seiner Frau ist unerträglich. Es nutzt nichts, dass sie zu seinen amourösen Eskapaden einfach schweigt, obwohl sie schon langsam grotesk sind. Alleine ihre Gegenwart macht ihn nervös und diese Nervosität steigert sich zu Hassausbrüchen. Tilla Durieux ist übermüdet und sehnt sich nach Ruhe. Jedes Gefühl für Paul ist in ihr erloschen. Sie ist verzweifelt. Am Anfang die unbeirrbare Liebe, die ersten Jahren mit Paul, die Wonnen der Lust, und nun dieser Hass, manchmal sogar Ekel. Nachts, wenn seine Angriffe sie zermürben und das Ehebett zu einem Folterinstrument machen. Der Kampf um ihre Liebe ist vorbei, um den Mann, der so lange Jahre ihr Geliebter und Lehrer war und dem sie so viel verdankt. Bei allem, was jetzt ist – das vergisst sie nicht.

Diesmal besteht Tilla Durieux auf Scheidung – und sie wird Paul Cassirers Witwe.

Georg Kolbe steht sehr schnell am Bett des toten Freundes und nimmt behutsam die Totenmaske ab. Vier Stunden nach der Katastrophe. Noch ist der Körper nicht erstarrt, noch scheint er warm zu sein. Der Kunstkritiker Adolph Donath empfindet den Ausdruck der Maske wie ein letztes Vibrieren der Lebenslust eines Menschen, der vor der Tat nicht zurückschreckte und der den Schmerz mit Verachtung ertrug.

In Berlin, in der neuen Republik und auch im Ausland hat das Feuilleton mit dem Suizid des genialischen Kunsthändlers für Tage und Wochen ein großes Thema. Viel wird spekuliert. Selbst, dass Tilla Durieux vor der Beisetzung Selbstmord begangen haben soll, geistert als schlimmes Gerücht durch die Gazetten.

Zur Trauerfeier in den Räumen der Galerie im Tiergartenviertel um halb zwölf am Sonntag, dem 10. Januar 1926, kommen viel mehr Menschen als erwartet. Das gesamte künstlerische Berlin nimmt Abschied. Der Sarg wird im schwarzumflorten großen Auktions- und Ausstellungssaal aufgebahrt. Er steht in der Mitte des Saales auf einem Podest, über und über mit Rosen bedeckt. Kränze türmen sich um den Sarg. Max Liebermann legt einen Lorbeerkranz nieder. An der Stirnseite des Saales ragt die Bronzebüste Paul Cassirers von Georg Kolbe aus einem Beet von weißem Flieder heraus. Dort sitzt die Witwe Tilla Durieux, schmal, zart und zerbrechlich. In ihrer Nähe die Verwandten, die sie keines Blickes würdigen. Für sie ist Tilla Durieux eine Gattenmörderin. Wenn es nach Pauls Familie gegangen wäre, hätte Tilla bei der Trauerfeier und der Beisetzung nicht dabei sein dürfen. In der Nacht vor der Trauerfeier versucht es Ernst Cassirer, ein Vetter von Paul, ein letztes Mal. Er ruft bei Harry Graf Kessler an und fordert ihn auf, die Durieux in seiner Trauerrede mit keinem Wort zu erwähnen. Kessler ignoriert das Ansinnen.

Am Ende der Feier wird der Sarg zu einem wartenden Auto getragen. Dahinter geht Prediger Dr. Lehmann von der Jüdischen Reformgemeinde neben Tilla Durieux. In langer Reihe fahren die Wagen zum neuen Friedhof an der Heerstraße. Hier wird Paul Cassirer in seinem Sarg zur letzten Ruhe in die Erde gesenkt.

Das Ehrengrab für Paul Cassirer, daneben der kleine Stein des Urnengrabes von Tilla Durieux, Friedhof Heerstraße, Berlin-Charlottenburg, Foto von 2019

Tilla Durieux heiratet 1930 ein drittes Mal – den jüdischen Unternehmer Ludwig Katzenellenbogen. Als 1933 die Nationalsozialisten an die Macht kommen, flieht das Paar zunächst in die Schweiz, dann weiter nach Kroatien. Sie wollen nach Amerika, Tilla kümmert sich um die notwendigen Visa. Sie bekommen die Unterlagen nicht wie erwartet. Ihr Mann wird 1941 von der Gestapo verhaftet und wird drei Jahre später im KZ Sachsenhausen ermordet. Tilla Durieux taucht in Zagreb unter, schließt sich der kroatischen Partisanenbewegung an und strickt Socken und Mützen für die Widerstandskämpfer. Zehn Jahre nach Kriegsende – 1955 – kommt sie zurück nach Berlin. Theater, Filme, Fernsehen, sie wird wieder zu einem Star. An ihrem letzten Wohnhaus in der Bleibtreustraße 15 erinnert eine Gedenktafel an sie. Hier lebt sie von 1966 bis zu ihrem Tod.

Tilla Durieux stirbt im Alter von neunzig Jahren am 21. Februar 1971. Es ist der hundertste Geburtstag von Paul Cassirer. Die Urne mit ihrer Asche wird neben dem stattlichen Grab von Paul Cassirer auf dem Friedhof Heerstraße, Berlin-Charlottenburg, in die Erde gelassen. Ein Naturstein mit ihren Lebensdaten markiert die Stelle. Wie ein Kissen am Fußende eines Bettes. Allerdings ist ihr Sterbedatum falsch. Auf dem Stein steht 21.1.1971. Auf dem Grabmal von Paul Cassirer ist die Inschrift mit dem Goethe-Zitat nach der Restaurierung des Steines wieder wunderbar zu lesen: „Zum Sehen geboren, zum Schauen bestellt".

Paul Cassirer war für Tilla Durieux zeit ihres Lebens präsent: „Ich verdanke Paul Cassirer die schönsten und die bittersten Stunden, meine geistige Entwicklung, meine wachsenden Erfolge an der Bühne, eine unendliche innere Bereicherung, aber auch den tiefsten Kummer. Meine Augen haben durch ihn die Herrlichkeit der Welt gesehen, aber auch die verzweifeltsten Tränen geweint."

Für Paul Cassirer gibt es bis heute in Berlin nicht einmal eine Gedenktafel.

Renate Müller
Mutmaßungen über einen Star

Alles Mutmaßungen.

Vielleicht war es wirklich so. Die Frau sitzt auf einer Fensterbank im ersten Stock. Sie ist angetrunken. Sie beugt sich vor, verliert das Gleichgewicht, ein spitzer Schrei, dann liegt sie auf der Terrasse ihrer Villa. Blut sickert aus einer klaffenden Kopfwunde, sie kann sich nicht bewegen. Sie stöhnt, ruft leise um Hilfe, niemand hört sie, sie wird ohnmächtig. Möglich.

Vielleicht war es auch anders. Lebensüberdruss und keine Aussicht auf Besserung. Sie fühlt sich verfolgt, bespitzelt, abgeschoben, ausgebootet. Sie hat genug. Dazu ihre übliche Mixtur aus Rauschgift und Alkohol. Sie stellt sich ans Fenster, sie lässt sich fallen. Auch möglich.

Im Prinzip ginge die Geschichte niemanden etwas an. Von der Familie natürlich abgesehen. Ein Unfall ist tragisch, ein versuchter Selbstmord ein Drama. Aber die Frau, die an diesem kalten und windigen Septembertag im Jahr 1937 bewusstlos auf dem Pflaster im Garten des Hauses in Berlin-Dahlem liegt, ist nicht irgendwer. Die Frau heißt Renate Müller und ist einer der größten deutschen Filmstars. Das ändert die Lage und verstärkt Begehrlichkeiten auf die Hintergründe.

Eine ganze Weile nach dem Sturz kommt Sybille Schmitz in den Reichensteiner Weg 25. Sie ist eine gute Freundin von Renate Müller. Freundin und Kollegin. Die beiden sind verabredet gewesen. Renate Müller ist jedoch nicht zum Treffpunkt gekommen und hat das Telefon nicht abgenommen. Sybille ist beunruhigt, sie macht sich Sorgen. Sie weiß um den fragilen Zustand ihrer Freundin, fährt zu ihr, findet sie und schlägt Alarm.

Renate Müller wird ins Augsburg-Sanatorium gebracht, eine chirurgische Privatklinik in der Augsburger Straße 63 in Berlin-Schöneberg. Heute heißt dieser Teil der Straße

Renate Müller während einer Drehpause in den Ufa-Studios Neu-Babelsberg, 1933

Fuggerstraße. Auch die Klinik gibt es noch, in der Fuggerstraße 29. Sie heißt Fugger-Klinik und ist eine Spezialklinik für chronisch Kranke.

Dr. Ramon von Ondarza stellt bei Renate Müller die Diagnose: Kniescheibenfraktur, schwere Kopfverletzung mit einer Rissplatzwunde, die sich von der Nasenwurzel über den Schädel zieht. Kein Schädelbruch. Zuerst wird die klaffende Kopfwunde genäht, kurze Zeit später auch die gebrochene Kniescheibe behandelt. Chefarzt Professor Gohrbandt operiert den Filmstar. Dr. von Ondarza assistiert ihm als Narkosearzt. Die Operation gelingt, das Bein wird anschließend in Gips gelegt.

Professor Erwin Gohrbandt ist 1937 Chefarzt am Urban-Krankenhaus und hat für seine Privatpatienten Belegbetten im Augsburg-Sanatorium. Zudem ist er wissenschaftlicher Mitarbeiter des Reichsjugendführers Baldur von Schirach, später chirurgischer Berater der Luftwaffe. Nach Kriegsende arbeitet er mit dem berühmten Chirurgen Ferdinand Sauerbruch zusammen und wird beauftragt, in Berlin die Hygienevorschriften zu überwachen. Er betreibt den Wiederaufbau des kriegszerstörten Krankenhauses Moabit und gibt Vorlesungen an der neu gegründeten Freien Universität. Ein Jahr vor seinem Tod 1965 wird er auf einem internationalen Chirurgenkongress in den USA als der bedeutendste lebende Chirurg gefeiert.

Dr. Ramon von Ondarza ist seit dem 1. Februar 1937 der Arzt von Renate Müller. 1939 wird er Hermann Görings Leibarzt. Nach dem Krieg schafft er es, seine Nähe zur nationalsozialistischen Führungselite zu verbergen. In seiner „Entnazifizierungsakte" taucht der Name Göring an keiner Stelle auf. In der Bundesrepublik bleibt er bis an sein Lebensende von der Justiz unbehelligt. Er stirbt 1972 nach einem Autounfall.

„Die Müller liegt im Krankenhaus!" Schock-Nachricht für Freunde und Kollegen. Das Krankenzimmer sieht schnell aus wie ein Blumenladen. Reporter wollen wissen, wie es ihr geht. Professor Gohrbandt kann nach kurzer Zeit beruhigen. Renate Müller ist auf dem Weg der Besserung. Etwa in zehn Tagen soll sie aus dem Krankenhaus entlassen werden. Kollegen kommen zu Besuch. Käthe Dorsch, Lilian Harvey, Sybille Schmitz, Willy Fritsch, Gustav Fröhlich. Sie alle sind Stars des deutschen Films. Renate Müller kann wegen des Gipsverbandes keinen Schritt gehen. Sie sitzt aufrecht im Bett und empfängt die Freunde. Erstaunlich fröhlich wirkt sie und locker. Die Schikanen der Nazis hat sie verdrängt, ihre desaströse Lage auch. Für den Augenblick zumindest. Sie hat gerade andere Sorgen. Im Krankenhaus fühlt sie sich sicher. Es sieht aus, als fände sie trotz der Verletzungen neuen Lebensmut. Der ist ihr in den vergangenen Monaten abhandengekommen. Kein Gedanke daran, dass sie vor nicht langer Zeit durch die Kulissen getorkelt ist, von Bühnenarbeitern gestützt werden musste, die Drehtage oft nur mit Alkohol überstand. Alles vergessen. Im Krankenbett denkt sie an neue Pläne. Anfang Oktober empfängt sie einen Regisseur und einen Autor, mit denen sie Filmskripte bespricht. Sie ignoriert den Spiegel, der ihr zeigt, dass die Kopfwunde für immer Spuren hinterlassen wird. Es ist fraglich, ob sie jemals wieder wie früher wird laufen können. Ein Narbengesicht mit Gehfehler, das wird von der schönen, umjubelten Filmschauspielerin Renate Müller bleiben.

Ihre Schwester Gabriele erzählt später: „Zwei Tage vor ihrem Tod habe ich Renate zum letzten Mal gesehen. Sie war guter Dinge. Die zwei Wochen im Krankenhaus hatten wahre Wunder gewirkt." Auch das ist durchaus denkbar.

Einen Tag vor ihrem Tod bittet Renate Dr. Ondarza zu sich. Sie erinnert ihn daran, dass er ihr schon lange keine Rechnung mehr gestellt hat. „Wenn mir etwas zustößt, kriegen Sie kein Geld." Der Arzt will im Moment nichts davon wissen. Renate bleibt dabei und schreibt einen Scheck aus. Vielleicht tatsächlich eine Art Vorahnung.

Um vier Uhr morgens bekommt Renate Müller einen schweren epileptischen Anfall. In ihrem Gehirn entlädt sich ein höllisches Gewitter. Bei einer solchen Attacke wird der Patient ohnmächtig. Der ganze Körper versteift sich. Die Atmung setzt kurz aus. Danach zucken Arme und Beine völlig unkontrolliert. Der Patient beißt sich auf die Zunge. Normalerweise dauert ein solcher epileptischer Anfall einige Minuten. Bei Renate Müller dauern die Gehirnkrämpfe sechs furchtbare Stunden. Dr. von Ondarza und ein Neurologe versuchen alles, der Patientin Linderung zu verschaffen. Am Ende sind die Ärzte machtlos und können nichts mehr für sie tun. Der geschwächte Körper der Schauspielerin hat keine Kraft mehr.

Renate Müller stirbt am Donnerstag, dem 7. Oktober 1937, gegen zehn Uhr vormittags. Ende eines schnellen, erfolgreichen, kurzen Lebens. Erste richtige Bühnenrolle mit achtzehn, erster Stummfilmvertrag mit dreiundzwanzig, Durchbruch als Filmstar mit fünfundzwanzig, Tod mit einunddreißig.

Es wird gemunkelt, geredet, getuschelt, getratscht. Die einen erzählen, Joseph Goebbels habe den Auftrag zum Mord an Renate gegeben, weil sie dem Regime lästig war, an ihrem Freund, dem jüdischen Bankier Georg Deutsch, hing, und nicht in der Spur geblieben war. Eine wüste Verschwörungstheorie. Goebbels schreibt am 8. Oktober in sein Tagebuch: „Gestern Renate Müller gestorben. Es tut mir doch sehr leid. Furchtbares Schicksal. So gefeiert als Frau und Künstlerin, um dann doch so arm und verlassen zu sterben." Fügt aber hinzu: „Abends eine Reihe von Filmen geprüft: Mustergatte mit Rühmann. Zwerchfellerschütternd. Ich habe Tränen gelacht."

Andere glauben an einen Selbstmordversuch. Nur bedingt denkbar. Statt von Selbstmord redet Renate Müller in den Wochen vor ihrem Tod vielmehr davon, Krankheiten und Krisen in den Griff zu bekommen. Viel wahrscheinlicher ist das Szenario Alkohol, Fenstersturz, Kopfverletzung, schwerer epileptischer Anfall, Exitus. Ganz sicher kommt viel zusammen. Irgendetwas muss gewesen sein. Niemand fällt einfach so aus dem Fenster. Regisseur Arthur Maria Rabenalt glaubt zu wissen: „Man hat sie systematisch hingerichtet, auf Raten sozusagen."

Fünf Tage nach Renates Tod, am Nachmittag des 12. Oktober 1937, wird ihr Leichnam im Krematorium Berlin-Wilmersdorf eingeäschert. Zur Trauerfeier in aller Stille sollen nur engste Familienmitglieder und ein kleiner Freundeskreis kommen. Obwohl die NS-Propaganda den Tod der gefeierten Schauspielerin lediglich kurz vermeldet und die Trauerfeier gar nicht erwähnt wissen will, kommen hunderte Fans, die von Renate Müller Abschied nehmen wollen. Aus Angst vor Repressalien geben ihr nur wenige Kollegen das letzte Geleit. Unter den mutigen Gästen sind Sybille Schmitz, Hans Brausewetter, Walter Franck, Erika Dannhoff, Julia Serda, Fritz Kampers und Willy Fritsch. Lilian Harvey hakt sich bei ihrem damaligen Lebensgefährten Paul Martin unter. Sie ist zutiefst erschüttert und bricht an Renates Sarg fast zusammen.

Renates Vater spricht am Ende seiner Rede über den letzten Besuch am Totenbett seiner Tochter: „Du hattest ein gelöstes, inniges Lächeln und dein Gesicht spiegelt noch im letzten Augenblick den wertvollsten Zug deines Lebens, die unendliche Güte, die größer ist als jeder Ruhm, der schnell verrauscht. Du wolltest geben, schenken, beglücken und brauchtest doch selbst das Glück."

Die Harmonie ihres jungen Lebens genießt Renate Müller im liberal-verwöhnten Elternhaus. Ihr Vater Karl Eugen Müller ist Historiker und promovierter Altphilologe, ihre Mutter Mariquita eine begabte Malerin und als Deutsche in Chile geboren. Schwester Gabriele ist zwei Jahre jünger als Renate. Karl Eugen Müller arbeitet als Journalist. Erst in München, wo die Mädchen geboren werden, dann in Danzig, schließlich in Berlin. Mit dem Zeugnis für die Unterprima nehmen die Eltern Renate von der Schule. Bis zum Abitur mag sie nicht mehr gehen. Wie meistens in dem Alter sind die beruflichen Pläne noch unklar. Renate schwankt zwischen Journalistin, Ärztin und Opernsängerin. Die Sängerin behält zunächst die Oberhand. Renate bekommt Gesangsstunden. Sie hat eine gute, aber nicht außergewöhnliche Stimme, dafür von Beginn an Sinn für die Bühne.

Familie Müller im kosmopolitischen Berlin der Zwanzigerjahre: Vater, Mutter und die Töchter beziehen eine geräumige Wohnung in der Bregenzer Straße 9 in Schöneberg. Karl Eugen Müller ist politischer Redakteur und Leitartikler beim *Berliner Tageblatt* unter dem legendären Chefredakteur Theodor Wolff. In derselben Redaktion arbeitet als Feuilleton-Chef Fred Hildenbrandt. Der erinnert sich später: „In der politischen Redaktion arbeitete der Kollege Karl Eugen Müller. Ein mittelgroßer, stämmiger, sehr breitschultriger robust aussehender Mann mit rotblondem Haar und kurz gestutztem Schnurrbart. Im linken Auge funkelte ein Einglas. Dass einer vom BT ein Monokel trug, erscheint außergewöhnlich, denn dieses Augenglas galt gemeinhin als Überbleibsel aus feudalen Zeiten bei feudalen Leuten oder solchen, die es scheinen wollten. … Jenen Dr. Karl Eugen Müller nun mochten wir alle seiner Ausgewogenheit und Ausgeglichenheit, seiner ruhigen und stets gelassenen Art wegen gern."

Renate nimmt mit wachsender Begeisterung Gesangsunterricht, übt täglich Tonleitern und strapaziert die Nerven der Familie. Eine Freundin, die Ahnung von Oper und Theater hat, gibt ihr den Rat, nicht nur Musik, sondern auch Schauspiel zu studieren. Renate bewirbt sich an der Max-Reinhardt-Schauspielschule, wird auf Anhieb genommen, obwohl das Semester schon angefangen hat, kommt gleich in die zweite Klasse und gilt nach kurzer Zeit als eine der hoffnungsvollsten Schülerinnen. Die Schule ist nichts für Halbherzige, die Ziele sind eindeutig: „Der heutige Schauspieler muss alles können, er soll Sprecher, Sänger, Tänzer, Musiker, Akrobat sein; er soll alle Stile und Spielarten beherrschen, den klassischen Vers, den leichten Konversationston, die stilisierte Sprache, alles." Oper ade – Renate will nur noch spielen.

Unter den Schauspielschülern fällt Renate Müller auf. „Renate war eine tolle Erscheinung, ein Sonderfall in unserer Schule", erinnert sich Freundin Karin Evans. „Wir anderen konnten uns keine Seidenstrümpfe leisten. Renate kam immer sehr elegant gekleidet. Außerdem hatte sie damals schon unglaubliche Beziehungen zu wichtigen Leuten in der Theaterwelt. Zu ihrem Bekanntenkreis gehörten Prominente, die uns nicht einmal angeschaut hätten. Sie war ein Aushängeschild für die Schule."

Ihre erste richtige Rolle spielt Renate Müller als Nettchen Holt in Henrik Ibsens *Die Stützen der Gesellschaft* am Deutschen Theater. Premiere ist am 9. Februar 1925. Renate ist achtzehn Jahre alt. Im Theater entwickelt sie eine neue Sicherheit und ist besessen von der Bühne. Ihr Erfolgsgeheimnis ist nicht umwerfende Schönheit oder herausragende Begabung. Sie besticht durch ihre natürliche und sympathische Ausstrahlung. Sie ist der moderne Mädchentyp ihrer Zeit. Liebreizend, gescheit, eine normale junge Frau mit Herz und Verstand. Im November 1925 hat sie Premiere im Stück *Brigitte*, das heute längst völlig vergessen ist. Damals schreibt Alfred Kerr, der Mann mit der unbarmherzigsten Kritiker-Feder der Stadt: „Die Brigitte spielt ein Fräulein Renate Müller. Man wird sich den Namen Müller merken müssen."

Von ihrem Allerweltsnamen wird sich Renate nie trennen. Auch nicht, als sie längst ein Filmstar ist und immer wieder Vorschläge bekommt, sich einen klangvollen Künstlernamen umzuwerfen wie vor ihr Lya de Putti, Lucie Doraine, Ly Estra oder Lya Mara, Lieblinge der Stummfilmära. Selbstbewusst bleibt Renate Müller bei ihrem Namen. „Entweder ich kann was, oder ich kann nichts, dann hilft mir auch der schönste Künstlername nichts."

Renate Müller ist noch nicht einundzwanzig, also nicht volljährig, will aber schon von zu Hause weg. Die Eltern unterstützen sie. Sie mietet sich in der Nachodstraße 28 ihre erste eigene Wohnung. Renate lernt ständig neue Menschen kennen. Auch Männer. Sie hat Affären, aber keine feste Beziehung. Sie lebt für ihr Lebenselixier Theater. Ihre Familie kommt zum ersten Mal zum Tee und Renate verspricht: „In zwei Jahren muss ich prominent sein."

Ihre Rollen auf verschiedenen Berliner Bühnen werden größer. Ihr Name steht in den Merkbüchern großen Theatermacher. Renate spielt alles: Klassik, Moderne, Komödie, Experimentalstücke, Possen ohne Tiefgang. Sie arbeitet mit Meisterregisseuren wie Jessner, Fehling oder Erich Engel. Im

Renate Müller mit Paul Bildt in Shakespeares *Verlorene Liebesmüh* in der Inszenierung von Jürgen Fehling, Schauspielhaus am Gendarmenmarkt, März 1930

Herbst 1928 schließt Renate Müller einen Vertrag mit dem Preußischen Staatstheater. Einer ihrer ersten Auftritte unter Leopold Jessner im Schauspielhaus am Gendarmenmarkt wird zu einem Stück Berliner Theatergeschichte. Im März 1929 wird für den verstorbenen Schauspieler und Maler Albert Steinrück nur ein einziges Mal eine Nachtvorstellung gegeben. Einmal und in dieser Form nie wieder stehen fast alle Schauspieler von Rang gemeinsam auf der Bühne: Werner Krauss, Heinrich George, Otto Wallburg, Conrad Veidt, Fritz Kortner, Elisabeth Bergner, Carola Neher, Tilla

Durieux, Mady Christians, Trude Hesterberg, Tilly Wedekind, Hans Albers, Ernst Deutsch, Curt Goetz, Asta Nielsen, Henny Porten, Else Wagner, Mathias Wieman, Marlene Dietrich – und Renate Müller. Es ist ein gesellschaftliches Ereignis erster Güte in Berlin.

Renate ist eine emanzipierte Frau, die nach ihren eigenen Regeln lebt. Sie behauptet sich im Kreis der berühmtesten Berliner Bühnen- und Filmstars, ist viel beschäftigt, besucht Nachtclubs und ist gern gesehener Gast auf jeder Party. Sie zieht wieder um und veranstaltet in ihrer neuen Wohnung in der Landshuter Straße 27 Künstlerfeste mit Schauspielern, Filmleuten, Musikern, Journalisten, Malern. Alkohol entspannt, und die Partys dauern lange. Zu ihrem Freundeskreis gehören Fritz Lang, Carl Froelich, Otto Wallburg, Robert Siodmak und Karin Evans, die Kollegin aus der Reinhardt-Klasse.

Am Staatstheater spielt Renate Shakespeare, die Prinzessin von Frankreich in *Liebes Leid und Lust*. Für sie ein lang gehegter Traum. Die Begeisterung der Kritik über das Stück hält sich in Grenzen. Dafür sieht sie Filmregisseur Reinhold Schünzel auf der Bühne. Ob sie nicht Lust hat, einen Film zu drehen. Aber natürlich hat sie Lust. Renate Müller ist dreiundzwanzig Jahre alt, überzeugt bei den Probeaufnahmen und unterschreibt ihren ersten Filmvertrag. Sie will sich auf ihre Filmkarriere konzentrieren und schlägt einen neuen Kontrakt am Staatstheater aus.

Ihr erster Film ist ein Stummfilm, der Tonfilm braucht noch seine Zeit. Film ist das neue, aufregende Medium. Die Außenaufnahmen für *Peter, der Matrose* dreht das Team an der Nordsee, später in St. Moritz. Reinhold Schünzel und Renate Müller verstehen sich beruflich und privat prächtig. Zurück in Berlin, bricht Renate mit heftigen Stichen im Unterleib zusammen. In der Klinik wird eine Eierstockentzündung behandelt. Die Ärzte geben ihr Morphium gegen die Schmerzen. Damals üblich und nicht ungewöhnlich. Allerdings mit fatalen Folgen für Renate. Sie gewöhnt sich an das Rauschmittel. Kaum ist sie aus dem Krankenhaus entlassen, steht sie wieder vor der Kamera.

Der *Berliner Börsen-Courier* urteilt nach der Premiere: „Die junge Renate Müller, noch ganz unsicher und oft geradezu schlecht, ist doch zweifellos ein neues Gesicht, eine neue Begabung für den Film." Das *Berliner Tageblatt* schreibt über die Arbeit von Reinhold Schünzel: „An seiner Seite unternimmt Renate Müller den Sprung von der Rampe zur Leinwand, zeigt sich zwar manchmal des neuen Ausdrucksmittels noch ungewohnt, bleibt aber insgesamt ein schönes Versprechen."

Ihr nächster Film hat im Juli 1929 Premiere. Der *Film-Kurier* nach der Uraufführung von *Teure Heimat* mit einer Liebesszene zwischen Renate Müller und Hans Brausewetter in Badeanzügen vor sonnenglitzerndem Wasser: Sie ist „mit das Tiefste, beste Gefühlte, sagen wir ruhig Erotischste, was der Film überhaupt bisher gezeigt hat".

Im Frühjahr 1930 nimmt Renate Müller endgültig Abschied vom Staatstheater. Sie wird keine Bühne mehr betreten und ist vor allem aus einem Grund froh – sie hat kein Lampenfieber mehr zu befürchten. Bühnenauftritte kosten immense Überwindung, ein Versprecher zerrt an zerrütteten Nerven. Im Film kann sie an missglückten Szenen feilen, bis sie perfekt sind.

In dieser Zeit gewinnt der Tonfilm immer mehr an Bedeutung. Für viele Stummfilmstars ist die neue Technik ein Desaster. Sie haben keine Sprechausbildung und scheitern. Jetzt sind Schauspieler gefragt, die mit der Sprache umgehen können. Dank ihrer Sprech- und Gesangsausbildung ist Renate Müller sofort im Geschäft. Ihr erster (Teil-) Tonfilm heißt *Liebe im Ring* mit Max Schmeling und Olga Tschechowa. Ein Stummfilm mit „Gesangs- und Spracheinlagen".

Nach den Dreharbeiten zieht Renate Müller wieder um, in die Düsseldorfer Straße 51. Sie erfüllt Filmverträge und steht monatelang in Ateliers. Morphium kuriert die Anstrengungen, Stress und innere Unruhe. Die Familie macht sich Sorgen. Die Eltern wollen, dass Renates Schwester Gabriele alle Apotheken in der näheren Nachbarschaft informiert, damit sie Renate kein Morphium mehr verkaufen.

Die junge Schauspielerin hat bei den Kollegen den Ruf, schwierig zu sein. Sie hat keine Starallüren, aber sie will vor Beginn einer Aufnahme absolut ungestört sein. Renate geht in eine Ecke und hält sich die Ohren zu, um sich völlig zu konzentrieren. Erst dann kann sie eine Szene spielen.

Renate Müller dreht den Ufa-Film *Liebling der Götter*, hält sich tapfer neben dem Star Emil Jannings, der ständig alle anderen an die Wand spielen will. Bei der Premiere im Oktober 1930 steht ihr Name auf den Reklametafeln an zweiter Stelle. Sie schafft mühelos den Sprung ins Tonfilmzeitalter. Die Ufa nimmt sofort eine Option für einen weiteren Film mit ihr auf. Filme werden damals sehr schnell produziert. In Babelsberg steht Renate Müller für *Das Flötenkonzert von Sans-souci* vor der Kamera. Es wird der erste deutsche Tonfilm mit einem Historien-Thema. Natürlich gibt Otto Gebühr König Friedrich den Großen. Er spielt den Alten Fritz zwischen 1920 und 1942 zwölf Mal. Uraufführung ist am 19. Dezember 1930 im Ufa-Palast am Zoo. Renate Müller ist jetzt überaus populär. Immer wieder wird sie in den höchsten Tönen gelobt.

Der endgültige Durchbruch zum Ufa-Star mit internationaler Bedeutung gelingt ihr 1931 mit der musikalischen Komödie *Die Privatsekretärin*. Geplant ist, dass Lilian Harvey und Willy Fritsch die Hauptrollen spielen, das Traumpaar des damaligen deutschen Films. Beide haben andere Termine und können den Film nicht drehen. Bitter für sie, aber das große Glück für Renate Müller. Nach Probeaufnahmen wird sie von Regisseur Wilhelm Thiele mit der weiblichen Hauptrolle besetzt. Renates Partner ist Hermann Thimig. Während der Dreharbeiten flirten beide heftig miteinander. Der Studioklatsch hat neuen Stoff für Spekulationen. Jedenfalls verstehen sie sich so prächtig, dass die Produzenten sie in der Zukunft immer wieder gemeinsam spielen lassen. Der Film ist vom ersten Tag an im Januar 1931 ein Riesenerfolg. *Ich bin ja heut so glücklich, so glücklich, so glücklich* – überall in Deutschland wird der Ohrwurm gesungen, gepfiffen und gesummt, den Renate als verliebte Privatsekretärin trällert.

Publikum und Kritik sind gleichermaßen begeistert. Renate gilt als die Personifizierung aller unbekannten Fräulein Müllers, deren Schicksal sich tausendfach hinter Schreibmaschen in Büros abspielt. Von überall treffen Glückwünsche ein, ihr Telefon gibt keine Ruhe. Sie hat sich auf Anhieb in die Herzen von Millionen gespielt, sie ist über Nacht ein Star geworden. Kurz nach der Deutschland-Premiere werden die Rechte nach Großbritannien verkauft. Renate Müller spricht fließend Englisch und spielt die Hauptrolle der Susie Surster in *Sunshine Susie*, wie der Film auf der Insel heißt.

Während der Dreharbeiten wird Renate krank. In einer Klinik ist ein gynäkologischer Eingriff nötig. Danach kann sie keine Kinder bekommen. Sie ist körperlich und seelisch geschwächt und angeschlagen. Wieder nimmt sie Morphium, ihr Allheilmittel. Trotz mehrerer Entziehungskuren kommt sie nicht davon los. Der Film ist nach der Premiere am 6. Dezember im Londoner Capitol Theatre ein Medienereignis. *Sunshine Susie* wird zum Film des Jahres prämiert. Die britische Presse nennt Renate Müller „Fräulein Zauberhaft". Jetzt merkt man sich ihren Namen auch international. Sie ist ein Weltstar und sie ist ein neuer, moderner Frauentyp. Andere europäische Filmproduktionen würden auch gerne mit ihr arbeiten. Hollywood-Studios locken mit hohen Gagen. Renate Müller ist klug, will ihre Filmkarriere selbst unter Kontrolle behalten und sich nicht auf Jahre fest an ein Studio binden. Sie unterschreibt lieber den nächsten Vertrag mit der Ufa.

Renate hat wenig Zeit, sich auszuruhen. Sie braucht Aufputschmittel, um die harten Drehtage durchstehen zu können, und Schlafmittel, um nachts Ruhe zu finden. Sie arbeitet exzessiv und ist längst drogenabhängig. „Während der Arbeitszeit an einem Film existiert kein Privatleben", erzählt sie in einem Interview. „Wenn man um halb sieben Uhr früh aufsteht, den ganzen Tag filmt und dann frühestens um acht Uhr abends nach Hause kommt, hat man keinen anderen Wunsch mehr als zu schlafen." Dazu ein voller Terminplan zwischen den Dreharbeiten: Projektbesprechungen, Gesangsübungen, Sprachunterricht, Korrespondenzen, Reisen, Vertragsverhandlungen. Oft wird sie zu Partys und Empfängen der Filmwelt geladen. Alkohol fließt in Strömen, Renate lässt sich nie lange bitten.

Im Mai 1931 beginnt die Produktion des nächsten Films, *Der kleine Seitensprung* unter der Regie von Reinhold Schünzel. Renate leidet an Entzugserscheinungen. Sie ist nervös und schwierig. Wieder schluckt sie Morphium. Ende Juli ist der Streifen im Kasten. Regisseur Schünzel hat sie um sämtliche Klippen geleitet. Ein paar Wochen später aber ist Schluss. Renate Müller bricht zusammen. Ihr Körper verkraftet die starken Betäubungsmittel nicht mehr. Die Familie überredet sie zu einer Entziehungskur in einem Sanatorium. Sie stimmt zu und erholt sich langsam. Um gleich wieder neue Dreharbeiten zu beginnen. *Mädchen zum Heiraten* hat im März 1932 Premiere. Im *Berliner Tageblatt* steht: „Sie spielt mit dem, für den sie ‚Das Mädchen zum Heiraten' werden möchte, die Hausfrau. Es ist zum Jauchzen. So müsste die Welt sein, aber so ist sie nicht. Und das, genau das stellt Renate Müller dar."

Vom Beginn ihrer Karriere an spielt sie in heiteren Filmen. Meist ist sie eine berufstätige junge Frau, die nach etlichen Liebeswirren den richtigen Mann zum Heiraten findet. „Renate Müller, dies mollige, höchst appetitliche, mädchenhafte Kerlchen. Kussmäulchen, natürliche Lustigkeit", schreibt eine Zeitung über sie. Sie entwickelt sich zum filmischen Vorbild eines niedlichen Eheweibchens, mit dem runden Gesicht unter blondem Haar, den klaren blauen Augen, dem weichen Mund. In den Filmen wird oft musiziert, Renate Müller hat immer wieder Gelegenheit, hören zu lassen, was sie kann. Unter ihren Filmen ist kein Meisterwerk für die Ewigkeit, doch einige Komödien sind filmhistorisch interessant.

Zum Star-Image braucht Renate Müller ein neues Zuhause. Sie kauft eine Villa im Bachstelzenweg 11 in Dahlem. Acht Räume, offener Kamin, großer Garten mit Apfel-, Nuss- und Birnenbäumen. Ihre Hunde haben genug Auslauf. Ein schickes Automobil gehört zum neuen Lebensstil. Sie fährt erst einen hellgrünen Chrysler mit dem Kennzeichen IA-3347, dann einen Mercedes mit dem Kennzeichen IA-5522. Seit ihrer Volljährigkeit besitzt sie einen Führerschein. Aus Liebe zu ihrer bayerischen Heimat kauft sie am Tegernsee ein Landhaus, in das sie fährt, sobald sie ein paar Tage Zeit hat. Sie hat wenig Zeit.

Renate müsste glücklich sein, so glücklich, so glücklich, wie sie in der *Privatsekretärin* singt. Sie ist berühmt, verdient viel Geld, kann sich alles leisten, bewohnt ein wunderbares Haus in sehr guter Lage, amüsiert sich auf Gesellschaften und tanzt auf großen Bällen. In wenigen Jahren hat sie alles erreicht, wovon sie als Reinhardt-Schülerin träumte. Doch äußerer Aufstieg und innere Gefühlswelt harmonieren nicht. Erst treibt sie ihr Anfänger-Ehrgeiz vorwärts. Dann der Starruhm, mit dem sie nicht gut umgehen kann. Allmählich entfernt sie sich von ihrer Figur des netten, fröhlichen, normalen Mädchens. Ihre Schwester Gabriele verteidigt Renate auch nach deren Tod vehement und bis zum Ende ihres eigenen Lebens. „Ihre wachsende Popularität führte sie – so paradox das klingen mag – weiter von den Menschen fort. Sie wollte sie selbst sein, ihr eigenes Leben führen, aber die Liebe ihrer unzähligen Verehrerinnen und Verehrer machte es ihr unmöglich. Kein Schritt auf der Straße, kein Theaterbesuch, kein stilles Abendessen mit guten Freunden in einem Restaurant bleibt verschont von neugierigen Blicken, Autogrammbitten, Menschenansammlungen. Renate hasste die Publicity, die über die

Leinwand hinaus in ihre privatesten Bereiche greifen wollte."

Das Publikum ist geradezu süchtig nach ihr. Renates Bild ist weltweit in fast allen Filmzeitschriften zu sehen. Wenn sie zu viel Druck verspürt, wird sie schnell unerträglich. Sie betäubt ihre Nerven mit Alkohol. Sie wird davon abhängig wie von Tabletten und Drogen. Eine leichte Neigung zur Epilepsie wird durch exzessiven Rauschmittelkonsum gefördert. Mehrmals bricht Renate am Set zusammen. In der Fachpresse wird nur über die Höhepunkte der Filmkarriere berichtet. Über persönliche Abgründe oder Schwachstellen im Leben des Stars Renate Müller erfährt die Öffentlichkeit nichts.

Während sie für die Ufa in Breslau und im Rheinland auf Promotion-Tour ist, entdeckt die Berliner Kripo Pläne, die Renate Müller betreffen. Sie soll in ihrem Haus überfallen und ausgeraubt werden, von Gangstern, die sich als Autogrammjäger tarnen wollten. Preis des Ruhms.

Beruflich ist 1932 ein weiteres Erfolgsjahr für Renate Müller. Auch privat. Sie verliebt sich, heißt es, leidenschaftlich in Georg Deutsch, attraktiv, jung, Sohn eines Berliner Bankiers. Georg entspricht ihrem Idol von einem Mann. Er sieht sehr gut aus, ist gebildet und besitzt Charme. Dass er Jude ist, spielt nicht die geringste Rolle. Diese Liebe ist aus anderen Gründen kompliziert. Der großbürgerlichen Familie passt Georgs Verbindung zu Renate nicht. Egal, wie populär die Freundin des Sohnes ist. Die Welt der Filme und Theater ist für sie sittenlos. Filmstar und dann auch noch Christin, das ist für sie unakzeptabel. Renate bekommt das bei den wenigen Besuchen deutlich zu spüren.

Mit der Machtergreifung der Nationalsozialisten am 30. Januar 1933 weht der politische Wind in Deutschland immer rauer. Etliche Kollegen von Renate werden kaltgestellt, ausgeschaltet, entlassen, verfolgt. Viele von ihnen ahnen, was kommt. Sie flüchten. Auch Georg Deutsch emigriert nach London.

Empfang für Künstler im Reichspropagandaministerium am 1. April 1933: Renate Müller (2. v.r.) im Gespräch mit Minister Joseph Goebbels, links neben ihr die Schauspielerin und Sängerin Liane Haid

Und die blonde, blauäugige Renate Müller, das arische Aushängeschild der gleichgeschalteten Filmindustrie? Sie bleibt. Sie spielt mit. Sie heult mit den Wölfen. Dass sie überzeugte Anhängerin Hitlers ist, lässt sich nirgendwo belegen, ist auch wenig wahrscheinlich. Ganz sicher ist sie aber auch keine Regimegegnerin. Anfänglich wirkt sie unpolitisch und desinteressiert an dem, was um sie herum passiert. Ihre Welt sind Kostüme, Masken, Filmsets. Renate wirkt naiv und ist wie viele Deutsche überzeugt, dass die Nazis nur ein kurzer Spuk sein werden. Sie nimmt Einladungen zu Abendessen in die Reichskanzlei mit Hitler an und wird erst stutzig, als die Gästegruppe immer kleiner wird. Von da an sagt sie jedes Mal ab, lässt sich Ausreden einfallen und schiebt ständig die Arbeit vor. Angeblich soll Goebbels die Idee gehabt haben, Renate Müller mit Hitler zu verkuppeln. Als das nicht klappt, soll Renate in der Gunst der Nazis gesunken und seitdem verfolgt worden sein. An dieser Sicht der Dinge halten besonders Renates Mutter und Schwester Gabriele fest.

Wieder eine Mutmaßung. Es kann so gewesen sein. Oder auch nicht. Hätte sich Renate Müller, gefeierter Ufa-Star, vom NS-Regime verfolgt und gedemütigt gefühlt, sie hätte längst Deutschland verlassen und zu ihrem Geliebten nach London ziehen können. Immer wieder haben ihr britische Produktionsfirmen Angebote gemacht. Immer wieder hat sie abgelehnt. Stattdessen trifft sie sich mit Georg Deutsch heimlich in Paris und London. Öffentlich redet sie über Filme, Kollegen oder Drehorte. Politische Äußerungen sind nicht überliefert. Renate Müller fragt nicht nach den ideologischen Hintergründen ihrer Rollen. Sie spielt alles, wie es gerade kommt.

Das Regime übt Druck aus. Jeder Schauspieler deutscher Produktionen muss einen „Ariernachweis" vorlegen. In die Spalte „Rassische Abstammung und Religion" trägt sie „alle arisch" ein. Die viel beschäftigte Renate Müller hat doch keine Zeit für solche Kinkerlitzchen. Natürlich wird sie nicht vergessen. Natürlich wird sie von der Reichskulturkammer immer wieder ermahnt. Irgendwann liefert sie die Nachweise. Natürlich ist sie genervt. Auch der Filmstar Renate Müller wird schikaniert. Sie wird polizeilich bespitzelt. Vielleicht hat Goebbels Angst, dass sich ausgerechnet die Vorzeige-Frau des deutschen Films ins Ausland absetzen könnte.

Kollegen von Renate Müller geben den Nationalsozialisten bereitwillig, was sie wollen, treten in die NSDAP ein. Seit April 1933 gehören dazu Willy Fritsch, Hilde Hildebrand, Wolf Albach-Retty, Viktor de Kowa, Oskar Sima. Elisabeth Flickenschildt ist bereits seit 1932 Mitglied.

Dann fordert auch noch das Finanzamt fast neuntausend Reichsmark, die Renate nicht hat, weil sie ihr Geld viel lieber ausgibt. Von den Gagen ist wenig geblieben. Dazu ihre

Sorgen um Georg. Sie verliert viel Gewicht. Gerüchte kursieren, dass die Ufa von Renate Müller eine Abmagerungskur verlangt, durch die sie krank wird. Im Oktober 1933 kommt der *Walzerkrieg* in die Kinos. Wieder sind Presse und Publikum begeistert. *Waltz time in Vienna* heißt der Film in Großbritannien.

Im September 1933 beginnen die Dreharbeiten zum Transvestiten-Ulk *Viktor und Viktoria*. Renate Müller ist völlig überarbeitet. Sie kann nicht kürzertreten, sie muss den laufenden Vertrag erfüllen, fordert sogar einen Honorarvorschuss, damit sie ihre Schulden beim Finanzamt begleichen kann. In der nächsten Komödie *Freut Euch des Lebens* soll nationalsozialistisches Gedankengut in bayerisches Idyll verpackt werden. Renate meldet sich krank. Ob aus politischen Gründen oder weil sie durch Rauschgift und Alkohol unfähig ist zu drehen, bleibt unklar. Fest steht, dass ihre Rolle nach fünf Drehwochen neu besetzt werden muss. Das kostet viel Geld. Die Ufa kündigt ihr fristlos, aus „wichtigen Gründen, wegen ihres Verhaltens", und droht mit einer Klage wegen der Honorarvorschüsse. Der Star will die angespannten Nerven beruhigen. Eine mehrwöchige Schlafkur in Baden-Baden soll helfen.

Statt sich auszukurieren, bricht sie ab, reist nach London und trifft sich mit Georg. Sie könnte bleiben, sie will nicht. Bleiben oder Rückkehr. Eigentlich gar keine Frage, was sinnvoller ist. Doch Renate zögert, sie will nichts überstürzen. Bemerkenswert zu einer Zeit, in der immer mehr Intellektuelle und Künstler aus Deutschland flüchten. Offenbar ist ihr die Arbeit in Deutschland wichtiger als die Liebe. Die kann so groß nicht gewesen sein. Zumal die Emigration ihre internationale Karriere gefördert hätte. Kein Wunder, dass sich Georg bald einer anderen Frau zuwendet.

Überhaupt ist das Liebesleben der Renate Müller rätselhaft. Unklar, ob sie überhaupt eines hat. Wann immer Zeitungen und Magazine im Laufe der Jahre über sie schreiben, immer lebt sie allein mit mindestens einem Hund.

Öffentlich taucht nie der Name eines Mannes auf, es gibt keine „Verliebtes Pärchen“-Fotos. Sie wird ihre Flirts und Affären gehabt haben, hastig, rauschhaft, sofort vergessen. So wirkt auch die Beziehung zu Georg Deutsch seltsam farblos. Sie tauchen weder bei Filmpremieren gemeinsam auf, noch leben sie zusammen. So sieht keine leidenschaftliche Liebe aus.

Bis zum Jahresende 1934 dreht sich bei Renate Müller alles um ihr neues Filmprojekt *Liselotte von der Pfalz*. Anfang Februar 1935 beginnen die Dreharbeiten. Premiere ist im August im Ufa-Filmpalast am Zoo. Ein Erfolg. Renate ist auch bei der Ufa wieder gefragt. Zwei Filme mit ihr sind geplant. Der Vorstand fordert aber, dass sie sich in einem „versicherungsfähigen Gesundheitszustand“ befindet. Ein Arzt begutachtet sie und bestätigt, dass sie arbeiten kann.

Renate Müller gibt ihre große Villa auf. Der Unterhalt kostet zu viel, und die Nachbarn, sagt sie, bespitzeln sie. Sie findet ein kleineres Haus am Reichensteiner Weg 25, ebenfalls in Dahlem. Ein Schmuckstück mit fünf Räumen, das sie „zauberhaft“ nennt. Unten Wohn- und Esszimmer und eine schöne Terrasse. Oben Schlaf- und Ankleidezimmer mit viel Sonne und Blick in den grünen Garten. Es ist das letzte Haus, das sie in ihrem Leben bewohnt.

Im Sommer 1935, beim Dreh zu *Liebesleute – Hermann und Dorothea von heute*, hat Renate wieder Probleme. Sie ist unsicher, innerlich sehr angespannt. Bisher kittet sie die Brüche in ihrem Leben mit Dreharbeiten. Das fällt ihr immer schwerer. Schlaflose Nächte bekämpft sie wie gehabt: Alkohol, Tabletten, Rauschgift. Ihre Kampfmittel gegen Depressionen hinterlassen erste Spuren in ihrem Gesicht. „Renate Müller, die Süße, die humorvolle Interpretin, mit allen Talenten gesegnet, die in der Schauspielerei an die oberste Spitze führen. Ihren Untergang verschuldete ein Mann aus der ersten Gesellschaft jener Tage. Er hatte Renate mit Rauschmitteln bekannt gemacht, die heute harte Drogen genannt werden. Renates eigentlich robuste

Renate Müller in ihrem vorletzten Film *Allotria* (1936) mit Heinz Rühmann, Adolf Wohlbrück und Jenny Jugo, Regie: Willi Forst

Gesundheit hielt nicht stand. Sie machte mehrmals schlapp bei der harten Filmarbeit", schreibt Filmpartner Gustav Fröhlich in seinen Memoiren.

Anfang Februar 1936 dreht sie für die Tobis *Allotria*. Die Arbeit mit ihr wird immer schwieriger. Wenn sie um sieben Uhr früh am Schminktisch sitzt und um acht Uhr vor der Kamera steht, hat sie oft noch die Betäubungsmittel der Nacht im Blut, ist benommen, spricht mit schwerer Zunge. Heinz Rühmann erinnert sich: „Wir mussten oft die Dreharbeiten abbrechen, weil Renate nicht nüchtern war. Ihr Gesicht war oft so aufgedunsen, dass sie nicht spielen konnte. Es war schrecklich."

Am 26. April 1936 feiert Renate Müller ihren dreißigsten Geburtstag. Wenige Tage später beginnt sie einen neuen Film: *Eskapade*. Während der gesamten Dreharbeiten ist sie äußerst labil. Dennoch schafft sie das verlangte Niveau. Trotz Produktionsdrucks und ihres chaotischen Privatlebens beendet sie den Film ohne größere Katastrophen. Am 1. September 1936 läuft *Eskapade* in den Kinos an. Während die

Zeitungen Renate Müller loben – „glänzend im Spiel und Erscheinung“, „meisterlich gespielt“, „frei und glaubhaft“ – notiert Goebbels: „Abends Film. Eskapade mit Renate Müller. Sie spielt schlecht, zu dick aufgetragen. Aber der Film ist spannend.“

In Italien steht sie in *Die Geliebte aus Paris* vor der Kamera. In einer Szene soll sie ein Pferd halten. Das Pferd steigt hoch, Renate stürzt nach hinten. In Rom rutscht Filmpartner Werner Krauss aus, bricht sich einen Knöchel. Anfang November klappt Renate am Set in Johannisthal zusammen. Offenbar ein leichter epileptischer Anfall nach dem Unfall mit dem Pferd, ihrem Alkoholkonsum und den täglichen Tabletten. Das Projekt wird endgültig abgebrochen, der Film bleibt unvollendet.

Renate Müller ist seelisch ausgepumpt, leidet ständig unter Schlaflosigkeit und nimmt immer stärkere Tabletten. Sie verliert rapide an Gewicht. Niemand steht ihr bei. Goebbels schikaniert sie weiter. Geplante Renate-Müller-Filme werden einfach umbesetzt. Drehbücher müssen auf Anweisung umgeschrieben werden, Kostümentwürfe landen im Papierkorb. Renate wird zum Nervenbündel.

Unter Druck nimmt sie eine der Hauptrollen im Propagandafilm *Togger* an. Ende November 1936 beginnen die Dreharbeiten. Der ganze Film ist unverhüllt nationalsozialistisch und im Ton polemisch. Renate steht vor einem Abgrund. Sie schluckt abends Veronal und putscht sich morgens mit Sympatol auf. Dazu Alkohol. Renate Müller ist in einer furchtbaren Verfassung. Pflegerin Gertrud Lazarides, vom Studio engagiert, begleitet und betreut sie. „Es war meine Aufgabe zu verhindern, dass Renate Müller viel Alkohol zu sich nahm, da bei ihr, die sowieso etwas lispelte, schon geringer Alkoholgenuss zu Sprechstörungen führte.“ Der Star am Abgrund kann nur wenige Stunden vor der Kamera stehen. Um nicht physisch zusammenzubrechen, schluckt sie auch im Atelier Aufputschmittel. Im Januar 1937 ist der Film abgedreht. Renate Müller ist physisch und

Die Grabstelle von Renate Müller, ihren Eltern und ihrer Schwester Gabriele auf dem Parkfriedhof Berlin-Lichterfelde, Foto von 2016

emotional am Ende. Sie braucht dringend ärztliche Hilfe. Dr. Ramon von Ondarza soll sie behandeln. Sie gibt sich nicht auf, verbarrikadiert sich in ihrem Haus und geht im März 1937 sogar zum Filmball. Im selben Monat übernehmen der NS-Staat die Kontrolle über die Filmfirmen Ufa, Tobis, Terra und Bavaria.

Renate Müller kann sich nicht selber aus ihrer Hoffnungslosigkeit befreien. Für ihre Freunde ist sie unerreichbar und fremd geworden. Niemand dringt zu ihr durch. Sie hat nicht genug Geld, um entspannt leben zu können, und müsste dringend wieder drehen. Doch alle Filmprojekte sind bloße Ideen. Keines kommt voran, keines wird realisiert.

September 1937. Noch nie war Renate Müller so sehr am Boden. Alle geplanten Filme werden mit anderen Schauspielerinnen gedreht. Der endgültige Absturz ist nicht aufzuhalten. Wie singt Renate Müller in ihrem größten Film-Erfolg?

„Ich bin ja heut so glücklich, so glücklich, so glücklich.“ Am Ende ist der Tod ihr Glück.

Vater Karl Eugen stirbt 1951, Mutter Mariquita 1963, Schwester Gabriele schließlich 1986. Alle Urnen liegen in der Grabanlage von Renate Müller auf dem Parkfriedhof Lichterfelde.

Wladimir Dmitrijewitsch Nabokow
Wie eine große Meereswelle

Wladimir Dmitrijewitsch Nabokow kniet im Pyjama auf dem Fußboden. Vor ihm stehen seine Schuhe. Er poliert das schwarze Leder mit einer Bürste. Konzentriert und gewissenhaft. Früher, in St. Petersburg, vor der Revolution, hatte er Bedienstete, die solche Arbeiten erledigten. Hier in Berlin gibt es keine Diener. Wladimir D. Nabokow würde nie ins Bett gehen, bevor er nicht seine Schuhe vom Schmutz des Tages befreit hat. Jeden Abend das gleiche Ritual. Es ist Montag, der 27. März 1922. Der Mann aus Russland hat noch vierundzwanzig Stunden zu leben. Er putzt zum letzten Mal.

Sein Sohn sitzt neben ihm auf der Lehne eines Ledersessels und sieht zu. Auch er bereits im Pyjama. Ein großer junger Mann, schlank, mit einem schmalen Gesicht, dessen linkes Ohr eine Spur weiter vom Kopf absteht als das rechte. Der Junge heißt wie sein Vater. Vladimir Nabokov (mit der eher im Englischen üblichen Verwendung des Buchstabens V). Er ist zweiundzwanzig Jahre alt und noch nicht der weltberühmte Schriftsteller, der er sein wird, nachdem er die Geschichte von *Lolita* erzählt hat. In der Familie wird er Wolodja genannt. Die Koseform von Vladimir. Wolodja studiert in Cambridge. Seit zehn Tagen ist er zu Besuch bei den Eltern. Es sind Osterferien.

In den frühen Zwanzigerjahren ist Berlin kultureller Mittelpunkt der gesamten russischen Emigration. Die Flucht aus der Heimat spült sie nach Westen. Viele wollen nach Paris. Berlin ist die erste Station. In Charlottenburg, Schöneberg und Wilmersdorf wohnen die meisten der rund dreihunderttausend „Berliner" Russen. Sie treffen sich in Cafés, Restaurants und Bars, deren Besitzer, Kellner und Köche auch Russen sind. Ehemalige Professoren verdienen sich ihr Geld als Taxifahrer. Sechsundachtzig russische Verlage pro-

Wladimir Dmitrijewitsch Nabokow und seine Frau Jelena Iwanowna geborene Rukawischnikowa, um 1897

duzieren Bücher und Zeitungen. Wladimir D. Nabokow, promovierter Jurist, Politiker und Schöngeist, gilt als inoffizielles Oberhaupt der größten russischen Enklave in Europa.

Er stammt aus einem aristokratischen Elternhaus in St. Petersburg. Nach der Februar-Revolution 1917 wird er Sekretär der provisorischen Regierung, die im Oktober des Jahres von den kommunistischen Bolschewiken gestürzt wird. Nabokow rettet sich mit seiner Familie auf die Krim. Er ist dort für kurze Zeit Justizminister in der Regierung des Generals Denikin, ehe er wieder flüchten muss. Die Familie emigriert erst nach England, dann nach Berlin.

In Berlin wird Wladimir D. Nabokow schnell zum Mittelpunkt der Exil-Russen. Er hilft, knüpft Kontakte, bringt Leute zusammen. Ein Netzwerker. Er wird Chef eines der beiden bedeutendsten Emigrantenverlage. Ein russischer Gentleman seiner Zeit, weltlich, ironisch, eine Spur arrogant und kosmopolitisch.

Die Familie lebt im Zentrum einer pulsierenden russischen Kultur. Schriftsteller, Gelehrte, Künstler, Schauspieler, Politiker und Journalisten sind zu Gast. Jelena Nabokowa hat auf der Flucht einen Großteil ihres Schmucks gerettet. Durch den Verkauf einiger Stücke finanziert die Familie ihr Leben in Berlin und das Studium der beiden Söhne Vladimir und Sergej in England.

Wladimir D. Nabokow stellt seine Schuhe ordentlich nebeneinander in den Flur. Vater und Sohn haben am Abend herumgealbert, gerangelt und viel geredet. Über Musik und Literatur. Über Sergej, Vladimirs jüngeren Bruder. Er ist homosexuell. Vater und Sohn finden das seltsam. Sergej ist unterwegs, irgendwo im sündigen Berlin. Mutter Jelena sammelt tagsüber Spenden für hungernde Russen in der Heimat. Sie liegt mit den beiden jüngeren Töchtern Olga und Elena schon im Bett. Wladimir D. Nabokow hilft seinem Sohn, Hosen in eine Bügelpresse zu legen. Der Vater zieht die Schrauben fest. Vater und Sohn sagen sich gute Nacht. Die Zimmer liegen nebeneinander. Der Sohn bittet seinen Vater, ihm die Zeitung zu reichen. Der Vater schiebt sie durch einen Schlitz der Schiebetür. Der Sohn sieht nicht einmal die Hände. Es ist ruhig in den vier Zimmern der großbürgerlichen Wohnung in der Sächsischen Straße 67 in Wilmersdorf.

Im Bett liest Vladimir einen Artikel seines Vaters zum geplanten Auftritt von Pawel Miljukow am nächsten Tag in Berlin. Wladimir D. Nabokow und Pawel Miljukow gehören derselben Partei an, der liberalen Konstitutionell-Demokratischen Partei, kurz Kadetten. Nabokow ist Herausgeber und Chefredakteur der russischen Tageszeitung

Februarrevolution 1917: das erste Kabinett der provisorischen russischen Regierung nach der Abdankung von Zar Nikolaus II., links Wladimir Nabokow, 4. v. r. Außenminister Pawel Miljukow

Rul, das russische Wort für „Ruder". Es ist die wichtigste der acht russischen Tageszeitungen in Berlin. Er hat das Blatt mit seinem Parteifreund Jossif Hessen und mit Hilfe des liberalen Ullstein-Verlages gegründet. *Rul* vertritt eine konservativ-liberale Linie – für die Bolschewiken und ihre deutschen Freunde eine reaktionäre Zeitung der Bourgeoisie, für die Zaristen ein Sprachrohr der Sozialisten.

Pawel Miljukow wohnt in Paris und ist Chefredakteur von *Poslednije nowosti*. Er und Wladimir D. Nabokow sind seit Monaten politisch zerstritten. Miljukow ist gerade von einer Reise nach Amerika zurückgekehrt. Trotz ihres erbitterten Meinungsstreits hat ihn Nabokow nach Berlin eingeladen. Miljukow wird in der Philharmonie in der Bernburger Straße über seine Eindrücke sprechen. Der Sohn weiß um die Auseinandersetzung des Vaters mit Miljukow. Er legt die Zeitung zur Seite und löscht das Licht.

In Zimmer 16 im zweiten Stock des Hotels „Münchener Hof" in der Königgrätzer Straße 84, heute Stresemannstraße, brennt das Licht länger. Ein einfaches Zimmer mit einem Bett an der Wand und einem Liegesofa daneben.

Zwei junge Männer haben es gemietet. Sie besitzen nur die abgewetzten Anzüge, die sie auf dem Leib tragen. Jeder hat einen kleinen Koffer bei sich. Mit wenigen Wäschestücken und Toilettenartikeln. Zahnbürste, Rasierpinsel, Rasiermesser. Das Nötigste für eine kurze Reise. In einem der Koffer liegt ein Bild der Zarin. Zwei Ex-Offiziere, unterwegs in geheimer Mission.

Die ehemaligen Soldaten gehören zu einer Gruppe rechtsextremer Monarchisten. Sie sind mit dem Zug aus München angereist. Das Hotel hat für ihren Plan eine perfekte Lage. Bis zum Anhalter Bahnhof sind es nur ein paar Schritte, bis zur Philharmonie in der Bernburger Straße nur wenige Minuten. Sie rechnen sich aus, fliehen zu können. Schnell zurück ins Hotel, die Koffer geholt, zum Bahnhof laufen. Es könnte klappen.

Die Männer reden leise miteinander. Im Schein einer trüben Deckenlampe putzen sie ihre Schusswaffen. Zwei Pistolen, die am nächsten Abend funktionieren müssen.

Dienstag, 28. März 1922. Wolodja liegt noch im Bett. Sein Vater verlässt früh das Haus. Wladimir D. Nabokow fährt zum Bahnhof Zoo. Er wartet auf den Zug aus Paris, in dem Pawel Miljukow sitzt. Die Männer begrüßen sich respektvoll, aber ohne Herzlichkeit.

Nabokow hat den Abend in der Philharmonie sorgsam vorbereitet. Der Oberlichtsaal fasst rund tausendfünfhundert Gäste. Er ist bis auf den letzten Platz besetzt. Das Interesse am Vortrag von Pawel Miljukow ist groß. Sein Thema lautet „Amerika und der Wiederaufbau Russlands". Die politische Abteilung der Berliner Polizei befürchtet Störungen durch politische Gegner. Kriminalbeamte in Zivil mischen sich unter das Publikum. Sie sollen dafür sorgen, dass es friedlich bleibt.

Nabokow begrüßt die Gäste und bittet Miljukow an das Rednerpult. Der Russe aus Paris, ein untersetzter Mann, rotgesichtig, mit einem breiten Schnauzbart auf der Oberlippe, redet mit kraftvoller Stimme. Kurz nach 22 Uhr beendet Miljukow seinen Vortrag in russischer Sprache. Er kündigt eine Pause von zehn Minuten an. Anschließend will er für Fragen zur Verfügung stehen. Die Diskussion verspricht lebhaft zu werden.

Beifall für Miljukow. Er tritt von der Rednertribüne ab und will zu seinem Platz in der Reihe der Ehrengäste auf dem Podium. Als er nur noch wenige Schritte von seinem Stuhl entfernt ist, läuft ein Mann zur Bühne. Schwarzer Anzug, lange dunkle Haare. Er zieht eine Pistole und ruft: „Das ist die Rache für die Ermordung des Zaren!" Er schießt aus einem Browning auf Miljukow. Die Kugeln verfehlen den Russen. Jemand reißt Miljukow zu Boden.

Bevor die meisten Gäste überhaupt begreifen, was passiert ist, springt Nabokow von seinem Sitz auf, greift nach der Hand des Attentäters und will ihm die Waffe entreißen. Awgust Kaminka kommt ihm zur Hilfe. Kaminka ist Professor für Handelsrecht und Mitglied des Zentralkomitees der Kadetten. Nabokow und Kaminka schlagen den Schützen zu Boden und halten ihn fest. Als Kaminka ein paar Schritte zur Seite macht, um zu sehen, wie es Miljukow geht, springt ein zweiter Bewaffneter auf die Bühne. Der große, kahlköpfige junge Mann feuert drei Schüsse auf Nabokow ab, um seinen Freund zu befreien. Nabokow stirbt binnen weniger Sekunden.

Der russische Fabrikant Dr. Roichel ist Augenzeuge: „Ein Schuss krachte, ohne zu treffen, und Miljukow warf sich der Länge nach zu Boden." Roichel stürzt sich auf den Schützen. Der Mann schießt noch mal und trifft den Fabrikanten am Fuß. Alles dauert nur ein paar Sekunden. Als alle glauben, es ist vorbei, zieht ein zweiter Mann eine Waffe und feuert auf Nabokow. Er trifft ihn von vorn in die Brust. „Nabokow drehte sich einmal um sich selbst und mit den Worten ‚Du musst sterben, Schurke!' feuerte der Fremde noch einmal auf Nabokow und traf ihn in den Rücken." Lautlos sinkt Nabokow zusammen. Er ist tot, bevor er zu Boden fällt.

Großer Konzertsaal der alten Philharmonie in der Bernburger Straße, um 1920

Ein gewaltiger Tumult. Viele haben Angst vor Bomben. Das Publikum flüchtet panisch zu den Ausgängen. Frauen schreien und weinen. Kleidungsstücke zerreißen, Füße trampeln über Taschen. Tische und Stühle werden umgeworfen. Der größere der Attentäter springt auf die Rednertribüne und ruft in russischer Sprache. „Die Tat geschieht, um den Zaren zu rächen!" Es folgt eine Flut von Beschimpfungen. Ziellos schießt der Mann ins Publikum, bis das Magazin leer ist. Mehrere Personen werden getroffen. Niemand tödlich. Das grenzt an ein Wunder. Ein Polizist springt auf den Schützen zu. Der Attentäter will fliehen, wird gepackt und gefesselt.

Einem der beiden Schützen gelingt es, sich im Getümmel an der Garderobe seinen Mantel geben zu lassen. Er will in aller Ruhe über die Treppe flüchten. Eine Frau erkennt ihn und schreit: „Dort geht der Mörder!" Der Attentäter wird gefasst. „Besonnenen Männern gelingt es, ihn vor der

Lynchjustiz zu schützen", schreibt die *Vossische Zeitung* am nächsten Tag.

Aufgeregtes Getöse im Saal. Fast alle liegen auf dem Boden, Arme über den Köpfen verschränkt. Einige kriechen zum Ausgang. In einem Nebenzimmer liegt Nabokov an der Wand. Jossif Hessen will sich den toten Freund noch einmal ansehen. Polizisten lassen ihn nicht ins Zimmer. „Bis heute kann ich nicht vergessen, wie mich seine schwere Bewegungslosigkeit erschreckte."

In der Sächsischen Straße in Wilmersdorf ist es an diesem Abend friedlich. Der junge Vladimir Nabokov hatte einen himmlischen Tag, wie er später schreibt. Gegen 21 Uhr kommt er nach Hause. Die Mädchen liegen bereits im Bett, sein Bruder Sergej ist wieder unterwegs. Wolodja isst zu Abend. Jelena Nabokowa lehnt auf dem Sofa und legt eine Patience. Vladimir Nabokov setzt sich neben seine Mutter auf einen Stuhl und liest ihr Gedichte vor. In diesem Augenblick klingelt im Flur das Telefon. Vladimir Nabokov ist verärgert. Das Läuten stört die Ruhe des Abends. Jossif Hessen ist am anderen Ende der Leitung. Er sagt nichts von den tödlichen Schüssen. Er spricht von einem Autounfall, bei dem der Vater verletzt worden sei.

Jelena Nabokowa steht in der Tür. Sie will wissen, was passiert ist. Ihr Sohn erzählt, was Hessen gesagt hat. Die Mutter spürt, dass es nicht stimmt. Sie folgt ihrem Sohn, der in sein Zimmer geht, sich eilig umzieht und hektisch sein Zigarettenetui füllt. „Mein Herz wird brechen", sagt die Mutter, „es wird einfach brechen, wenn du mir irgendwas verbirgst." Wolodja versucht, sie zu beruhigen. Er geht auf die Straße und wartet auf den Wagen. Zwei Männer steigen aus. Einer ergreift Wolodjas Hand. „Bewahren Sie Ruhe. Es gab Schüsse auf der Versammlung. Ihr Vater wurde verletzt." „Schlimm?" „Ja, schlimm."

Vladimir Nabokov geht nach oben in die Wohnung, holt seine Mutter. Er erzählt ihr, was geschehen ist. Sie steigen in den Wagen. In seinen Erinnerungen schreibt er:

Vladimir Nabokov, Anfang der 1920er-Jahre

„An diese Nachtfahrt erinnere ich mich als etwas ‚außerhalb meines Lebens', unnatürlich langsam, wie diese mathematischen Probleme, die einen im fiebrigen Halbschlaf quälen. Ich schaute auf die Lichter, die vorüber schwammen, auf die weißlichen Bordsteine der erhellten Bürgersteige, auf die spiraligen Reflexionen auf dem spiegelig schwarzen Asphalt, und es schien mir, als sei ich von alledem schicksalshaft abgeschnitten – als seien die Straßenlaternen und die dunklen Schatten der Vorübergehenden eine zufällige Luftspiegelung und als sei das einzig Klare, Wichtige und Lebendige der Schmerz, der mir hartnäckig und erstickend das Herz zusammenpreßte. ‚Vater ist nicht mehr.' Die vier Worte hämmerten in meinem Kopf, und ich versuchte, mir sein Gesicht, seine Bewegungen vorzustellen."

Die Fahrt zur Philharmonie dauert knapp zwanzig Minuten. Jossif Hessen und Awgust Kaminka warten vor dem Eingang. Der Sohn stützt die Mutter. „Sag mir, was ist passiert?" Sie hält Kaminka am Ärmel fest. Er streckt die Hände aus. „Etwas Schreckliches." Jelena Nabokowa begreift. Sie geht zur Seite, breitet die Arme aus. „Das war es also?", flüstert sie ein paar Mal. „Wie ist das möglich? Wolodja, verstehst du das?" Sie gehen in die Philharmonie. Chaos im Saal, in dem der Vater starb. Jelena Nabokowa verlangt, ihren toten Mann zu sehen. Die Polizei lässt auch sie und ihren Sohn nicht in den Raum. Vladimir Nabokov besorgt einen Stuhl für seine Mutter. Inmitten des Tumults und der fremden Menschen betet sie laut das Vaterunser. Der Sohn umarmt seine Mutter. Vladimir Nabokov schreibt in seinen Erinnerungen: „Als sie geendet hatte, schien sie sich in Stein zu verwandeln. Ich hatte das Gefühl, dass es keinen Grund gab, noch weiter in diesem Irrenhaus zu bleiben."

Beamte der Mordkommission durchsuchen die Philharmonie nach Spuren. Unter dem Tisch einer Garderobe finden sie eine Pistole, Kaliber 6,5 Millimeter. Zwei Patronen entdecken sie auf dem Podium im Saal, drei leere Hülsen vor dem Podium.

Die ersten Gerüchte über den Mord erreichen die russische Gemeinschaft. Gerüchte und Halbwahrheiten. Harry Graf Kessler schreibt in seinem Tagebuch über den 28. März 1922: „Abends am Kurfürstendamm im reaktionären russischen Kabarett ‚Wanka Wstanka' (‚Stehaufmännchen'). … Mitten hinein platzte schreckenerregend die Nachricht, dass Miljukow und Nabokow während eines Vortrages von Miljukow in der Philharmonie ermordet worden seien. Das Gerücht trug wie eine große Meereswelle den größten Teil des fast nur russischen Publikums aus dem Kabarett hinaus."

Kriminalbeamte schaffen die beiden Attentäter ins Polizeipräsidium am Alexanderplatz. Es sind zwei ehemalige russische Offiziere. Pjotr Schabelski-Bork, 29 Jahre alt, aus Terek in Russland. Er ist der Mann, der auf Pawel Miljukow geschossen hat. Der Mörder von Wladimir D. Nabokow heißt Sergej Taboritzki, 27 Jahre alt, aus St. Petersburg.

„Seine schwarzen stechenden Augen verraten den Hass und den überschäumenden Mut eines wilden Fanatikers", beschreibt das *Berliner Tageblatt* die Vernehmung von Schabelski-Bork. Seit Jahren verfolgen er und seine Freunde den früheren Minister Miljukow. Schabelski-Bork hat mehrere Briefe an Miljukow geschrieben. Er fordert Papiere der toten Zarin, von denen er fest glaubt, dass Miljukow sie besitzt. Miljukow antwortet ihm nie. In *Rul* liest Schabelski-Bork, dass Miljukow in Berlin sprechen wird. Er will Rache nehmen. Erst in der Vernehmung erfährt Schabelski-Bork, dass Miljukow den Anschlag überlebt hat. Der Ex-Leutnant bedauert, dass der falsche Mann gestorben ist. Von Nabokow hat er noch nie gehört.

Bei der Witwe und in der Chefredaktion von *Rul* laufen Beileidskundgebungen aus aller Welt ein. In der russisch-orthodoxen Kapelle im Gebäude der sowjetischen Botschaft Unter den Linden wird eine erste Trauerfeier für Wladimir D. Nabokow abgehalten. Die Kapelle kann nicht mal die Hälfte aller Trauergäste aufnehmen.

Pawel Miljukow, dem das Attentat gegolten hat, veröffentlicht in *Rul* einen Nachruf auf Wladimir D. Nabokow: „Für mich waren diese Kugeln bestimmt, doch ich lebe und Du liegst tot am Boden. Ein kleines rotes Pünktchen unterm Herzen, zwei am Rücken, drei Kugeln sinnloser losgelassener Fanatiker – das ist alles, was nötig war, um das feine, herrliche Gefäß aus köstlichem Material zu zerbrechen und es in eine leblose Masse zu verwandeln. Du wolltest den Arm des Mörders festhalten und fielst als Opfer Deines edlen Antriebs." Als der Nachruf erscheint, ist Miljukow längst wieder in Paris. In Sicherheit.

Das Grab von Wladimir D. Nabokow auf dem Russisch-Orthodoxen Friedhof in Berlin-Tegel, Foto von 2016

Wladimir D. Nabokow wird am 1. April 1922 auf dem kleinen russischen Friedhof in der Wittestraße in Tegel beigesetzt. Es ist heute der einzige zivile russisch-orthodoxe Friedhof in Berlin. Das Grab existiert noch. Darauf ein schwarzer Stein mit goldenen kyrillischen Buchstaben und dem russisch-orthodoxen Kreuz.

Die Attentäter stehen in Berlin vor Gericht. Pjotr Schabelski-Bork wird zu zwölf Jahren Haft verurteilt. Der preußische Justizminister begnadigt ihn schon nach fünf Jahren. Im März 1927 ist Schabelski-Bork ein freier Mann. Im „Dritten Reich“ steigen er und Taboritzki in der Führung einer Emigrantenorganisation auf, die von der Gestapo kontrolliert wird. Schabelski-Bork überlebt den Krieg und kann nach Südamerika flüchten. Er veröffentlicht ein von Hass getragenes Buch über Liberale, Juden und Freimaurer. Darin rechtfertigt er auch den Mord an Nabokow. 1950 stirbt Schabelski-Bork in Brasilien.

Sergej Taboritzki wird wegen Körperverletzung mit Todesfolge zu vierzehn Jahren Haft verurteilt. Auch er wird vor der Verbüßung seiner Strafe entlassen. Die Nationalsozialisten verleihen ihm später die deutsche Staatsbürgerschaft. Nicht bekannt ist, was aus Taboritzki geworden ist und ob er den Zweiten Weltkrieg überlebt hat.

Anhang

Quellenangaben/Literatur

Anita Berber // Blauer Vogel, rotes Kleid

Adorján, Johanna: Tänzerin Anita Berber. Das nackte Leben, in: *SPIEGEL* online, 6. Juni 2006, https://www.spiegel.de/kultur/gesellschaft/taenzerin-anita-berber-das-nackte-leben-a-430326.html (letzter Zugriff: 26.08.2019).

Anita Berber †, in: *Berliner Tageblatt*, 12. November 1928, S. 4.

Brettin, Michael: Die nackte Wahrheit über Berlin, in: *Berliner Zeitung*, online: https://story.berliner-zeitung.de/der-nackte-wahnsinn/ (letzter Zugriff: 26.08.2019).

Fischer, Lothar: Anita Berber. Ein getanztes Leben, Berlin 2014.

Fischer, Lothar: Anita Berber. Göttin der Nacht, Berlin 2007.

Fischer, Lothar: Anita Berber. Tanz zwischen Rausch und Tod. 1918–1928 in Berlin, Berlin 1996.

Gordon, Mel: Sündiges Berlin. Die zwanziger Jahre: Sex, Rausch, Untergang, Wittlich 2011.

Heyl, Anke von: Der böse Blick, auf www.kulturtussi.de, 23. Mai 2017, https://www.kulturtussi.de/?s=Der+b%C3%B6se+Blick (letzter Zugriff: 26.08.2019).

Hildenbrandt, Fred: … ich soll dich grüßen von Berlin. 1922–1932, München 1966.

Kronsbein, Joachim: Die Sünde persönlich, in: *DER SPIEGEL*, 2/2007, 8. Januar 2007, S. 212.

Luzina, Sandra: Die Fieberträumerin, in: *Der Tagesspiegel*, 16. Juni 2014.

Mann, Klaus: Erinnerungen an Anita Berber, in: *Die Bühne*, 1930, H. 275, S. 43 f., online: http://anno.onb.ac.at/ (letzter Zugriff: 26.08.2019).

Marcus, Paul: Zwischen zwei Kriegen. Aus Berlins glanzvollsten Tagen und Nächten, Transit, Berlin 2013.

Paul, Ellen: Anita Berber – Ein Dix-Gemälde erwacht und tanzt, in: *Leipziger Volkszeitung*, 28. März 2017.

Zehn Millionen Euro für die Tänzerin von Otto Dix, in: *Mittelbayerische Zeitung*, 6. März 2006.

Zwischen Eros und Tod – Das Bildnis der Tänzerin Anita Berber von Otto Dix, in: *Farbwelten*, 21. März 2011, https://expressionofcolour.wordpress.com/2011/03/21/zwischen-eros-und-tod-das-bildnis-der-tanzerin-anita-berber-von-otto-dix%c2%b4/ (letzter Zugriff: 26.08.2019).

Antoinette Weiß // Liebe über den Tod hinaus

Elgert, Alexandra: Chauseestraße – Wandel einer Straße in Berlin, https://www.alexandra-elgert.com/home/bibliographie/chausseestra%C3%9Fe/ (letzter Zugriff: 26.08.2019).

Etzold, Alfred/Türk, Wolfgang: Der Dorotheenstädtische Friedhof. Die Begräbnisstätten an der Berliner Chaussee, Berlin 1993.

Füssli, Hans Heinrich: Allgemeines Künstlerlexicon, oder: Kurze Nachricht von dem Leben und den Werken der Mahler, Bildhauer, Baumeister, Kupferstecher, Kunstgiesser, Stahlschneider, [et]c. [et]c. Zweyter Theil, welcher die Fortsetzung und Ergänzung des ersten enthält. Elfter Abschnitt, Zürich 1820.

Gottschalk, Wolfgang: Alt-Berliner Begräbnisstätten. Ein Wegweiser zu ehemaligen Berliner Kirch- und Friedhöfen, Berlin 2010.

Heilborn, Adolf: Reise nach Berlin, Berlin 1925 [Neuausgaben: Berlin 1966, Berlin 2013].

Knobloch, Heinz: Berliner Grabsteine, Berlin 1991.

Mende, Hans-Jürgen: Lexikon Berliner Grabstätten, Berlin 2006.

Morgenblatt für die gebildeten Stände, Nr. 258, 28. Oktober 1815, S. 1032.

Skwirblies, Robert: Altitalienische Malerei als preußisches Kulturgut. Gemäldesammlungen, Kunsthandel und Museumspolitik 1797–1830, Berlin/Boston 2016.

St. Hedwig-Friedhof III, in: berlin.friedparks.de/ (letzter Zugriff: 26.08.2019).

Wohlberedt, Willi: Grabstätten bekannter und berühmter Persönlichkeiten in Groß-Berlin und Potsdam mit Umgebung, IV. Teil, hg. von der Landesgeschichtlichen Vereinigung für die Mark Brandenburg e. V., Berlin 1952.

Zedlitz, Leopold Freiherr von: Neuestes Conversations-Handbuch für Berlin und Potsdam [3. Reprint der Originalausgabe von 1834], Leipzig 1987.

Bruno Schmitz // Um das Herz der Geliebten

Appelius, Stefan: Leidenschaft, Exzesse und ein gehörnter Architekt, in: *SPIEGEL online, EINESTAGES*, 21. Juli 2009, http://www.spiegel.de/einestages/ehebruch-affaere-um-1900-a-948392.html (letzter Zugriff: 26.08.2019).

Berliner Tageblatt, 10. Dezember 1908, (Morgenausgabe), S. 2.

Berliner Tageblatt, 10. Dezember 1908 (Abendausgabe), S. 2.

Bösch, Frank: Öffentliche Geheimnisse. Skandale, Politik und Medien in Deutschland und Großbritannien 1880–1914, München 2009.

Bösch, Frank: Das Private wird politisch: Die Sexualität des Politikers und die Massenmedien des ausgehenden 19. Jahrhunderts, in: *Zeitschrift für Geschichtswissenschaft*, Jg. 52 (2004), H. 9, S. 781–801.
Geheimer Legationsrat Hammann, in: *Berliner Tageblatt*, 5. Dezember 1908, Abendausgabe, S. 4.
Mai, Ekkehard: „Schmitz, Bruno", in: *Neue Deutsche Biographie*, 23 (2007), S. 250 f., online: https://www.deutsche-biographie.de/pnd118819453.html#ndbcontent (letzter Zugriff: 26.08.2019).
Schultz, Martin: Abu Makina – der Vater der Maschine. Carl Bosch und die fotografische Dokumentation seiner diplomatischen Reisen 1903–1907, in: *Mannheimer Geschichtsblätter*, Jg. 25 (2013), S. 103–116.
Steinhoff, Walter (Bearb.): Der Fall Hammann. Zur Personalakte des Preßdezernenten des Berliner Auswärtigen Amtes nach aktenmäßigem Material, Berlin 1908.
Stolberg-Wernigerode, Otto Graf zu: „Hammann, Otto", in: *Neue Deutsche Biographie*, 7 (1966), S. 589–591, online: https://www.deutsche-biographie.de/pnd116440708.html#ndbcontent (letzter Zugriff: 26.08.2019).
Taubert, Klaus: Die Asche des Star-Architekten Bruno Schmitz. Odyssee einer Urne, in: *SPIEGEL online*, 29. Mai 2014, https://www.spiegel.de/geschichte/die-asche-des-architekten-bruno-schmitz-odyssee-einer-urne-a-971249.html (letzter Zugriff: 26.08.2019).
Wolff, Theodor: Der Liebeseid, in: *Berliner Tageblatt*, 17. Mai 1909, S. 1

Bubi Scholz // Schutzlos ohne seine Frau

Althen, Michael: Fausthiebe und Schicksalsschläge, in: *Süddeutsche Zeitung*, 22. August 2000, online: https://michaelalthen.de/texte/textformen/nachruf/scholz-bubi/ (letzter Zugriff: 26.08.2019).
Alzheimer-Drama um Box-Idol Bubi Scholz, in: *Hamburger Morgenpost*, 17. November 1998, online: https://www.mopo.de/-alzheimer-drama-um-box-idol-bubi-scholz—19393614 (letzter Zugriff: 26.08.2019).
Beck, Oskar: Erst der Triumph, dann die Tragödie, in: *Hamburger Abendblatt*, 11. August 1999, online: https://www.abendblatt.de/archiv/1999/article204645457/Erst-der-Triumph-dann-die-Tragoedie.html (letzter Zugriff: 26.08.2019).
Bezirksamt Charlottenburg-Wilmersdorf, Kiezspaziergang am 10.2.2007 vom Scholzplatz zum Touro College, online: https://

www.berlin.de/ba-charlottenburg-wilmersdorf/ueber-den-bezirk/rundgaenge/kiezspaziergaenge/artikel.176642.php (letzter Zugriff: 26.08.2019).

Bubi Scholz beim Frühstück erstickt, in: *SPIEGEL* online, 23. August 2000, https://www.spiegel.de/sport/sonst/herzstillstand-bubi-scholz-beim-fruehstueck-erstickt-a-90125.html (letzter Zugriff: 26.08.2019).

Bubi Scholz an Herzversagen gestorben, in: *Handelsblatt*, 21. August 2000, online: https://www.handelsblatt.com/archiv/bubi-scholz-an-herzversagen-gestorben/2000088.html?ticket=ST-2638085-EJp3rZgW3azS7KeYKb3N-ap6 (letzter Zugriff: 26.08.2019).

Bubi Scholz ist tot: Eine Nation lag ihm zu Füßen, in: *Der Tagesspiegel*, 21. August 2000, online: https://www.tagesspiegel.de/sport/bubi-scholz-ist-tot-eine-nation-lag-ihm-zu-fuessen/160812.html (letzter Zugriff: 26.08.2019).

Der dramatische Abstieg des Bubi Scholz, Sendung innerhalb der Reihe *Die großen Kriminalfälle*, *ARD*, 2. Juli 2012, online: https://web.archive.org/web/20161031215047/https://www.daserste.de/information/reportage-dokumentation/die-grossen-kriminalfaelle/sendung/2012/der-dramatische-abstieg-des-bubi-scholz-100.html (letzter Zugriff: 26.08.2019).

Die Stationen des „Bubi" Scholz, in: *Berliner Zeitung*, 22. August 2000, online: https://www.berliner-zeitung.de/die-stationen-des--bubi--scholz-16465316 (letzter Zugriff: 26.08.2019).

Ehrenberg, Peter: Siege, Tränen, Tod: Die Tragödie des Bubi Scholz, in: *DIE WELT*, 22. August 2000, online: https://www.welt.de/print-welt/article529563/Siege-Traenen-Tod-Die-Tragoedie-des-Bubi-Scholz.html (letzter Zugriff: 26.08.2019).

Engert, Gabriele: Bubi Scholz. Rote Rosen, in: *DIE ZEIT*, 17. August 1984, online: https://www.zeit.de/1984/34/rote-rosen (letzter Zugriff: 26.08.2019).

Gustav „Bubi" Scholz: Aufstieg und Absturz, in: *boxen.de*, 28. Februar 2012, https://www.boxen.de/news/gustav-bubi-scholz-aufstieg-und-absturz-17349 (letzter Zugriff: 26.08.2019).

Halter, Hans: „Sieh mal, was aus uns geworden ist", in: *DER SPIEGEL*, 30. Juli 1984, online: https://www.spiegel.de/spiegel/print/d-13510418.html (letzter Zugriff: 26.08.2019).

Lelgemann, Thomas: Tötete Bubi Scholz, was er am meisten liebte? in: *DER WESTEN*, 1. Juli 2012, https://www.derwesten.de/panorama/doku-toetete-bubi-scholz-was-er-am-meisten-liebte-id6828534.html (letzter Zugriff: 26.08.2019).

Lietzberg, Horst: „Drei Zentimeter waren mein Schicksal", in: *Quadrat – Magazin für das Leben in Lüneburg*, Dezember 2018, https://www.quadratlueneburg.de/drei-zentimeter-waren-mein-schicksal.html (letzter Zugriff: 26.08.2019).

Müller, Felix: Auch Bubi Scholz erschoss seine Frau durch die Tür, in: *DIE WELT*, 6. März 2013, online: https://www.welt.de/geschichte/article114163258/Auch-Bubi-Scholz-erschoss-seine-Frau-durch-die-Tuer.html (letzter Zugriff: 26.08.2019).

Neubert, Guido: Der Kampf. Die Bubi Scholz Story, München 1998.

Novy, Beatrix: Bubi Scholz – Idol mit tragischem Ende, in: *Deutschlandfunk Kultur*, Kalenderblatt, 12. April 2005, online: https://www.deutschlandfunk.de/bubi-scholz-idol-mit-tragischem-ende.871.de.html?dram:article_id=125117 (letzter Zugriff: 26.08.2019).

Oertwig, Bernd: Großstadtwölfe. Gladows Bande – der Schrecken von Berlin, Berlin 1981.

RAA: Das Schicksal traf Bubi Scholz am härtesten, in: *DIE WELT*, 29. August 2000, online: https://www.welt.de/print-welt/article530725/Das-Schicksal-traf-Bubi-Scholz-am-haertesten.html (letzter Zugriff: 26.08.2019).

RAA: Hochzeit „an einem vergessenen Frühlingstag“, in: *DIE WELT*, 24. August 2000, online: https://www.welt.de/print-welt/article529961/Hochzeit-an-einem-vergessenen-Fruehlingstag.html (letzter Zugriff: 26.08.2019).

Sabine Wussow lässt Bubi Scholz exhumieren, in: *BUNTE Newsline*, 4. August 2008, https://www.bunte.de/vermischtes/newsline-sabine-wussow-laesst-bubi-scholz-exhumieren-11897.html (letzter Zugriff: 26.08.2019).

Sass, Bettina von: Vor 25 Jahren erschoss Boxer Bubi Scholz seine Frau, in: *Berliner Morgenpost*, 22. Juli 2009, online: https://www.morgenpost.de/berlin/article104311621/Vor-25-Jahren-erschoss-Boxer-Bubi-Scholz-seine-Frau.html (letzter Zugriff: 26.08.2019).

Scholz, Bubi: Der Weg aus dem Nichts. Lebensbilder, Frankfurt a. M./Berlin/Wien 1982.

Scholz. Kämpfer des Jahres, in: *DER SPIEGEL*, Nr. 5/1954, 27. Januar 1954, online: https://www.spiegel.de/spiegel/print/d-28955048.html (letzter Zugriff: 26.08.2019).

Schulz, Jörg: Sabine Wussow über Schlaftabletten, Erinnerungen und Einsamkeit, in: *B.Z.*, 20. Januar 2019, online: https://www.bz-berlin.de/berlin/sabine-wussow-ueber-erinnerungen-schlaftabletten-und-ihre-einsamkeit (letzter Zugriff: 26.08.2019).

Schulz, Jörg: Sabine Wussow am Grab ihrer Männer Klausi und Bubi, in: *B.Z.*, 27. Dezember 2018, online: https://www.bz-

berlin.de/berlin/sabine-wussow-am-grab-von-klausi-und-bubi (letzter Zugriff: 26.08.2019).
Schulz, Maike: Das Ende einer großen Box-Karriere, in: *RP online*, 19. Juli 2004, https://rp-online.de/panorama/leute/bubi-scholz-das-ende-einer-grossen-box-karriere_aid-16857733 (letzter Zugriff: 26.08.2019).
Schulze, Katrin: Die Leere vor dem Schuss, in: *Der Tagesspiegel*, 2. Juli 2012, online: https://www.tagesspiegel.de/gesellschaft/medien/eine-doku-ueber-bubi-scholz-die-leere-vor-dem-schuss/6820646.html (letzter Zugriff: 26.08.2019).
Sik: Bubi Scholz: Die letzte Ruhestätte auf dem Waldfriedhof, in: *Der Tagesspiegel*, 23.8.2000, online: https://www.tagesspiegel.de/berlin/bubi-scholz-die-letzte-ruhestaette-auf-dem-waldfriedhof/161458.html (letzter Zugriff: 26.08.2019).
Weso: Bubi Scholz: Box-Idol erstickte an seinem Frühstück, in: *Der Tagesspiegel*, 22. August 2000, online: https://www.tagesspiegel.de/berlin/bubi-scholz-box-idol-erstickte-an-seinem-fruehstueck/161210.html (letzter Zugriff: 26.08.2019).

Charlotte Stieglitz // Nadelstiche des Lebens

Brandes, Georg: Rahel, Bettina und Charlotte Stieglitz. Drei literaturhistorische Charakterbilder aus der Zeit des „jungen Deutschland“, Leipzig 1896.
Büstrin, Klaus: Die Nachbarin, in: *Potsdamer Neueste Nachrichten*, 16. Februar 2006, online: https://www.pnn.de/kultur/die-nachbarin/22322036.html (letzter Zugriff: 26.08.2016).
Diez, Carl August: Der Selbstmord. Seine Ursachen und Arten vom Standpunkte der Psychologie und Erfahrung dargestellt, Tübingen 1838.
Gutzkow, Karl: Cypressen für Karoline Stieglitz, in: *Phönix. Frühlings-Zeitung für Deutschland*, Nr. 48 [= *Literaturblatt*, Nr. 8], 25. Februar 1835, S. 189–191.
Herloßsohn, Carl (Hg.): Damen Conversations Lexikon, Bd. 9, Adorf 1837, S. 418–424.
Just, Dagmar: Frauen, die aufs Ganze gehen, in *Die Weltwoche*, 10. November 2010, online: https://www.weltwoche.ch/ausgaben/2010-45/artikel/artikel-2010-45-frauen-die-aufs-ganze-gehen.html (letzter Zugriff: 26.08.2019).
Köhlmeier, Michael: Mitten auf der Straße. Die Erzählungen, Wien 2009.
Ledanff, Susanne (Hg.): Charlotte Stieglitz. Geschichte eines Denkmals, Frankfurt a. M./Berlin/Wien 1986.

Mundt, Theodor: Charlotte Stieglitz – Ein Denkmal, Berlin 1835.
Stieglitz, Heinrich: Eine Selbstbiographie, hg. von Louis Curtze, Gotha 1865.

Erich Gloeden // Schrift und Schicksal

Adoption als Schutz vor Antisemitismus?, in: Jüdisches Museum Berlin, online: https://www.jmberlin.de/objekt-adoptionsvertrag (letzter Zugriff: 26.08.2019).
Ammon, Herbert: Ein Signal an Seydlitz über Madame Kollontai, in: *GlobKult Magazin*, 17. Juli 2010, https://globkult.de/werte/108-staendige/herbert-ammon/592-ein-signal-an-seydlitz-ueber-madame-kollontai (letzter Zugriff: 26.08.2019).
Braun, Helmuth F./Dorrmann, Michael (Hg.) „DEM DEUTSCHEN VOLKE". Die Geschichte der Berliner Bronzegießerei Loevy, Köln 2003.
Conrad, Andreas: Patriotismus in Bronze, in: *Der Tagesspiegel*, 20. Dezember 2016, online: https://www.tagesspiegel.de/berlin/100-jahre-dem-deutschen-volke-patriotismus-in-bronze/15125844.html (letzter Zugriff: 26.08.2019).
Haese, Michael: Vor 100 Jahren: Anbringung des Schriftzuges „Dem deutschen Volke" am Reichstagsgebäude im Dezember 1916, in: Deutscher Bundestag – Wissenschaftliche Dienste, Nr. 26/16, 22. November 2016, online: https://www.bundestag.de/resource/blob/481462/45f259b79ab25fa0bb5eb138ec06b47f/Dem-Deutschen-Volke-data.pdf (letzter Zugriff: 26.08.2019).
Hochhuth, Rolf: Wo Ungehorsam Ehre bringt, in: *Berliner Zeitung*, 15. Juli 1994.
Koskull, Josepha von: General Lindemann und der 20. Juli 1944. Aufzeichnungen aus der Autobiographie von Josepha von Koskull (1898–1996) aus Berlin, DHM-Bestand, Inv.-Nr.: Do2 98/501, online: https://www.dhm.de/lemo/zeitzeugen/josepha-von-koskull-general-lindemann-und-der-20-juli-1944 (letzter Zugriff: 26.08.2019).
Lettern für das Vaterland, in: *SPIEGEL online*, *EINESTAGES*, 11. Oktober 2007, http://www.spiegel.de/einestages/reichstag-a-948325.html (letzter Zugriff: 26.08.2019).
Oertwig, Bernd: Die Menschen vor der Schrift. Eine Information des Internationalen Auschwitz Komitees, Berlin 2012.
17 Bronzebuchstaben für den Kaiser und seine Volk, http://www.berliner-grabmale-retten.de/familie-loevy/ (letzter Zugriff: 26.08.2019).

Fritz Will // Ein Gefreiter und zwei Kaiser
Berliner Börsen-Zeitung, Sonnabend, 17. August 1889, Morgenausgabe, S. 5.
Berliner Börsen-Zeitung, Freitag, 16. August 1889, Morgenausgabe, S. 7.
Berliner Börsen-Zeitung, Donnerstag, 15. August 1889, Morgenausgabe, S. 5, 8.
Berliner Börsen-Zeitung, Donnerstag, 15. August 1889, Abendausgabe, S. 13.
Berliner Börsen-Zeitung, Mittwoch, 14. August 1889, Morgenausgabe, S. 4.
Berliner Börsen-Zeitung, Mittwoch, 14. August 1889, Abendausgabe, S. 1.
Berliner Börsen-Zeitung, Dienstag, 13. August 1889, Morgenausgabe, S. 1f.
Berliner Börsen-Zeitung, Dienstag, 13. August 1889, Abendausgabe, S. 1f.
Berliner Gerichts-Zeitung, Sonnabend, 17. August 1889, S. 2.
Berliner Gerichts-Zeitung, Donnerstag, 15. August 1889, S. 2.
Berliner Gerichts-Zeitung, Dienstag, 13. August 1889, S. 3.
Berliner Tageblatt, Freitag, 16. August 1889, Morgenausgabe, S. 5.
Berliner Tageblatt, Donnerstag, 15. August 1889, Morgenausgabe, S. 5.
Berliner Tageblatt, Donnerstag, 15. August 1889, Morgenausgabe, S. 5f.
Berliner Tageblatt, Mittwoch, 14. August 1889, Morgenausgabe, S. 5.
Berliner Tageblatt, Dienstag, 13. August 1889, Morgenausgabe, S. 1f.
Berliner Tageblatt, Dienstag, 13. August 1889, Abendausgabe, S. 3.
50 Gänse grüßten aus luftiger Höhe. Gedenken an den vor 111 Jahren vom Blitz erschlagenen Garde-Ulan Fritz Will, in: *Das Ostpreußenblatt*, 3. März 2001, S. 20.

George Grosz // Fuß aus der Butter
Blumenfeld, Erwin: Durch tausendjährige Zeit. Erinnerungen, Berlin 1988.
Boschmann, Hella: Die Wahrheit über George Grosz, in: *DIE WELT*, 29. August 2001, online: https://www.welt.de/print-welt/article470775/Die-Wahrheit-ueber-George-Grosz.html (letzter Zugriff: 26.08.2019).
Buttig, Martin G.: Der Tod des alten Dadaisten, in: *Der Monat*, Jg. 12 (1960), H. 142, S. 83–88.

Ein großes Nein, in: *DER SPIEGEL*, 27/1954 vom 30. Juni 1954, online: https://www.spiegel.de/spiegel/print/d-28956891.html (letzter Zugriff: 26.08.2019).

Fischer, Lothar/Adkins, Helen: George Grosz. Sein Leben, Berlin 2017.

Grosz, Georg: Ein kleines Ja und ein großes Nein. Sein Leben von ihm selbst erzählt, Reinbek bei Hamburg 1974.

Hecht, Ben: Revolution im Wasserglas. Geschichten aus Deutschland 1919, Berlin 2006.

Kuhn, Nicola: Der Schatz im Kohlenkeller, in: *Der Tagesspiegel*, 24. Januar 2010, online: https://www.tagesspiegel.de/kultur/ausstellungen/georg-grosz-der-schatz-im-kohlenkeller/1669794.html (letzter Zugriff: 26.08.2019).

Mynona (d. i. Salomo Friedlaender): George Grosz, Dresden 1922.

Röttger, Friedhelm: „Mein Vater war kein Lügner", in: *Eßlinger Zeitung*, 7. März 2009, online: https://www.esslinger-zeitung.de/startseite_artikel,-%E2%80%9Emein-vater-war-kein-luegner%E2%80%9C-_arid,389665.html (letzter Zugriff: 26.08.2019).

Schrott, Raoul: Dada, Dadas, Dadaisten und Dadaismen, in: *Neue Zürcher Zeitung*, 28. Mai 2016, online: https://www.nzz.ch/feuilleton/festspiele-zuerich--dada/raoul-schrott-ueber-die-kurzlebigste-avantgarde-des-20-jahrhunderts-dada-dadas-dadaisten-und-dadaismen-ld.84878 (letzter Zugriff: 26.08.2019).

Schuster, Jaques: Wie Hitler „Macke" durch Europa hetzte, in: *DIE WELT*, 12. September 2012, online: https://www.welt.de/kultur/literarischewelt/article109160678/Wie-Hitler-Macke-durch-Europa-hetzte.html (letzter Zugriff: 26.08.2019).

Sontheimer, Michael: Vertriebene Bilder, in: *DER SPIEGEL*, 13/2009, 23. März 2009, online: https://www.spiegel.de/spiegel/print/d-64760925.html (letzter Zugriff: 26.08.2019).

Thiele, Carmela: Propagan-DaDa in der Weimarer Republik. Vor 50 Jahren ist der Maler George Grosz gestorben, in: *Deutschlandfunk Kultur*, Kalenderblatt, 6. Juli 2009, online: https://www.deutschlandfunkkultur.de/propagan-dada-in-der-weimarer-republik.932.de.html?dram:article_id=130497 (letzter Zugriff: 26.08.2019).

Völker, Klaus (Hg.): „Ist schon doll das Leben". George Grosz – Max Herrmann-Neisse. Der Briefwechsel, Berlin 2003.

Zeitz, Lisa: Die Akte George Grosz, in: *FAZ*, 28. April 2009, online: https://www.faz.net/aktuell/feuilleton/kunstmarkt/kommentare-glossen/neue-funde-die-akte-george-grosz-1782150.html (letzter Zugriff: 26.08.2019).

Ziegler, Ulf Erdmann: Vatersohn, Muttersohn, in: *DIE ZEIT*, Nr. 4, 20. Januar 1995, online: https://www.zeit.de/1995/04/Vatersohn_Muttersohn (letzter Zugriff: 26.08.2019).

Helmut Newton // Mit Vollgas durchs Leben

Amin, Peyman: Der Modelmacher – Ungeschminkte Ansichten, München 2010.

Autounfall. Helmut Newton ist tot, in: *SPIEGEL* online, 24. Januar 2004, https://www.spiegel.de/kultur/gesellschaft/autounfall-helmut-newton-ist-tot-a-283380.html (letzter Zugriff: 26.08.2019).

Avins, Mimi: Helmut Newton. 1920–2004. Fashion photographer killed in car accident at L.A. hotel, in: sfgate.com, 24. Januar 2004, https://www.sfgate.com/news/article/HELMUT-NEWTON-1920-2004-Fashion-photographer-2828281.php (letzter Zugriff: 26.08.2019).

Berner, Matthias: Helmut Newton und sein Berlin – am liebsten aß und trank er im Diener, in: *WELT am Sonntag*, 30. Mai 2004, online: https://www.welt.de/print-wams/article110918/Helmut-Newton-und-sein-Berlin-am-liebsten-ass-und-trank-er-im-Diener.html (letzter Zugriff: 26.08.2019).

Bluhm, Juliane: Helmut Newton. Zum 94. Geburtstag des Fotografen, in: *Stiftung Historische Kirchhöfe und Friedhöfe in Berlin-Brandenburg*, http://stiftung-historische-friedhoefe.de/helmut-newton/ (letzter Zugriff: 26.08.2019).

Brinkemper, Peter V.: Die Wahrheit der Nacktheit ist eine Illusion, in: *Telepolis*, 25. Januar 2004, https://www.heise.de/tp/features/Die-Wahrheit-der-Nacktheit-ist-eine-Illusion-3433105.html (letzter Zugriff: 26.08.2019).

dvt: Helmut Newton ruht links neben Marlene Dietrich, in: *WELT am Sonntag*, 30. Mai 2004, online: https://www.welt.de/print-wams/article111052/Helmut-Newton-ruht-links-neben-Marlene-Dietrich.html (letzter Zugriff: 26.08.2019).

Helmut Newton (1920–2004), in: *Friedenau aktuell*, http://www.friedenau-aktuell.de/friedhof-stubenrauchstra%C3%9Fe/helmut-newton/ (letzter Zugriff: 26.08.2019).

Helmut Newton. Schamvolle Vulgarität, in: *Cicero*, 2012, online: https://www.cicero.de/kultur/schamvolle-vulgaritaet/49560 (letzter Zugriff: 26.08.2019).

Helmut Newton: „Ich bin Feminist!“, in: *Gala*, 16. Dezember 2008, online: https://www.gala.de/beauty-fashion/fashion/helmut-newton---ich-bin-feminist---20026756.html (letzter Zugriff: 26.08.2019).

Helmut Newton: Eine Kamera im Grab, in: *FAZ*, 2. Juni 2004, online: https://www.faz.net/aktuell/feuilleton/berlin-helmut-newton-eine-kamera-im-grab-1159294.html (letzter Zugriff: 26.08.2019).

Helmut Newton: Er liebte das Leben, Frauen – und schnelle Autos, in: *B.Z.*, 25. Januar 2004, online: https://www.bz-berlin.de/artikel-archiv/helmut-newton-er-liebte-das-leben-frauen-und-schnelle-autos (letzter Zugriff: 26.08.2019).

Helmut Newton ist tot, in *Münchner Merkur*, 25. Januar 2004, online: https://www.merkur.de/kultur/helmut-newton-202219.html (letzter Zugriff: 26.08.2019).

Helmut Newton: Meinen 1. Kuss und meinen 1. Fotoapparat kriegte ich in Berlin, in: *B.Z.*, 11. Oktober 2000, online: https://www.bz-berlin.de/artikel-archiv/helmut-newton-meinen-1-kuss-und-meinen-1-fotoapparat-kriegte-ich-in-berlin (letzter Zugriff: 26.08.2019).

Hopkinson, Amanda: Helmut Newton. Photographer whose work took fetishism and eroticism off the top shelf and into the mainstream, in: *The Guardian*, 26. Januar 2004, online: https://www.theguardian.com/news/2004/jan/26/guardianobituaries.artsobituaries (letzter Zugriff: 26.08.2019).

Jessen, Jens: Sehnsucht nach Unterwerfung, in: *DIE ZEIT*, 6/2004, 29. Januar 2004, online: https://www.zeit.de/2004/06/Nachruf_Newton (letzter Zugriff: 26.08.2019).

Kaiser, Peter: Bilder für die Ewigkeit. Zum zehnten Todestag Helmut Newtons, in:

Deutschlandfunk Kultur, 24. Januar 2004, online: https://www.deutschlandfunkkultur.de/portraet-bilder-fuer-die-ewigkeit.1079.de.html?dram:article_id=275494 (letzter Zugriff: 26.08.2019).

Kamera als letzter Gruß ins Grab von Star-Fotograf Helmut Newton, in: *B.Z.*, 3. Juni 2004, online: https://www.bz-berlin.de/artikel-archiv/kamera-als-letzter-gru-ins-grab-von-starfotograf-helmut-newton (letzter Zugriff: 26.08.2019).

Kreitling, Holger: Die Kamera im Grab, in: *DIE WELT*, 3. Juni 2004, online: https://www.welt.de/print-welt/article317636/Die-Kamera-im-Grab.html (letzter Zugriff: 26.08.2019).

Kuhn, Nicola: Meister und Model, in: *Der Tagesspiegel*, 25. Januar 2004, online: https://www.tagesspiegel.de/kultur/meister-und-model/484844.html (letzter Zugriff: 26.08.2019).

Legendary Helmut Newton, 83, killed in LA car crash, in: National Press Photographers Association, 23. Januar 2004, online: https://nppa.org/news/165 (letzter Zugriff: 26.08.2019).

Liebchen, Eva: Wie aus Helmut Neustädter Helmut Newton wurde, in: *Friedenau Netzwerk*, http://www.friedenau-netzwerk.de/index.php/helmut-newton?showall=1&limitstart (letzter Zugriff: 26.08.2019).
Müller, Kai: Die Augen der Muse, in: *Der Tagesspiegel*, 24. Februar 2004, online: https://www.tagesspiegel.de/kultur/die-augen-der-muse/493670.html (letzter Zugriff: 26.08.2019).
Munker, Barbara/Mommert, Wilfried: Zum Tod von Helmut Newton. Er liebte die Frauen und die Fotografie, in: *Mitteldeutsche Zeitung*, 25. Januar 2004, online: https://www.mz-web.de/kultur/zum-tod-von-helmut-newton-er-liebte-die-frauen-und-die-fotografie-10069700 (letzter Zugriff: 26.08.2019).
Newton, Helmut: Autobiographie, München 2005.
Newton ruht neben der Dietrich, in: *Stern*, 2. Juni 2004, online: https://www.stern.de/lifestyle/leute/beisetzung-newton-ruht-neben-der-dietrich-3074668.html (letzter Zugriff: 26.08.2019).
Star-Fotograf Helmut Newton ist tot, in: *Stern*, 24. Januar 2004, online: https://www.stern.de/fotografie/autounfall-starfotograf-helmut-newton-ist-tot-3507852.html (letzter Zugriff: 26.08.2019).
The Bad and the Beautiful: Helmut Newton, in: *ALVAR Magazine*, September 2013, online: http://www.alvarmagazine.com/thoughts/the-bad-and-the-beautiful-helmut-newton/ (letzter Zugriff: 26.08.2019).
Tod auf dem Sunset Boulevard: Star-Fotograf erlitt Herzinfarkt am Steuer, in: *B.Z.*, 25. Januar 2004, online: https://www.bz-berlin.de/artikel-archiv/tod-auf-dem-sunset-boulevard-star-fotograf-erlitt-herzinfarkt-am-steuer (letzter Zugriff: 26.08.2019).
Trauerfeier für Helmut Newton, in: *RP* online, 2. Juni 2004, online: https://rp-online.de/kultur/trauerfeier-fuer-helmut-newton_aid-16899451 (letzter Zugriff: 26.08.2019).
Warnholtz, Anna: Wenn Prominente im Hotelzimmer sterben, in: *DIE WELT*, 30. August 2012, online: https://www.welt.de/reise/article108854155/Wenn-Prominente-im-Hotelzimmer-sterben.html (letzter Zugriff: 26.08.2019).
Zavrel, B. John: Dali-Fotograf Helmut Newton starb am Todestag von Dali, in: meaus.com, https://www.meaus.com/helmut-newton-tot.htm (letzter Zugriff: 26.08.2019).

Karl Ludwig von Hinckeldey // Am Ende ein verlorenes C

Borchers, Ralf: „Die standesgemäße Erledigung eines Konflikts“. Der Tod des preußischen Polizeichefs Friedrich von Hinckeldey,

in: Schultz, Uwe (Hg.): Das Duell. Der tödliche Kampf um die Ehre, Frankfurt a. M./Leipzig 1996, S. 251–264.
Eik, Jan: Schaurige Geschichten aus Berlin. Die dunklen Geheimnisse der Stadt, Berlin 2013.
Hassel, Ludwig: Die letzten Stunden des General-Polizei-Directors von Hinkeldey. Beitrag zu seinem Nekrolog von einem Augenzeugen, Leipzig 1856.
Heinrich, Gerd: „Hinckeldey, Carl von", in: *Neue Deutsche Biographie*, 9 (1972), S. 175 f., online: https://www.deutsche-biographie.de/pnd116896175.html#ndbcontent (letzter Zugriff: 26.08.2019).
Herzfeld, Hans/Heinrich, Gerd (Hg.): Berlin und die Provinz Brandenburg im 19. und 20. Jahrhundert, Berlin 1968.
Kohut, Adolph: Das Buch berühmter Duelle, Berlin 1888.
Springer, Robert: Berlin's Strassen, Kneipen und Clubs im Jahre 1848, Berlin 1850 [Reprint der Originalausgabe nach dem Exemplar der Universitätsbibliothek Berlin, Leipzig 1985].
Steger, Friedrich (Hg.): Ergänzungs-Conversationslexikon der neuesten Zeit auf das Jahr 1855/1856, Leipzig/Meißen 1855.
Stephan, Bruno: Woher die Hinkeldeybrücke den Namen hat, Typoskript vom 28. Februar 1956, online: http://mittemuseum.de/files/nachlass_stephan_2.pdf (letzter Zugriff: 26.08.2019).
Westhafen, Werner von: Hinckeldeys Untergang, in: *Kreuzberger Chronik*, https://www.kreuzberger-chronik.de/chroniken/2007/juni/geschichte.html (letzter Zugriff: 28.06.2019).
Wippermann, Karl: „Hinckeldey, Karl Ludwig Friedrich v.", in: *Allgemeine Deutsche Biographie*, Bd. 12 (1880), S. 437 f., online: https://de.wikisource.org/w/index.php?title=ADB:Hinckeldey,_Carl_von&oldid=2499300 (letzter Zugriff: 26.08.2019).

Kühnemund von Arnim // Der süßeste runde Apfel

Arnim-Briefe. Auf der Marterbank, in: *DER SPIEGEL*, 18/1962 vom 2. Mai 1961, online: https://www.spiegel.de/spiegel/print/d-45140048.html (letzter Zugriff: 26.08.2019).
Baumgart, Hildegard: Bettine und Achim von Arnim. Die Geschichte einer ungewöhnlichen Ehe, Berlin 2016.
Buntzel, Wolfgang/Landfester, Ulrike (Hg.): Da wir uns nun einmal nicht vertragen. Bettine von Arnims Briefwechsel mit ihrem Sohn Siegmund, Göttingen 2012.
Cohausen, August von: Aus dem Berliner Tagebuch 1833–1835. Briefe an die Eltern. Aufzeichnungen über Bettina von Arnim,

Landeshauptarchiv Koblenz, Best. 700, 034 (Cohausen), Akte 6, Tagebücher [unpaginiert].
Gersdorff, Dagmar von: Bettina und Achim von Arnim. Eine fast romantische Ehe, Berlin 1997.
Goedeke, Karl: Grundriss zur Geschichte der deutschen Dichtung. Aus den Quellen von Karl Goedeke. Nach dem Tode des Verfassers in Verbindung mit … fortgeführt von Edmund Goetze, Band VI, Siebentes Buch, Abt. 1, Zeit des Weltkrieges (1790–1815), Dresden 1898.
Härtl, Heinz: Bettina von Arnim – eine Chronik, Wiepersdorf 1993.
Heins, Corinna: „… und sehe wohl ein, daß ich geboren bin zum Dulden, nicht aber zum eigenen freien Bewegen." Das Alltagsleben der Bettina von Arnim, München 2010.
Lemm, Uwe: Die Wohnorte Bettina und Achim von Arnims in Berlin, in: *Internationales Jahrbuch der Bettina-von-Arnim-Gesellschaft*, Bd. 5 (1993), S. 104–118.
Lückoff, Dietrich: Meusebach, Ich lebe noch, ich klebe noch. Aus Karl Hartwig Gregor Meusebachs Leben. Berlin, Baumgartenbrück, Geltow [Typoskript, Publikation in Vorbereitung], S. 278.
Meckenstock, Günter (Hg.): Friedrich Daniel Ernst Schleiermacher. Kritische Gesamtausgabe. Dritte Abteilung: Predigten, Bd. 14: Predigten 1833–1834, Berlin/München/Boston 2017.
Pape, Walter (Hg.): Die alltägliche Romantik. Gewöhnliches und Phantastisches, Lebenswelt und Kunst [= Schriften der Internationalen Arnim-Gesellschaft, Bd. 11], Berlin/Boston 2016.
Preuß, Carsten/Preuß, Hiltrud: Die Guts- und Herrenhäuser im Landkreis Teltow-Fläming, Berlin 2011.
Schiffter, Roland: „… ich habe immer klüger gehandelt … als die philisterhaften Ärzte…". Romantische Medizin im Alltag der Bettina von Arnim – und anderswo, Würzburg 2006.
Schultz, Hartwig (Hg.): Der Briefwechsel Bettine von Arnims mit den Brüdern Grimm 1838–1841, Frankfurt a. M. 1985.
Schwinn, Holger: Achim von Arnim auf Wiepersdorf [= Frankfurter Buntbücher, 58], Frankfurt (Oder)/Berlin 2016.
Stich, Jürgen: Die Herrschaft Wiepersdorf im 20. Jahrhundert, Magisterarbeit, vorgelegt am 13. Oktober 1997, online:
https://cdn.website-start.de/proxy/apps/a1tvb2/uploads/gleichzwei/instances/3A85E569-B619-4367-B130-449EF5086270/wcinstances/epaper/2d84830b-9b11-4388-b8f6-87f913ab0e0a/pdf/Seiten-1-25-Die-Herrschaft-Wiepersdorf-im-20.-Jahrhundert-(1).pdf (letzter Zugriff: 26.08.2019).

Strohmeyr, Armin: Die Frauen der Brentanos. Porträts aus drei Jahrhunderten, Berlin 2006.
Varnhagen von Ense, Karl August: Aus dem Nachlaß Varnhagen's von Ense. Briefe von Stägemann, Metternich, Heine und Bettina von Arnim nebst Briefen, Anmerkungen und Notizen von Varnhagen von Ense, Leipzig 1865.
Vordtriede, Werner: Achim um Bettina in ihren Briefen, 2 Bde., Frankfurt a. M. 1961.
Wendeler, Camillus (Hg.): Briefwechsel des Freiherrn Karl Hartwig Gregor von Meusebach mit Jacob und Wilhelm Grimm, Heilbronn 1880, insbesondere Brief von Karl Hartwig Gregor von Meusebach an die Brüder Grimm vom 25. Juni 1835, S. 205 f.
Werner, Johannes: Maxe von Arnim. Tochter Bettinas / Gräfin von Oriola 1818–1894. Ein Leben und Zeitbild aus alten Quellen geschöpft von Prof. Dr. Johannes Werner, Leipzig 1937.

Max Stirner // Kein geistiges Kleingeld

Dronke, Ernst: Berlin, Frankfurt a. M. 1846 [gekürzte Fassung Berlin 1953].
Fontane, Theodor: Von Zwanzig bis Dreißig. Autobiographisches, München 1973.
Gottschall, Rudolf von: Aus meiner Jugend. Erinnerungen, Berlin 1898.
Gottschall, Rudolf von: Erinnerungen an Max Stirner, in: *Leipziger Tageblatt*, Nr. 34, 3. Februar 1907.
Hinderer, Walter: Ein Sparren zu viel. Deutsche Ideologie von Max Stirner bis Hans G. Helms, in: *DIE ZEIT* Nr. 32/1969, 8. August 1969, online: https://www.zeit.de/1969/32/ein-sparren-zuviel (letzter Zugriff: 26.08.2019).
Gerhard Lehmann zum 100. Geburtstag [= *Der Einzige. Vierteljahresschrift des Max-Stirner-Archivs Leipzig*, Nr. 4, 3. November 2000].
Knobloch, Heinz: Berliner Grabsteine, Berlin 1991.
Mackay, John Henry: Max Stirner – Sein Leben und sein Werk [Reprint der 3. Aufl., Berlin-Charlottenburg, 1914, Freiburg i. Br. 1977].
Max Stirner und die Pädagogik [= *Der Einzige. Vierteljahresschrift des Max-Stirner-Archivs Leipzig*, Nr. 2, 3. Mai 1999].
Max Stirner und John Henry Mackay [= *Der Einzige. Vierteljahresschrift des Max-Stirner-Archivs Leipzig*, Nr. 3, 3. August 1999].
Meinem Liebchen Marie Dähnhardt [= *Der Einzige. Vierteljahresschrift des Max-Stirner-Archivs Leipzig*, Nr. 1/2, 3. Februar/3. Mai 2006].

Rolf Engert zum 110. Geburtstag [= *Der Einzige, Vierteljahreszeitschrift des Max-Stirner-Archivs Leipzig*, Nr. 4, 3. November 1999.
Springer, Robert: Berlin's Strassen, Kneipen und Clubs im Jahre 1848, Berlin 1850 [Reprint der Originalausgabe nach dem Exemplar der Universitätsbibliothek Berlin, Leipzig 1985].
Stirner, Max: Der Einzige und sein Eigenthum, Leipzig 1845.

Melli Beese // Fliegen ist notwendig – Leben nicht

Beese, Melli: Fliegerleben. Selbstportrait im Telegrammstil, in: Hans Richter: Deutscher Flugalmanach 1923 für Gleit- und Motorflugsport, Berlin 1923, S. 96.
Beese, Melli: Unser Flugplatz – in memoriam, in: *Der Luftweg*, Jg. 1921, Nr. 17/18, S. 138.
Berliner Börsen-Zeitung, 22. Dezember 1925, Abendausgabe, S. 3.
Berliner Börsen-Zeitung, 27. Juli 1911, Abendausgabe, S. 7.
Berliner Tageblatt, 22. Dezember 1925, Abendausgabe, S. 5.
Deutsche Allgemeine Zeitung, 22. Dezember 1925, Abendausgabe, S. 3.
Geipel, Ines: Der Geschmack des Himmels, in: *Berliner Zeitung*, 22.12.2005, S. 25.
Heine, Heinrich: Ludwig Börne, in: Werke in 5 Bänden, Bd. 5, Weimar 1956, S. 279.
Lackmann, Thomas: Fliegerin zwischen den Fronten, in: *Der Tagesspiegel*, 23. Oktober 2012, online: https://www.tagesspiegel.de/berlin/schauplatz-berlin-aufloesung-15-fliegerin-zwischen-den-fronten/7678878.html (letzter Zugriff: 26.08.2019).
Mundus, Jana: Wie Melli die Männer überflügelte, in: *Sächsische Zeitung*, 10. September 2016, online: https://www.saechsische.de/wie-melli-die-maenner-ueberfluegelte-3489370.html (letzter Zugriff: 26.08.2019).
Norden, Adalbert: Flügel am Horizont. Roman der ersten Flieger, Berlin 1939.
Pfister, Gertrud: Fliegen – ihr Leben. Die ersten Pilotinnen, Berlin 1989.
Probst, Ernst: Melli Beese. Die erste deutsche Fliegerin, München 2010.
Spitzer, Barbara: Melli Beese. Bildhauerin, Pilotin – eine ungewöhnliche Frau. Begleitband zur Ausstellung *Melli Beese Bildhauerin, Pilotin – eine ungewöhnliche Frau*, 2. Juni 1992 bis 20. September 1992 im Heimatmuseum Treptow, Berlin 1992.
Vossische Zeitung, 23. Dezember 1925, Abendausgabe, S. 4.
Vossische Zeitung, 22. Dezember 1925, Abendausgabe, S. 4.

Paul Cassirer // Ein Lebensspieler

Abschied von Paul Cassirer, in: *Vossische Zeitung*, 11. Januar 1926, Abendausgabe, S. 5.

Bauschinger, Sigrid: Die Cassirers. Unternehmer, Kunsthändler, Philosophen, München 2015.

Bauschinger, Sigrid: Paul Cassirer und René Schickele, in: Feilchenfeldt, Rahel E./Raff, Thomas (Hg.): Ein Fest der Künste. Paul Cassirer. Der Kunsthändler als Verleger, München 2006, S. 228–238.

Berliner Börsen-Zeitung, 9. November 1911, Morgenausgabe, S. 7.

Berliner Börsen-Zeitung, 6. Mai 1909, Morgenausgabe, S. 8.

Berliner Tageblatt, 9. Januar 1926, Morgenausgabe, S. 3.

Berliner Tageblatt, 6. Januar 1926.

Berliner Tageblatt, 9. November 1911, Morgenausgabe, S. 3.

Berliner Tageblatt, 6. Mai 1909, Morgenausgabe, S. 2.

Der tragische Fall Cassirer, in: *Vossische Zeitung*, 6. Januar 1926, Abendausgabe, S. 1.

Die Trauerfeier für Paul Cassirer, in: *Berliner Tageblatt*, 8. Januar 1926, Morgenausgabe, S. 4.

Durieux, Tilla: Eine Tür steht offen. Erinnerungen, Berlin 1968.

Feilchenfeldt, Rahel E./Raff, Thomas (Hg.): Ein Fest der Künste. Paul Cassirer. Der Kunsthändler als Verleger, München 2006.

Feilchenfeldt, Rahel E.: Paul Cassirer – ein Mosaik, in: Feilchenfeldt, Rahel E./Raff, Thomas (Hg.): Ein Fest der Künste. Paul Cassirer. Der Kunsthändler als Verleger, München 2006, S. 13–39.

Fischer, Grete: Dienstboten, Brecht und andere. Zeitgenossen in Prag, Berlin, London, Olten/Freiburg i. Br. 1966.

Kessler, Harry Graf: Das Tagebuch 1880–1937, Bd. 9: 1926–1937, Stuttgart 2010.

Kessler, Harry Graf: Aufsätze und Reden 1899–1933, Frankfurt a. M. 1988.

Knobloch, Heinz: Berliner Grabsteine, Berlin 1991.

Kolbe, Georg: Paul Cassirer zum Abschied, in: *Berliner Tageblatt*, 8. Januar 1926, Abendausgabe, S. 4.

Koldehoff, Stefan: Ein Schuß ins Herz, in: *WELT am Sonntag*, 15. Januar 2006, online: https://www.welt.de/print-wams/article137281/Ein-Schuss-ins-Herz.html (letzter Zugriff: 26.08.2019).

Liebermann, Max: Ansprache an Cassirers Sarg, in: *Vossische Zeitung*, 11. Januar 1926, Abendausgabe, S. 6.

Liebermann, Max: In Memoriam Paul Cassirer, in: *Berliner Tageblatt*, 7. Januar 1926, Abendausgabe, S. 2.

Möhrmann, Renate: Tilla Durieux und Paul Cassirer. Bühnenglück und Liebestod, Berlin 1997.
Osborn, Max: Der bunte Spiegel. Erinnerungen aus dem Kunst-, Kultur- und Geistesleben 1890 bis 1933, Hürth bei Köln 2013.
Osborn, Max: Paul Cassirer †, in: *Vossische Zeitung*, 7. Januar 1926, Abendausgabe, S. 3.
Ripperger, Hannah: Porträts von Tilla Durieux. Bildnerische Inszenierung eines Theaterstars, Göttingen 2016.
Ruff, Melanie: Tilla Durieux. Selbstbilder und Images der Schauspielerin [Diplomarbeit, Universität Wien], 2007.
Selbstmordversuch Paul Cassirers, in: *Vossische Zeitung*, 6. Januar 1926, Morgenausgabe, S. 5.
Tilla Durieux' Erkrankung – Falsche Selbstmordgerüchte, in: *Vossische Zeitung*, 10. Januar 1926, Morgenausgabe, S. 5.
Vossische Zeitung, 7. Januar 1926, Morgenausgabe, S. 5.
Wehry, Katrin: Quer durchs Tiergartenviertel. Das historische Quartier und seine Bewohner, Berlin 2015.
Wolff, Theodor: Paul Cassirer †, in: *Berliner Tageblatt*, 7. Januar 1926, Abendausgabe, S. 2.
Zöllner, Angelika: Der Kunsthändler Paul Cassirer und die Schauspielerin Tilla Durieux, in: *Musenblätter*, 4. April 2014, online: https://www.musenblaetter.de/artikel.php?aid=13896 (letzter Zugriff: 26.08.2019).

Renate Müller // Mutmaßungen über einen Star

Bartetzko, Dieter: Blonder Traum: Das kurze Leben der Renate Müller, in: *FAZ*, 4. Oktober 2007, online: https://www.faz.net/aktuell/feuilleton/buecher/rezensionen/sachbuch/blonder-traum-das-kurze-leben-der-renate-mueller-1493637.html (letzter Zugriff: 26.08.2019).
Hildenbrandt, Fred: … ich soll dich schön grüßen von Berlin. 1922–1932. Erinnerungen, München 1966.
Jäger, Heidi: Gefallener „Liebling der Götter“, in: *Potsdamer Neueste Nachrichten*, 29. November 2006, online: https://www.pnn.de/kultur/gefallener-liebling-der-goetter/22455392.html (letzter Zugriff: 26.08.2019).
Klöckner-Draga, Uwe: Renate Müller. Ihr Leben, ein Drahtseilakt, Bayreuth 2006.
Peter der Matrose. Titania-Palast, in: *Berliner Tageblatt*, 19. Mai 1929, S. 13.

Renate Müller. Liebling der Götter, in: *DER SPIEGEL*, 13/1960, 23. März 1960, online: https://www.spiegel.de/spiegel/print/d-43065190.html (letzter Zugriff: 26.08.2019).

Schmidt, Mathias/Groß, Dominik/Westemeier, Jens (Hg.): Die Ärzte der Naziführer. Karrieren und Netzwerke [= Medizin und Nationalsozialismus, Bd. 5], Berlin 2018.

Stern, Tanja: Tod und Verklärung der Renate Müller, in: *Tanja Stern Autorenblog,*

31. Oktober 2017, https://monatsblatt.tanja-stern.de/vergessene-kuenstler1/118-tod-und-verklaerung-der-renate-mueller.html (letzter Zugriff: 26.08.2019).

Wladimir Dmitrijewitsch Nabokow // Wie eine große Meereswelle

Attentat gegen Professor Miljukow. Senator Wladimir Nabokow ermordet, in: *Deutsche Allgemeine Zeitung*, 29. März 1922, Morgenausgabe, S. 1.

Boyd, Brian: Vladimir Nabokov. Die russischen Jahre 1899–1940, Reinbek bei Hamburg, 1999.

Das Attentat der Zaren-Anhänger. Alle Einzelheiten aufgeklärt – Die Nachforschungen nach den Mithelfern. Weitere Aussagen der verhafteten Offiziere, in: *Berliner Tageblatt*, 30. März 1922, Morgenausgabe, S. 4.

Das Attentat der Zarenanhänger in der Philharmonie. Vernehmung der verhafteten russischen Offiziere, in: *Berliner Tageblatt*, 29. März 1922, Abendausgabe, S. 1.

Das Attentat in der Philharmonie. Rache für den Sturz des Zarentums, in: *Deutsche Allgemeine Zeitung*, 29. März 1922, Abendausgabe, S. 1.

Das Revolverattentat in der Philharmonie. Schilderung eines Augenzeugen, in: *Berliner Tageblatt*, 29. März 1922, Morgenausgabe, S. 2.

Das Russenattentat in der Philharmonie. Weitere polizeiliche Ermittlungen. – Das Ergebnis der Obduktion, in: *Berliner Tageblatt*, 30. März 1922, Abendausgabe, S. 4.

Der Mord an Senator Nabokow, in: *Vossische Zeitung*, 31. März 1922, Morgenausgabe, S. 3.

Berliner Börsen-Zeitung, 31. März 1922, Morgenausgabe, S. 2.

Der Mord an Senator Nabokow. Die weiteren Ermittlungen der Polizei, in: *Vossische Zeitung*, 30. März 1922, Morgenausgabe, S. 4.

Der Mord in der Philharmonie. Weitere Vernehmungen, in: *Berliner Börsen-Zeitung*, 30. März 1922, Morgenausgabe, S. 3.

Der Mordanschlag der Zaren-Leutnants. Abschluß der Voruntersuchungen. – Die Täter nicht allein beteiligt? – Wer sind die Hintermänner?, in: *Berliner Volks-Zeitung*, 30. März 1922, Morgenausgabe, S. 2.
Der Politische Mord in der Philharmonie, in: *Berliner Börsen-Zeitung*, 29. März 1922, Abendausgabe, S. 2.
Der Russenmord in der Philharmonie, in: *Berliner Volks-Zeitung*, 29. März 1922, Abendausgabe, S. 1.
Die Untersuchung des Zaristen-Mordes, in: *Vossische Zeitung*, 30. März 1922, Abendausgabe, S. 4.
Flügge, Manfred: Der talentierte Herr Sirin: Wladimir Nabokovs Jahre in Berlin, in: *Russia Beyond*, 3. Oktober 2012, online: https://de.rbth.com/articles/2012/10/03/der_talentierte_herr_sirin_wladimir_nabokovs_jahre_in_berlin_16765 (letzter Zugriff: 26.08.2019).
Kessler, Harry Graf: Das Tagebuch 1880 bis 1937, Bd 7: 1919–1923, Stuttgart 2007.
Large, David Clay: Berlin: Biographie einer Stadt, München 2002.
Miljukow, Paul: Wladimir Nabokow, in: *Vossische Zeitung*, 30. März 1922, Abendausgabe, S. 2.
Revolverangriff auf russischen Monarchisten in der Philharmonie, in: *Berliner Tageblatt*, 29. März 1922, Morgenausgabe, S. 4.
Russisches Attentat in Berlin, in: *Vossische Zeitung*, 29. März 1922, Morgenausgabe, S. 4.
Der Mord an Senator Nabokow, in: *Vossische Zeitung*, 29. März 1922, Abendausausgabe, S. 1.
Schüsse in der Philharmonie, in: *Berliner Börsen-Zeitung*, 29. März 1922, Morgenausgabe, S. 4.
Urban, Thomas: Vladimir Nabokov – Blaue Abende in Berlin, Berlin 1999.

Bildnachweis

akg-images: 94
Böttger, Fritz: Bettina von Arnim. Ein Leben zwischen Tag und Traum, 3. Aufl., Verlag der Nation, Berlin 1990: 175 l.
bpk-Bildagentur: 109 (M. Ziesler), 126, 136 (Studio Niermann/Emil Bieber), 249 (Press-Photo-Dienst Schmidt), 257 (Bayerische Staatsbibliothek/Heinrich Hoffmann)
Bundesarchiv: 210 (Bild 183-R20273), 218 (Bild 102-02176/Georg Pahl), 224 (Bild 183-1986-0718-506/Scherl), 231 (Bild 183-R13642)
dpa-Bildarchiv: 69 (Dieter Klar)
Germanisches Nationalmuseum/Deutsches Kunstarchiv: 42 (DKA_NLSchmitzBruno_IA6-0009)
Gottwald, Franz: Berlin Einst und Jetzt. Geschichte Berlins in Bildern mit begleitendem Text, Gustav Grosser Verlag, Berlin 1926, S. 76 (Friedrich Albert Schwartz): 32
Jüdisches Museum Berlin: 100
Landesarchiv Berlin: 271 (F Rep. 290 [05] Nr. 63-923)
Oertwig, Bernd: 25, 36, 76, 85, 89, 103, 119, 148, 151, 160, 172, 177, 185, 186, 201, 204, 214, 215, 239, 263, 276
Österreichische Nationalbibliothek/Bildarchiv und Grafiksammlung: 13 (ÖNB/Wien, 204382-D), 16 (ÖNB/Wien, 204416-D)
picture alliance: 60 (Günter Bratke), 159 (AP Photo/Roberto Pfeil)
Pirckheimer-Gesellschaft e. V.: 81
Romani, Cinzia: Die Filmdiven des Dritten Reiches. Stars zwischen Kult und Terror, Rom 2001, S. 135: 261
Scherl/Süddeutsche Zeitung Photo: 234
ullstein bild: 121, 141, 154 (Roger-Viollet/Jack Nisberg), 157 (AP), 242, 268 (Roger-Viollet), 273 (Heritage Images)
UPI/Süddeutsche Zeitung Photo: 64
Voss, Karl: Potsdam-Führer für Literaturfreunde, arani-Verlag, Berlin 1993: 78
Wikimedia Commons: 50 (Jula2812/CC BY-SA 4.0), 130 (OTFW/CC BY3.0), 146 (Phaeton 1/CC BY3.0), 171 (Jonathan Groß/CC BY2.5)

Danksagung

Dank für die Fragen, die ich stellen konnte, für die Antworten, die ich bekam, für die Anregungen, die mir halfen, für die Hinweise, die mir wichtig waren, für zahlreiche Hilfen, ohne die alles nichts wäre, an Pascale Taube, Sabine Burmester-Lückoff, Christoph Heubner, Michèle Déodat, Robert Kottwitz. Für seine professionelle Betreuung danke ich Axel Haase und Cornelia Staudacher für ihren ersten Kontakt. Schließlich dem Verleger André Förster für sein großes Engagement.

Der Autor

Bernd Oertwig, 1949 in Berlin geboren, ist Journalist. Nach leitenden Positionen bei Zeitungen und Hörfunk und beruflichen Stationen in Berlin, Köln, Hamburg und Wien gründete er nach der Wende in seiner Heimatstadt Berlin eine Fotoagentur. Seit vielen Jahren recherchiert und forscht er zur Berliner Geschichte und Geschichten aus Berlin.

Veröffentlichungen u. a.: *Großstadtwölfe. Gladows Bande – der Schrecken von Berlin* (1981), *Rik DeLisle. Der alte Ami erzählt seine Radio-Geschichten* (1997) und *Die Menschen vor der Schrift. Eine Information des Internationalen Auschwitz Komitees* (2012).